放 宽 历 史 的 视 界

帝国的崛起

[英] 约翰·马里奥特 格兰特·罗伯逊 著

褚嘉君 译

从普鲁士到德意志

重庆出版集团 重庆出版社

图书在版编目（CIP）数据

帝国的崛起：从普鲁士到德意志 /（英）约翰·马里奥特，（英）格兰特·罗伯逊著；褚嘉君译. —重庆：重庆出版社，2021.5
ISBN 978-7-229-13474-7

Ⅰ.①帝… Ⅱ.①约… ②格… ③褚… Ⅲ.①普鲁士—历史 Ⅳ.①K516.3

中国版本图书馆CIP数据核字（2021）第044248号

帝国的崛起：从普鲁士到德意志
[英]约翰·马里奥特　[英]格兰特·罗伯逊　著
褚嘉君　译

出　　品：	华章同人
特约策划：	卓文天语 ZWTY BOOK
出版监制：	徐宪江　秦　琥
责任编辑：	徐宪江
特约编辑：	李　翔　张　坤
责任印制：	杨　宁　白　珂
营销编辑：	史青苗　刘　娜
装帧设计：	奥书工作室

重庆出版集团
重庆出版社　出版
（重庆市南岸区南滨路162号1幢）
投稿邮箱：bjhztr@vip.163.com
北　京　嘉　业　印　刷　厂　印刷
重庆出版集团图书发行有限公司　发行
邮购电话：010-85869375/76/77 转 810
重庆出版社天猫旗舰店
cqcbs.tmall.com
全国新华书店经销

开本：880mm×1230mm　1/32　印张：13.5　字数：292千
2021年6月第1版　2024年11月第6次印刷
定价：68.00元

如有印装质量问题，请致电023-68706683

版权所有，侵权必究

前言 PREFACE

本书旨在做出初步尝试，填补历史文献中缺失的一段重要历史时期。许多欧洲通史教科书中，均有关于普鲁士历史的有用章节。市面上亦不乏关于某些普鲁士历史时期的优秀专著，比如兰克的《勃兰登堡回忆录》的英译本，以及费希尔先生对拿破仑时期德意志的研究。还有一些知名传记，如卡莱尔的《腓特烈大帝》和西利的《施泰因》。但我们没有找到任何作品能讨论本书所讨论的问题。我们在本书中试图阐述勃兰登堡-普鲁士崛起和发展的故事，以及德意志后来在霍亨索伦王朝统治下的普鲁士化过程。我们务求简明扼要，用故事构建一个有机整体，对历史学术诉求给予应有的关注。我们认为明智的做法，是以俾斯麦的下台为叙述画上句号，因为过去二十五年尚未成为历史，亦无法摆脱政治争议。为方便读者起见，我们在尾声部分简单叙述了这些主要事件。

众多学者已针对勃兰登堡-普鲁士的历史展开了仔细的原创性研究，资源和研究成果可自由获取。受讨论范围所限，本书无法详细参考这些权威人士的资料，因此我们不得已放弃了许多今后可能用到的资料。附录列举了常用书籍简表。每一章节或章节组附有特别的清单，希望能对大学、中学教师，以及有志于研究普鲁士某一历史阶段的读者有所帮助。

约翰·马里奥特
格兰特·罗伯逊
牛津
1915年10月

目录 CONTENTS

第一章　　　导语 / 001
第二章　　　勃兰登堡-普鲁士的起源与领土形成 / 025
第三章　　　1618—1740年的勃兰登堡-普鲁士 / 057
第四章　　　腓特烈大帝 / 097
第五章　　　普鲁士与法国大革命 / 147
第六章　　　普鲁士濒于灭亡 / 169
第七章　　　普鲁士的复兴 / 197
第八章　　　维也纳会议 / 225
第九章　　　复辟与反动 / 245
第十章　　　1848年革命 / 269
第十一章　　德意志的普鲁士化 / 295
第十二章　　德意志统一 / 317
第十三章　　帝国宰相俾斯麦 / 341
第十四章　　尾声 / 381
大事年表 / 401
参考文献 / 406

▶ 第一章

▶ 导语

▶ Introductory

德意志帝国中的普鲁士

自腓特烈大帝1786年去世后，普鲁士不管在德意志帝国还是在欧洲大陆，都是特殊的存在。1867年以来，普鲁士自己完成了一项壮举：统一德意志并建立由霍亨索伦家族统治的德意志帝国。1871年起，每当谈及德意志，人们总会想到普鲁士，而每当谈及普鲁士，人们总会想到德意志。基于历史事实和现状，这不无道理。

特赖奇克写道："根据历史和政治事实，整个帝国是——正如威廉一世皇帝曾对俾斯麦所说的'一个扩大的普鲁士'，无论事实上的，还是形式上的，普鲁士都是主导因素。我们的德意志军队是什么？毫无疑问，正是普鲁士军队。根据《1814年陆军法案》，普鲁士发展成为一个军国主义国家，囊括了整个帝国。德意志帝国的邮政系统、电报系统、帝国银行都是普鲁士的原有机构，覆盖整个帝国……到最后，德意志帝国的意志只能是普鲁士的意志。"

近代普鲁士

普鲁士在近代德意志帝国中拥有至高无上地位，这种地位建立在伟大的威望和传统之上，也依靠稳固和无可争辩的事实：普鲁士的国家特色，普鲁士在帝国的地理和领土位置，普鲁士君主的特权，君主制与统治阶级的联盟，普鲁士军队、行政部门和行政机构的力量，皇家海军——本质上为普鲁士人的创造，其军火库是普鲁士人的据点，依靠的是普鲁士人民的知识架构、工业资源以及经济力量。毋庸置疑的是，无论在德意志帝国的境内还是境外，都没有一个德意志邦国能够单枪匹马地或与其他德意志邦国联合起来挑战普鲁士的优势地位。1866年至1867年奥地利的失败和被排除在德意志之外，是普鲁士掌控德意志帝国的必要条件，也是德意志帝国建立的政治基础。自1871年以来，奥地利作为一个德意志国家，只能是普鲁士的附庸盟友，而不是对手。俾斯麦对1815年至1860年普鲁士政策控诉时的不平已经一扫而空。如他所料，如果这一时期的普鲁士政策在维也纳而非柏林制定，那么1879年至1914年的奥地利政策则是在柏林而非维也纳制定的。

普鲁士统治的基础

事实和统计数字令人惊叹。帝国的军队和政治事务的至高权力由德意志皇帝一手掌握，而皇位则由霍亨索伦家族世袭。在德国208780平方英里[①]的领土中，有134616平方英里是普鲁

[①] 1平方英里≈2.59平方千米。——编者注

士的（1917年数据）；在6500万德意志帝国的臣民中，有4000万是普鲁士国王的臣民；在86个人口超过5万名居民的城镇中，有55个是普鲁士的；在1.25亿英镑的帝国预算中，普鲁士贡献了8000万英镑。自1871年以来，帝国首相一直是普鲁士军队的成员（霍恩洛厄亲王除外）；普鲁士占有联邦议会61席中的17席，帝国议会（国会）397席中的236席。在德意志25个军的现役部队中（巴登和黑塞的部队与普鲁士合并），普鲁士拥有17个军。帝国不设战争部，战争部的职能由设在柏林的普鲁士陆军部来执行，它负责编制萨克森和符腾堡的军事预算。

不管怎样，我们都要记住一点：普鲁士事关一切，要不惜一切捍卫普鲁士的优势地位，这就是《普鲁士之歌》的内涵。在士兵、政府人员、容克地主，乃至德皇威廉一世、俾斯麦侯爵、特赖奇克教授眼里，德意志帝国就是"一个扩大的普鲁士"。在发生利益冲突时，必须把普鲁士放在第一位，因为正是普鲁士的力量成就了伟大的德意志帝国。普鲁士的机构组织为王朝增添光彩，也是王权永固的关键。没有德意志帝国，普鲁士依旧是一流的国家；而没有普鲁士，德意志将变成不伦不类的双重君主制的哈布斯堡家族的封地而已。帝国首相霍恩洛厄亲王写道："当我与普鲁士的贵族们在一起时，能很轻易地感受到南北德之间的差异。南德的自由主义不是普鲁士年轻贵族的对手。他们的数量太多了，太强大了，王国和军队都是他们的。而且，国家的中心也在他们那里……1866年到1870年，我为南北统一而努力，所以我现在必须尽力使普鲁士隶属于德意志帝国。因为所有这些绅士都对帝国毫不在意，他们都迫不及待地想把帝国抛到一边。""我所看到的,"冯·罗恩在三十五年前写道,"在历史上,力量决定一切……石勒苏益格-荷尔斯泰因问题不是法律问题,也不是血统问题,它是一个力量的问题,而这种力量为我们(普鲁士人)所有。"

首都柏林

普鲁士不仅统一了德意志,还确定了后者的首都,更准确地说,普鲁士使自己的首都成了德意志的首都。无论是黑暗时代(中世纪初期)的德意志,还是查理大帝的德意志,抑或萨克森王朝、霍亨斯陶芬王朝、卢森堡王朝和哈布斯堡王朝的皇帝们的德意志,都没有真正的首都。各个选侯国、贵族领地以及富有的工业区,都有着自己的族群、朝代或实现经济生活和理想的中心,这些城市要么是民族或宗教情感的中心,要么是艺术的中心,要么是工业的中心。但不管是亚琛还是德累斯顿,美因茨还是海德堡,法兰克福还是慕尼黑,科隆还是奥格斯堡,都无法成为像伦敦和巴黎那样的首都。那样的首都是一个国家的政治、军事、行政、朝代、经济、智力和精神生活的中心,人们能够感受到它的统一、交汇、融合与辐射,失去它,国家将变得死气沉沉,四分五裂,不再是有机的整体。

维也纳和霍夫堡是哈布斯堡王朝政府所在地,但维也纳从未成为或自称为德意志的首都。拿破仑率领他的军队进入维也纳,与1814年反法同盟军开进巴黎以及1871年德意志入侵法国,意义是不一样的。假如拿破仑在维也纳的美泉宫宣布自己为皇帝,这个仪式将向德意志和欧洲传递的信息,与1871年1

月18日向法国和世界传递的信息截然不同。当时，普鲁士国王在凡尔赛宫的镜厅被拥护为皇帝，引起了轰击的巴黎大炮的回响。特赖奇克在描述维也纳国会时轻蔑地问道：维也纳在德意志和德意志人的生活中代表着什么呢？这个名字代表着王朝的自私自利、国家的分崩离析、人民希望的破灭以及思想的愚钝低下，他自己回答说。

1871年，普鲁士为德意志确定（或者说是强加）了真正意义上的首都。敌国的军队进入这个首都，则意味着对国家的致命一击。但是，到柏林来的游客，当他穿过蒂尔加滕公园、胜利大道和菩提树下大街时，经过暗淡而被遗忘的选帝侯雕像，直到腓特烈大帝的雕像让他停下为止，他都感到他可能在德国首都，但他周围的一切都是普鲁士，而非德意志梦想的实现。劳赫按照腓特烈大帝生平骑马的样子为他在那里塑造了青铜雕像，周边的每一个角落都有关于他统治和胜利的不朽记忆。雕像的每一侧是石刻的文字，记录着由他的统治和精神激发出来的胜利。普鲁士哨兵在康格斯沃彻幽灵般的哨所森严戒备；夜空中回荡着齐藤和赛德利茨轻骑兵的号角声；那个身着红色镶边的蓝色军装、默默接受着人们礼赞的模糊身影，可能是沙恩霍斯特、毛奇，或者腓特烈大帝本人。

| 历史问题

普鲁士的进化与帝国的形成。普鲁士在何时、通过何种方式建成的呢？它发展到什么阶段呢？它是如何并出于何种初衷，逐渐发展成为今天的普鲁士呢？它又是怎样征服整个德意志帝国的呢？普鲁士的演变和帝国的建立。这个普鲁士是如何、何时产生的，经过了什么阶段的发展，以什么方式，以什么样的目的，一条一条线，一条又一条地推进到今天的普鲁士，把德意志民族聚集在双头鹰之下的呢？

勃兰登堡

各种书籍告诉我们，这段历史始于1415年。当时德意志南部的霍亨索伦伯爵作为选帝侯来到勃兰登堡边疆区。勃兰登堡边疆区丝毫没有近代普鲁士的特点。它不是军事驻点，也不是教育中心，不信奉也不包容新教，治理体系不完善，农业不发达。这里全是未开发的田野和沼泽，不适宜发展工业。它没有海岸线，并被强大、贪婪、嫉妒的古老王朝团团包围。

1415年，勃兰登堡是所有选侯国中最不起眼的一个。这里的选帝侯帽也有些破旧。霍亨索伦离开了法兰克尼亚气候宜人、兴旺发达的农场，离开了繁华城市的红顶楼房，来到了这个寒冷、荒凉而令人生畏的北方地区，接手了一个前途未卜的摊子。在这个部分领土被抵押的小诸侯国，在这片布满泥沙的酸性土地上，野蛮的庄园首领和野蛮的农奴与大自然展开残酷搏斗，彼此也互相争斗。

1415年，没有人会想到这个来自法兰克尼亚的专横、野心勃勃的伯爵正在他贫穷、无政府的领地中开启了诸侯国的进化历程。他们也不会想到，四百五十年后，这个诸侯国将成为欧洲最重要的德意志国家。当年那顶破旧不堪的选帝侯帽嵌上了皇冠，这顶皇冠是在东北方的哥尼斯堡赢得的战利品。而那个来自纽伦堡的霍亨索伦伯爵，最终吞并了韦廷王朝、韦尔夫王朝、维特尔斯巴赫王朝以及哈布斯堡王朝的领地。1417年，霍亨索伦跪在卢森堡的恺撒脚下，被加冕为神圣罗马帝国的选帝侯。他不知道普鲁士已经肩负起了实现德意志统一的历史使命，因为当时普鲁士尚未建立。即使在两百多年后，勃兰登堡-普鲁士也只是名义上的国家。

成长阶段

普鲁士近代史学家德罗伊森是普鲁士学派的主要创始人。他描述了普鲁士国家和政策演变的重大阶段，包括：领土形成时期（1415—1618），开明专制时期（1618—1786），革命、衰落与复苏时期（1786—1815），复兴与统一时期（1815—1871），以及必须补充的近代时期（1871—1914）。近代时期的普鲁士，作为德意志帝国的统治者以及欧洲大陆上最强大的国家，让整个帝国成了世界性的经济体和政治体。

本书主旨

下列章节旨在追溯、定义并记录这段让1415年的勃兰登堡载入德意志帝国史册的时期。我们无意通过叙事的方式，对普鲁士的历史进行阐述或简单介绍。我们将分析并估量各个历史发展阶段的重要性和贡献，以及最终导致的结果。历史的重要性不能以细节翔实与否衡量。在历史研究中最为重要、最能说明问题的是人物与事件的历史意义和贡献。从目录可以看出，本书的章节编排以及篇幅，是以事件的内在特征（而非时间的长短）为出发点的。我们需要弄清楚并强调一点：在欧洲历史上，普鲁士是在什么时候、以什么方式发展成统一的有机体的？在恶劣的生存环境和各种理想的冲击下，这个有机体的意识又是如何形成和发展的？一个发展中的国家需要适应环境，但当它变得足够强大，能够适应并利用周围环境实现自身目的时，它必须经历某个阶段。具体到普鲁士，这个阶段出现在1740年至1786年。腓特烈大帝写道："生存并非必须，但我必须采取行动。"俾斯麦在1888年发表的著名演讲，还原了普鲁士在1640年后的真实情形：

我们的地理环境恶劣，意味着我们需要付出更多。我们位于欧洲中部，敌人可从各个方向发动攻击。天意让我们被各国包围，我们一刻不敢松懈。在欧洲的大池塘里，各个邻国就像大鱼，我们不能做等着被吃的小鱼。

领土形成

领土形成是首先必须经历的阶段。那个时候，西班牙人横扫东西方；法国的瓦卢瓦王朝和波旁王朝的国王以"光明之城"巴黎为中心统一了维荣、龙萨、拉伯雷和布朗托姆的法兰西；英国的都铎王朝刚刚诞生，带着金雀花王朝留下的威名迎接曙光，后来有了宗教改革和莎士比亚。与之相比，勃兰登堡这种小地方的编年史为我们呈现的，只是那些无聊又不起眼的小事件。

勃兰登堡早期的选帝侯笃信宗教,也是帝国的骄傲,他们的事迹尘封在教区档案中,他们创造的荣耀和辉煌点缀了胜利大道。如果他们发现自己成了胜利大道的装饰,估计会跟我们一样惊讶,但他们至少可以说:"在两百年的岁月(1415—1618)里,我们活过。"他们确实活过——他们避免国家遭到瓜分,也避免了德意志分裂成各个独立王朝的致命倾向——他们成了新教徒,抓住了邻国提供的一切机会,并始终要求继承者尽可能充分利用这些机会取得成功。

在查理五世和斐迪南一世的德意志,能让国家生存和发展强大已经是非凡的成就了。选帝侯们在条顿骑士团留下的废墟上建立起勃兰登堡-普鲁士领地,尽管他们没有建立国家。当时统治莱茵河畔东部地区的普鲁士以及勃兰登堡边区的选帝侯只是一位小国君。他辖下的三方领地同属一个主人——霍亨索伦。这些领地散落在各处,互不相通。而在欧洲这个池塘,大鱼都希望尽快抓到小鱼吃掉,以免小鱼长成大鱼。霍亨索伦家族治下的这片土地已大致连通,建国的条件已经满足。约翰·西吉斯蒙德注意到了这个形势,但等待他的是天昏地暗和暴风骤雨,约翰·西吉斯蒙德选帝侯在1619年离开了人世。他和他的先辈完成了故事的开篇,却没能料到故事的结局。

关键时期

1618年之后的历史足以写成巨著,它见证了四个至关重要的时期:大选帝侯时期、腓特烈大帝时期、施泰因时期以及俾斯麦时期。四人倾尽所能,打造出了普鲁士。我们可以这样概括他们的事迹：大选帝侯确立了普鲁士统治者的职责，腓特烈大帝建立了普鲁士国家，施泰因和沙恩霍斯特将普鲁士推向军国主义的道路，俾斯麦则建立了君主国家、民族国家以及军事国家三位一体的强国普鲁士，在这个基础上统一了德意志帝国。

四位伟人

除了其中一个时期以外，在这些关键的形成时期到来前，都有一段衰退期。纵观普鲁士的发展史，我们可以看到一个显著特点：当普鲁士需要一位能铭记教训并善于探索的伟人扭转国运时，这位伟人一定会出现，或者已经进入了普鲁士的军队。

大选帝侯的父亲无法摆脱勃兰登堡-普鲁士萎靡不振的窘境，最终导致"三十年战争"。这时候大选帝侯出现，让国家摆脱了这种困境。腓特烈大帝去世后，普鲁士面临道德、教育、财政和政治的全面崩塌，还在耶拿战役中被法国大败。这时候，施泰因和沙恩霍斯特出现，他们重建了普鲁士。《奥尔米茨条约》的颁布，使普鲁士在1815年赢得地位的努力付之东流。这时候俾斯麦登上了政治舞台。普鲁士曾想过在德意志内部解体，它不愿意成为一个新的、自由主义、民族主义祖国的领导者。在哈布斯堡王朝不自由的、非国家化的反动大潮下，他屈服了。这无论对希望消灭军事容克的自由主义者，还是那些渴望为边区时期复仇的容克而言，都是奇耻大辱。《奥尔米茨条约》是梅特涅战胜普鲁士的象征，尽管普鲁士是被施瓦岑贝格而非梅特涅打败的。

腓特烈大帝

腓特烈大帝是一位非凡的君主。他继承了普鲁士的军队、行政机构、治国体系和一个传统。如果他只是一位甘于平凡的、循规蹈矩的统治者,普鲁士也许会在玛丽娅·特蕾莎、考尼茨-里特贝格、约瑟夫二世、小皮特、韦尔热讷以及叶卡捷琳娜大帝所在的欧洲中扮演有趣角色,但只能充当体面的二流国家。

腓特烈大帝毫无疑问是霍亨索伦王朝最伟大的统治者,也是威廉三世到拿破仑统治期间,欧洲历史上最具天赋和才华的人物。西利对威廉三世的评价颇为中肯:"有的人一出生就拥有无上的权力,只需履行好职责,就足以彰显伟大。"但腓特烈大帝并没有这种权力,他继承了父亲的二等王位以及一套红蓝色的军装。他在营房、阅兵场和"烟草议会"这些艰苦环境中成长,没有体面的生活,而且时常挨饿。他生性坚毅,善于夺取竞争对手的胜利,也善于自己取得胜利。

在1740年,欧洲对腓特烈大帝的秉性以及这位天才对普鲁士的深远影响一无所知。当时的欧洲喜欢用一句格言来形容普鲁士的容克阶层,"一个激进的保守派,充斥着血腥的味道",作为他们一员的俾斯麦在1862年成为了普鲁士王国的首相。1740年12月,普鲁士入侵西里西亚,"大军在飘扬的旌旗和高亢的战乐声中越过了卢比孔河"。霍亨索伦王朝亮出长矛,向哈布斯堡王朝的盾牌刺去。这一击惊天动地。奥地利曾经是普鲁士走向伟大的绊脚石,在莫尔维茨会战后,普奥双方讨论了诸多问题,这些问题在克尼格雷茨会战后才最终决定。

外交政策

在外交博弈中,兵戎相见并不是唯一的方式。腓特烈大帝的同盟与俾斯麦的同盟一样,极富启发性。俾斯麦从腓特烈大帝身上学到了适用于普鲁士的"现实政治"原则,如果让俾斯麦写一本关于腓特烈大帝的专著,必然比当时那些歌功颂德的公务员写得更好。

普鲁士成就的实现既要靠外交手段,也要靠"铁血政策"。如果武力是政策的执行者,那么必须仔细规划并准备一套行动的方案。腓特烈大帝的盟友随着他清晰的目标变化而变化,从这个事实里,俾斯麦发现了帝国的奥秘:普鲁士仅凭自身力量难成大事,所以要通过操控欧洲的国家体系,迫使那些嫉妒和仇恨普鲁士的国家,都能够从普鲁士这里得到好处,从而帮助或者默许普鲁士达成目标或取得成就。俾斯麦在处理德意志国王和诸侯、拿破仑三世和亚历山大二世以及意大利和英国问题上的手段,跟腓特烈大帝在处理法国、英国、德意志和俄罗斯问题上的手段,没有可比性。但俾斯麦在处理问题中表现的精神、行动原则和目标却与腓特烈大帝别无二致——他们的目标都是打败奥地利并确立普鲁士的霸主地位。特别是在外交政策方面,腓特烈大帝是俾斯麦的老师,而俾斯麦则是第一个宣称是腓特烈大帝门徒的人。

波生曾经如此评价伊顿公学男生写的诗:"我在这些诗歌里看到了很多贺拉斯和维吉尔的影子,却丝毫没有看到贺拉斯和维吉尔的灵魂。"这句话解释了1786年至1860年普鲁士君主失败的原因,他们没有意识到生搬硬套句子和用新的词汇再现大师精神之间的不同。他们闭目塞听，自以为普鲁士强大到足以独立存在，这个国家即便自私、沉闷、停滞不前，不与外界接触，也能一直保持伟大。普鲁士没有朋友和盟友，它把每个国家都当成了敌人。事实证明，普鲁士的灾难是自己一手造成的，国家解体是咎由自取。无论是施泰因、哈登伯格还是俾斯麦（尽管他们身处不同时代），他们都不约而同地重拾腓特烈大帝时代的精神、传统和原则。在他们取得的史诗般的成就中，腓特烈大帝的名字很少被提到，但腓特烈大帝的精神关系一切。

政治理论

在这些关键时期，我们同样要关注国家对人民的诠释。统治者基于这种诠释，建立起关于治国方略的政治理论体系。俾斯麦时代的普鲁士，统治者通常会强调国家需要崇尚武力，相信力量胜于正义，权力具有坚不可摧的道德合理性。这不仅是提出进化论上的幸福信条——"因为弱肉强食，所以强者有福"，而且是毫不动摇地拥护"目的使手段合理化"的学说。它有着更深层次的内涵，更宏大的视角，能够采取更迅速的行动。

普鲁士至高无上——施加在统治者身上的是道德律令，以及捍卫、扩张领土的责任。所有政治伦理与治国方略都源于国家的性质，后者确立了国家目标，也为目标的实现提供了方式。为了国家的繁荣，一切牺牲都变得合理，法律条文和道德准则的束缚也将被打破。政治道德是更高尚、更具约束力的道德行为，它独立并凌驾于社会道德和个人行为准则之上。

对理论的批判

我们需要回到17、18世纪,才能找到对这种政治生活起源和演变的解释。当时有人对大选帝侯、腓特烈大帝以及俾斯麦提出批评,但三者对此往往避重就轻,不以为然,甚至断然否认批评的理据以及相关性。他们不会承认自己公然抛弃道德良知、违背誓言或违反条约、不看过程只看结果,以及运用所有外交手段。他们回答(而非辩护)道,这些批评忽略了政治伦理的本质,在基础层面和学术层面混淆了个人道德准则和统治者、国家的道德准则。"君主法学,"腓特烈大帝说道,"通常是强者的权力。"俾斯麦承认,对于一个伟大的国家,政治利己主义(而非浪漫主义)才是王道。

普鲁士的腓特烈大帝

在普鲁士政治思想浓墨重彩的一章中,治国的关键在于冷酷无情的行动,而腓特烈大帝统治时期则具有决定性的意义。腓特烈大帝继承了他父亲以及大选帝侯的丰富经验、王朝传统以及治国方略,然后用这些内容构建起一整套思想体系和政策。腓特烈大帝对王室内阁中的优美迂腐或被政治家奉为座右铭的理论,进行了解构并重新组合,赋予它们丰富的内涵和生命力,并且通过言传身教的方式使其焕发出无法抗拒的魅力。比如:对国家利益的认同是统治者的责任;普鲁士人承担着霍亨索伦王朝的使命——实现国家辉煌;统治者需要以服务祖国为最高使命,并做出个人以及道德层面上的各种牺牲,这些都是腓特烈大帝对王权理论以及当时外交和哲学方面的贡献。

腓特烈大帝忙碌的一生恰如其分地诠释了这些话，吸引并激励着他那个年代的人。和斯威夫特一样，腓特烈大帝极度鄙视人类，深信人类——无论男性或女性——都是堕落的。因此，他的话格外引人注目。他有一句名言："啊，我亲爱的祖尔策，你不像我一样了解这个该死的民族。"然而，正是这个该死的民族让他没日没夜地辛劳。也正是通过这个民族，他才能培养和磨炼出18世纪的普鲁士人。腓特烈大帝的人生和他的品质是宝贵的遗产，甚至比普鲁士在罗斯巴赫战役中取得伟大胜利或者成功吞并西里西亚更为重要。腓特烈大帝是普鲁士的化身，他富于想象力，也为后来的统治者树立了榜样。俾斯麦在提及腓特烈大帝时写道："我们都希望普鲁士的雄鹰展翅高飞，守护并统治从克莱佩达到当纳斯贝格的大片山河，但我们会让它获得自由。我们是普鲁士人，我们永远都是普鲁士人……我祈求上帝降下恩惠，当这张纸变得像枯萎的秋叶，上面的文字也被遗忘时，我们依然是普鲁士人。"

国家——权力的象征

国家是权力的象征，统治者是国家权力的化身和执行者，效率是治理国家的绝对标准，建立对外关系和国际关系都要以国家利益为出发点，政府和公共服务部门要积极贯彻并努力奉行这些原则。这些原则强调发展国民生活中最有特色的部门，也诠释了这些部门的起源。这种一切只为一个目标服务的做法，让普鲁士在欧洲各个政体中独树一帜。政府不断追求权力和效率，因此变得十分强大，牢牢掌握着所有的社会资源。然而其前提条件是目标一致，力量、知识、训练有素的决策层以及专家那样高度自律品格的集中，这样国家部门及其下属机构就一定能提供高水平的服务。缺乏奉献精神必然导致个人主义和资源浪费。社会需要有一套合理的政府人员选拔体系。为了自身利益，国家需要用知识和纪律武装他们，为他们提供培训，使他们养成自我牺牲的精神。国家军队、行政部门和大学都建立在服务于政治组织的社会经济上。对于一个需要牺牲邻国利益并提高自身效率的扩张中的帝国，它们是必不可少的。

军队

地理位置的分散，曾让普鲁士没有国界线，但它的军队本身就是一道牢不可破的国境线，这就将国家的自然劣势转变成积极的优势。军队必须是国家的实施力量，是政策的执行者，它能保障既有的权力，并随时准备争取更大的权力。军队不是统治者独享的工具，军中也不可能养闲人、富人或冒险者，更不是阶级特权，也不是一种能与其他职业相比较的谋生方式。服兵役是首要、最高的公民义务，是国家成员——根据阶级、社会地位——义不容辞的责任。为军队利益牺牲就是为祖国利益牺牲最有力、最有效的方式。服兵役不是一种牺牲，而是一种权利以及公民身份的象征。

从表面上看，腓特烈大帝的军队似乎充斥着社会和经济上的不公以及社会阶层的烙印——这成为腓特烈大帝登上王位时的羁绊，像溃疡病般缠身直到他去世，所以腓特烈大帝对此负有不可推卸的责任。但我们不能忽略他遗留给继任者的两个影响深远的理念：第一，战争不是偶发事件，战争的出现也不是为了揭露王朝的贪婪和野心。它是政府治国方略的一部分，与国家政策密不可分，因为战争是国家发展过程中的必然现象。因此，统治者需要学会并完全掌握战争，就像学习其他所有关于生命活动的自然科学一样，因为政府在整体上是一门生命科学。第二，军队是国家行使关键职能的工具，它必须由国家统治者组织并指挥。所以一个只懂得生命科学的统治者，没有资格履行职责，一个只懂得军事科学，其他一概不知的军国主义暴君，同样没有资格履行职责。

沙恩霍斯特与毛奇

沙恩霍斯特是最有创造力、最有魅力，也是最关心政治的普鲁士军官，他为日后俾斯麦的大业打下了基础。格奈泽瑙、克劳塞维茨、冯·罗恩和毛奇不过是机械地执行沙恩霍斯特的原则。沙恩霍斯特的创造力和对理论的掌握，具体表现在他的手段和洞察力。他把他从法国大革命中学到的要领融入到腓特烈大帝的体系中。

《1814年陆军法案》使普鲁士成为一个军国主义国家，服兵役是每个公民的必修课。军事效率、公民服兵役的能力、军官素质和军阶、将领的指挥能力和指挥方向，还有作为国家左右手的军队统帅，这些都是摆在军事专家面前的重要问题。在冯·罗恩、毛奇和布卢门塔尔时期到来之前，这些问题都没有得到充分解决。但军队的性质、存在理由和职能，属于国家以及国家作为一个整体在生活中的地位的政治理论的一部分。沙恩霍斯特和腓特烈大帝一样,坚信普鲁士要成为一个国家,要成为一个强国,它就必须成为广义上的军国主义国家,它的政体必须建立在这个基本前提之上。

官僚制度

官僚制度的发展和军队的发展是同步进行的,因为这些部门的设立和发展是为了实现类似的政治思想原则和系统化行动的。大选帝侯废除了地方领地,并尝试逐步通过中央集权取代地方自治。这为腓特烈·威廉一世的激进改革提供了可能,并使其成为一种大的趋势。普鲁士王国将分散的领土连成一片,中央统一管理,并由国王谨慎控制。国王的命令由一班政府人员执行,这班政府人员职位特殊,受过训练,行事无情而高效,并只对国王负责。

腓特烈大帝正是在这套体系下长大的。他拓展并完善了这套体系,并且保持了它的基本框架。腓特烈·威廉一世倾向于为每个大庄园保留一位业主,通过农业和行政手段,让农民不断劳作,榨取更多的地租。腓特烈大帝在保持高效率的行政优势的前提下,将国内单一的官僚制度、对外关系、军队联系起来,由他本人掌握三者的决策权。没有腓特烈大帝的决策,官僚制度就是一台巧妙的机器,但只是一台机器。

这台机器在施泰因主政的1786年至1806年间逐渐倒下。与其讨论如何重建机器,不如思考如何在一个向军国主义转型的国度里,重塑(正如腓特烈大帝曾经的做法)一个高效的公共服务决策机构，确保国家的民事和军事力量不受王朝意外和变迁的影响。人们经常会不自觉地忘记，在专制主义的君主政体中，天才的君主给自己王国带来的害处与挥霍、放荡或昏庸的暴君一样，沉重而不可预料。

| 官僚制度的黄金时代

施泰因和他的同僚，通过恢复部长负责制、地方自治和地方权力下放，只是部分解决了问题。普鲁士民族在君主直接统治下的军国主义梦——格奈泽瑙提出的普鲁士军队、科学和宪法至高无上的概念无法通过一个统一自治国家的理想实现。然而，官僚制度的重组与解放时期的民族复兴运动一样，是行之有效的，1815年至1870年是它的黄金时期。普鲁士作为一个军事和政治强国，与梅特涅有着密切的联系，尽管如此，官僚制度正默默地、低调地，或许是不自觉地，准备对奥地利进行一次军事打击；如果真的发生，这将是一次无可挽回的致命打击。在这个黄金时期里，它的外交政策和国际行动不再是具体的普鲁士化，而是在一个独立的轨道上发展，普鲁士的官僚制度提高了行政管理效率。该行政管理体系正好反映了18世纪普鲁士的特征，使其在欧洲国家体系中独树一帜。

官僚制度重新开始了被暂停的普鲁士内部融合工作。通过在日常的行政工作中持续施压，这一制度充分体现了技术知识价值以及合理运用科学所带来的切实利益。在那个全民迷恋民族解放战争的年代，官僚制度恢复了国家的威望。通过中央组织，它替换了国家机器的零件，改变了由专家顾问支撑的主权国家模式。最为显著的是，它重新树立并强化了这样的信念：德意志好，但普鲁士更好。无论出于什么原因和目的，容克、自由派、激进派或知识分子都一致认为，普鲁士成了德意志爱国人士的希望。

在腓特烈大帝统治下，西里西亚和西普鲁士的普鲁士化与富有的莱茵普鲁士（1815年兼并）的普鲁士化是同时进行的。如果没有官僚制度，这一切是不可能实现的。普鲁士只用了一代人的时间就得到了莱茵兰地区，这充分证明了国家机器的效率。

关税同盟的建立同样令人瞩目，这是1815年以后官僚制度的杰出贡献。通过该同盟，普鲁士实际上在克尼格雷茨战役爆发六年之前就击败了奥地利。普鲁士关税同盟的胜利彻底粉碎了奥地利那乌托邦式的梦想——将1815年的德意志邦联纳入由奥地利主导的单一政治体系中。1858年，普鲁士其实已经从经济上将奥地利逐出了德意志。非普鲁士国家（尤其是南部国家）面临着二选一的局面：要么加入由普鲁士领导、带有政治意味的经济联盟，要么陷入经济孤立并最终毁灭。1867年，德意志实现了经济上的统一，比政治统一还要早四年。通过与巴伐利亚、符腾堡和巴登之间的条约，德意志的经济统一和军队统一得以同步进行。

在普鲁士的主导下，政治统一只是时间和细节问题。在官僚制度的运行中，俾斯麦只需耐心等待，不断用他无情的外交政策摧残敌人，让他们自己敲响终局的钟声。

1871年后，新德意志帝国的普鲁士化仍然存在。问题的解决方案就掌握在行政部门手中。通过联邦议院和帝国议会进行立法，是帝国必不可少的立法形式，但将国家法律转化为行政事实是政府人员的任务，它的决策层在普鲁士的柏林。对金融、海关、邮政、铁路、失业、养老、医疗保险的组织与管理，让每一个德意志公民（男人、女人以及儿童）意识到德意志是一个大国，并且让这个事实涵盖生活的方方面面——做到了这些，就证明行政人员是高效的，就代表着官僚制度的胜利。

普鲁士国家机器的最高权威其实就相当于英国的法律统治。只有通过集中智慧，汇聚知识，并对组织服务的价值和效力做出总体评价，才有可能建立高效的组织。只有大家都能看到合理工作和统一思想的价值，为国家服务的真谛才能得到广泛传播。

在普鲁士的发展过程中，学校和大学的意义并不在于将知识传播到各个社会阶层（尽管这个很重要），而在于学术能力、道德判断、代代相传的价值标准，以及对当代政治思想的塑造。普鲁士对力量文学和想象文学的贡献，无论在卓越性上，还是原创性上，都不算突出，但在知识文学上，却做出了突出的贡献，作品不但种类繁多、数量巨大，而且覆盖面广、质量上乘。这是普鲁士历史上姗姗来迟的贡献，它并非起源于科学院，而是起源于柏林大学，它稳步地使德意志教授普鲁士化，并让德意志的科学工作为普鲁士服务。

历史研究还原并再现了德意志的帝国历史，同时按照哲学原理，用形而上学的宇宙观解释确凿的事实。普鲁士的历史学家有一个基本观点，那就是普鲁士肩负着统一德意志的历史使命，这也是符合历史哲学的唯一解释。所以大学教授和哲学家的各种有效假设，变成了学校的教学重点和老生常谈的内容，强调大家都是上天为了实现其意志而选择的工具。只要能培养出温顺的国民和他们的虚荣心，国家发展就有了不竭的动力。

在法国大革命前，欧洲是波旁化的。从路易十四时代到拿破仑时代，法国在欧洲的优势地位，更多地依靠法国天才的成就，以及法国文明在想象力、思想、文学等活动等方面展现出来的优越性，而不是靠法国军队。拿破仑的垮台则预示着德意志科学与民族野心的崛起。在普鲁士称霸德意志之前，普鲁士就已经开始吸收德意志的科学成就，而这些科学成就在德意志统一时代到达了顶峰。通过学校，特别是大学，以及军队和官僚制度，普鲁士可以宣称，作为一个新的科学文明的基础和驱动力，它可以更有效地代表德国人的思维效率。

俾斯麦也许会和拿破仑一样，对官僚主义和繁文缛节不屑一顾，认为政府的行政人员是"拿起笔的野兽"，认为教授都是纸上谈兵，对生活一无所知，并过于迷信。但与拿破仑不一样的是，俾斯麦知道如何让他们利用科学知识为普鲁士的最高利益服务。

"精神食粮"是腓特烈大帝为皇家图书馆挑选的座右铭，这个座右铭同样适用于柏林大学。柏林大学坐落在皇宫对面，并宣称是霍亨索伦君主制的捍卫者。冯·兰克、冯·洪堡、格林、里特、基佩特、蒙森、菲尔肖、博普、萨维尼、杜布瓦雷蒙等人，使这所大学熠熠生辉。没有他们，普鲁士统一德意志将无从谈起。他们在知识领域的成就随处可见。毛奇以军人般的铿锵口吻断定，柏林大学的校长是战争取得胜利的保证。

| 最终结果

正是有了这些大学和学院，普鲁士才能实现梦想，不仅成为一个独立的强国，在德意志帝国中享有至高无上地位，而且为德意志帝国确立世界霸权创造了条件。普鲁士在智力上所取得的成就，在耶拿战役失败后掀起的民族复兴运动形势中发挥了作用，把握住了特殊的历史机遇。无论社会、经济和政治条件有何不同，普鲁士的决策者们总能取得这样的伟大功绩。如同其他政府部门一样，普鲁士的大学院校有完善的体系和国家的支持。在这些大学和学院里，德意志和普鲁士取得了宝贵的经验，坚定相信科学永不出错并无可匹敌，相信客观真理和国家机器的强大力量——它们能够重新诠释国家就是力量，组织就是力量，以及树立"绝对完善的道德有机体"的信念。对于德意志帝国而言，科学带来的生产效率的提高，加上国家的强大力量，就是一切政治进步的根本。所以国家未来的发展，就如同未来本身一样，包含了无限的可能。

第二章

勃兰登堡-普鲁士的起源与领土形成

The Origins and Territorial Formation of Brandenburg-Prussia

普鲁士的核心

近代普鲁士王国的核心，是历史上的勃兰登堡选侯国和东普鲁士公国，它们被统称为霍亨索伦家族领地。霍亨索伦家族得到且合并了这两个独立的诸侯国，奠定了新生统治家族发展和王国扩张的基础，塑造了国家的性格和政策。早在霍亨索伦家族把目光投向易北河中下游地区，位于维斯瓦河下游和普雷格尔河之间的这块荒凉的平原之前，勃兰登堡和东普鲁士就已经历过错综复杂的变化。两地的人们通过努力取得了巨大的成就，但后来逐渐走向无政府和衰落的状态。

如果说柏林和奥得河畔的法兰克福是霍亨索伦家族的兴起之地，那么对于但泽、格涅森、奥利瓦、马尔堡，以及哥尼斯堡的庄严记忆、传统和成就而言，霍亨索伦家族的统治者就只能是继承者，而不是创造者了。勃兰登堡和东普鲁士不喜欢除了霍亨索伦家族的历史以外没有其他的历史，然而它们自己的编年史就像它们生产的农产品一样，少得可怜；也像哈弗尔河、施普雷河和马苏里湖附近沙地上的迷雾一样，扑朔迷离。但这也善意地提醒了我们，在德意志，在实力强大的霍亨索伦家族踏足这些土地并建立王朝国家之前，也曾经有过叫作勃兰登堡、东普鲁士和西普鲁士的地方。也就是说，与建立世系和诸侯国相比，建立民族国家是一件完全不同的事情。

纵观德意志的历史，从查理大帝复兴罗马帝国，到萨克森王朝、霍亨斯陶芬王朝、卢森堡王朝和哈布斯堡王朝，再到拿破仑的莱茵联邦，和1815年由维也纳会议的外交官们共同打造的摇摇欲坠的德意志邦联，德意志在创建教会诸侯国和世俗诸侯国方面的历史，以及从卑微或可疑的出身建立君主家族的历史极其丰富，令人眼花缭乱。在任何时代，德意志的版图都是由大大小小的诸侯国构成，德意志历史地图集中的一系列地图，正如一个缓慢转动的万花筒，为我们展示了各个诸侯国演变、融合、分离和解体的过程。勃兰登堡-普鲁士走出孤立的状态，把一个拼凑而成的国家变成了一个德意志民族国家。霍亨索伦家族所做的一项无可争议的伟大工作，就是建立了勃兰登堡-普鲁士这个国家。

因此，我们毫不意外地看到，宫廷抄写员、博学之士或沉思的哲学家醉心于各种历史事件的发展，感受着民族精神的鼓舞。他们关注的是建国的结果而不是原因，他们自我说服，或者用所谓的事实让自己相信，霍亨索伦王朝从一开始就注定要建立勃兰登堡-普鲁士。但在历史上，正如在自然科学中一样，最明显、最简单的解释通常也是最荒谬的解释。在没有完全了解事件之前就知道结果，不探究过程和手段，反而将一切归功于历史使命，这比歪曲史实还要糟糕。这种只管结果不顾过程的历史观不仅歪曲了每个阶段的意义，还贬低了最终结果的伟大价值。

如果我们要像讲述大英帝国的历史那样公正地讲述勃兰登

堡-普鲁士的历史和霍亨索伦统治者的历史，我们需要具备更高的标准，不能选择错误的历史观。我们既要关注各个时刻的事件，也要看到历史长河的全貌，既要看到过程，也要顾及结果。能够坚持这种历史观，上下求索和发现新知，这就是人类最为少见、最有意义，也是最值得纪念的伟大成就。

勃兰登堡的起源

近代普鲁士与近代奥地利帝国可以说有着相似的起源。奥地利原本是公元10世纪和11世纪在多瑙河中游地区建立的一个边区（东方边疆领），主要是为了抵御马扎尔人和斯拉夫人的侵略；勃兰登堡最初则是在易北河下游建立的一个边区，位于易北河与奥得河之间，主要是阻挡和尽可能同化文德人、普鲁士人、立陶宛人和波兰人。再后来有了勃兰登堡选侯国，它的核心部分是传说中928年建立的北部边区，建立者是萨克森的亨利公爵，也就是德意志历史上的"捕鸟者"亨利或者亨利一世国王。正是他开启了萨克森人成为皇帝的先河，他的继任者奥托一世大帝还复兴了查理大帝的神圣罗马帝国。萨克森人从文德人手中夺取了土地之后，将勃兰登堡改造成军事要塞，然后以此为中心稳步向东推进，不断扩大北部边区的版图。

所以，如果要论起源和兴起的根基，就可以说，勃兰登堡是由萨克森人建立的，为中世纪萨克森公国的一个前沿堡垒，我们必须小心地把萨克森公国与后来的萨克森选侯国区分开。萨克森人建立勃兰登堡不仅是出于军事目的，他们不仅要通过征服的手段保全自己，还要把文德人转化为德意志人和基督徒，为不断发展壮大的西方德意志民族提供新的家园。

从公元10世纪到15世纪，中世纪的德意志发展史是一部精彩的扩张土地的殖民史，德意志民族在其中发挥了重要的作用，没有他们，就不会有中欧的德意志。在易北河和奥得河之间，萨克森公爵和他们的代表——北部边区或勃兰登堡边区的伯爵，对文德部落发动了争夺土地的战争；在更远的东部和东南部，波兰的基督教王国里有一个强大的斯拉夫民族，他们也想要争夺奥得河与维斯瓦河之间的土地，用武力和宗教同化和改造那里的异族。萨克森人与文德人的斗争激烈而持久，虽然萨克森人在946年和949年相继在哈弗尔贝格和勃兰登堡建立了两个主教辖区，但到1133年却没有取得实质性的进展。

阿斯坎尼亚边疆伯爵

1133年，一个新的世系出现了，它象征着新的秩序和持续的进步，因为在那一年，洛泰尔皇帝把勃兰登堡边区授予了位于哈茨山脉的巴伦斯特家族的首领。随着阿尔布雷希特一世——绰号为"熊"和"美男子阿尔布雷希特"——的出现，阿斯坎尼亚——这个名字来源于他们的阿舍斯莱本城堡——边疆伯爵的时期开始了。他们统治着勃兰登堡。不久后（1157），这片土地改名为勃兰登堡侯爵区，直到1319年瓦尔德马大帝去世，这个统治家族才最后消失。

在这两个世纪中，统治者的权力不断扩大，我们可以看到四个比较突出的特点：

第一，随着阿斯坎尼亚家族的东征稳步推进，勃兰登堡的领土范围得到了极大的扩展。在原来的北部边区或老边区的基础上，相继增加了中部边区以及普里格尼茨的沃尔马克和乌克马克①——这个名字来自斯拉夫语的"乌克里"。柏林的起源或许可以追溯到13世纪中叶，当时安哈尔特家族已经统治了施普雷河区域，但唐格明德要塞长期以来一直是勃兰登堡侯爵区的首府。勃兰登堡继续往东扩张，在奥得河上建立了纽马克，通过法兰克福控扼河流附近的通道，并把边界延伸到波美拉尼亚和波罗的海沿岸，在东南方吞并了莱布斯和斯特恩伯格，并且牢牢地控制着上卢萨蒂亚和下卢萨蒂亚。

第二，征服文德人，同时让他们皈依基督教。德意志殖民者缓慢而稳步地向文德人渗透，渐渐把他们变成了德意志人。

第三，勃兰登堡将其经济与社会生活方式逐渐引入文德人的部落，改变了未来数代文德人对勃兰登堡的印象。大量的文德人成为农奴，在他们之上是斯拉夫或德意志出身的庄园主——得益于生活富裕和缺少竞争，斯拉夫人获得了与德意志人平等的权利。虽然有城镇，但这些城镇还不能成为繁荣的工业中心。在阿斯坎尼亚边疆伯爵的统治下，容克这种乡绅贵族的统治得以诞生与发展。

第四，统治勃兰登堡的伯爵们指明了发展方向，虽然存在争议，但他们确实为国家的进一步扩张提供了理由。1186年，德意志皇帝奥托二世授予勃兰登堡伯爵波美拉尼亚的统治权，

---

① "马克"一词在德语中的意思，原指"边境、边区"，作为后缀组成一个词语，往往表示地名。

虽然勃兰登堡最终没有成功吞并这个地区，但这次的授权也为后来争夺波美拉尼亚提供了根据。1815年，普鲁士才最终得到了波美拉尼亚。

另外，东边的勃兰登堡伯爵还与西边强大的马格德堡大主教建立了关系，所以不管在东边还是西边，幸运的人都能得到未来的发展机会。

维特尔斯巴赫和卢森堡的统治者

在阿斯坎尼亚家族覆灭后，勃兰登堡经历了一个世纪的衰落，过去的进步有多快，这时的衰落就有多快。另一个伟大的德意志家族——维特尔斯巴赫家族，在巴伐利亚皇帝路易四世统治时期，得到了勃兰登堡侯爵区，但他们的统治没能维系多久。1373年3月，在德意志帝国的皇冠转移到卢森堡家族之后，巴伐利亚人在勃兰登堡的统治就结束了，勃兰登堡边区与波西米亚王室长久地联系在一起。从此以后，这片地区便由卢森堡家族或他们的副手统治，直到1411年勃兰登堡的第二个伟大的篇章开始。纽伦堡伯爵、霍亨索伦家族的腓特烈出现了，他是真正的阿斯坎尼亚家族继承者。从1319年到1411年间的历史中，我们可以看到统治者管理不善、丧失领土、内部无政府状态等的记载，但有一件重要的事情十分引人注目。在1351年，也就是查理四世颁布《金玺诏书》的五年前，这位皇帝将勃兰登堡这个边区升级到选侯国，同时把选侯国数量增加到七个，其中四个是世俗领地，三个是教会领地。从此以后，勃兰登堡的统治者既是选帝侯也是侯爵，其领地被称为勃兰登堡选侯国。值得注意的是，勃兰登堡这个边区选侯国（也称"库尔马克"）名义上包括易北河和奥得河之间的所有土地，以及西部的阿尔特马克，但不包括奥得河以东的纽马克——很可能是因为纽马克在1402年被抵押给了条顿骑士团。

霍亨索伦家族

17世纪的文物学家们，已经抢在德意志令人乏味的学究们竞争性评判的虔诚与无知之前，发现了霍亨索伦家族起源于高贵的科隆纳家族。这个家族的出现至少比查理大帝时代早了三个世纪。选帝侯阿尔布雷希特·阿基里斯寻根问祖，希望找到霍亨索伦家族的起源。他一直追溯，最终找到了两条线索，其一是被战火烧尽的特洛伊，其二是罗马创始人埃涅阿斯在逃亡时的一位同伴，以这两条线索来说明霍亨索伦家族是希腊血统与罗马贵族的融合。阿尔布雷希特·阿基里斯的这次追溯不仅说明了他的古典名"阿基里斯"的出处，还表达了他对文艺复兴的同情。但如果我们认真探究的话，位于士瓦本劳埃阿布山南面的索伦堡才是霍亨索伦家族的摇篮。有证据表明1061年在索伦堡里就有"索伦伯爵"的头衔。1170年，人们在索伦这个名字前加上表示高贵的"霍亨"——因此有了"霍亨索伦"这个名字。值得注意的是，在德意志西南部的这一地区——多瑙河上游和莱茵河上游的这个充满温暖阳光的地方应该是德意志三个最伟大王朝的发源地，这三个王朝分别是霍亨斯陶芬、哈布斯堡和霍亨索伦，他们都注定要戴上皇冠，成为德意志帝国的统治者，但只有一个缔造了纯粹的德意志民族国家。

从士瓦本的索伦堡开始，索伦伯爵的家族世系在图宾根和康斯坦茨湖之间产生出了一支旁系。1192年，出现了第一位腓特烈伯爵——法兰克尼亚的纽伦堡伯爵腓特烈·巴巴罗萨。他的小儿子得到了士瓦本的领地，并建立了士瓦本家族分支①；大儿子则坚守纽伦堡，并在1248年通过幸福的联姻合并了拜罗伊特，1273年，纽伦堡伯国成了大儿子家族的世袭领地。除了之前得到的库姆巴赫之外，纽伦堡伯国还分别在1332年和1341年吞并了安斯巴赫和普拉森堡。1363年纽伦堡伯爵被提升为帝国诸侯，为德皇服务。纽伦堡伯国也随之变成了公国，而且不断扩张，尤其是腓特烈六世伯爵再一次扩张了家族领地。由于德皇西吉斯蒙德曾经得到腓特烈六世的援助，借助他雄厚的资金而赢得了神圣罗马帝国的皇位，于是西吉斯蒙德在1411年承诺让腓特烈六世成为代理主教，管理经常受到侵扰且处于贫困中的勃兰登堡边区。但在四年后的1415年，这个协议又被这位囊中羞涩的皇帝中止。作为补偿，德皇赋予腓特烈六世充分的选帝侯的权利。1417年4月17日，德皇正式举行授衔仪式，纽伦堡的第六代伯爵正式以腓特烈一世的身份载入史册，成为勃兰登堡的第一位霍亨索伦选帝侯。

---

① 在1227年，士瓦本一支从法兰克尼亚公国分离出来，在1529年得到了锡格马林根和厄林根的伯爵身份。他们在1605年又分裂为霍亨索伦—赫辛根和霍亨索伦—锡格马林根两个分支，分别在1623年和1638年晋升为帝国的侯国。最后在1849年，两个侯国都被割让给普鲁士国王，国王的小儿子被授予了这两个小邦国诸侯的地位。

普鲁士

因为上述原因，1411年，无论是对于勃兰登堡，还是霍亨索伦家族，都是一个重要的时间点。即使对于普鲁士，1411年也是同样关键的一年，因为虽然这位新的选帝侯跟普鲁士毫无关联，但就在一个世纪之后，就像他现在继承勃兰登堡那样，他的子孙也将继承条顿骑士团在东普鲁士取得的所有成就。在长达三百年的时间里，普鲁士和勃兰登堡一样，一直都是德意志人的殖民地，被德意志文明同化并皈依基督教。

普鲁士位于维斯瓦河和普雷格尔河中间的沙质平原，靠近波罗的海沿岸的地方淤积成许许多多的小潟湖或河口，它被一望无际的森林所遮挡，被无数的沼泽和湖泊所包围。生活在这里的普鲁士人是一个并不信仰基督教的斯拉夫部落，他们与分布在尼曼河和布格河的立陶宛人有着许多相似之处。普鲁士人生活在一个与世隔绝的环境里，有着粗犷坚韧的性格。在他们眼中，那些越过海洋来寻求琥珀的丹麦人、西方的波美拉尼亚人以及南方的波兰人，都是来剥夺他们独立和信仰的敌人。不管是997年殉道于此的圣亚德伯，但泽熙笃会的"奥利瓦的克里斯蒂安"，还是1228年的十字军，都没能在这里留下什么长远的影响。

波兰当然想征服这块蛮荒之地，这样它就可以把版图扩张到波罗的海沿岸，并控制维斯瓦河干流，稳固波兰王国的根基。如果德意志或者德意志教会想征服普鲁士，他们就必须派军队穿过丛林。里加主教成立宝剑骑士团，成功使得利沃尼亚人皈依基督教，这种通过骑士团征服土地的做法值得效仿。

条顿骑士团

条顿骑士团成立于1190年，他们发现并挫败了波兰征服普鲁士的意图。条顿骑士团率先征服了普鲁士，并把它变成了一个独具一格的基督教军事领地。条顿骑士团的大团长赫尔曼·冯·萨尔扎，作为德意志帝国的诸侯，他在骑士团纹章的黑十字上加了一只展翅高飞的帝国黑鹰，这只鹰象征着他的野心。1226年，在听到库尔默兰传来捷报（库尔默兰原来是波兰领地，德意志传教士们成功使那里的异教徒皈依了天主教）之后，他决定带上雄心勃勃的条顿骑士从阿卡城的大本营出发，准备征服丛林沼泽密布的普鲁士。德意志帝国皇帝和教皇都向他许诺，任何皈依基督教和归顺帝国的土地皆为骑士团所有。1231年，骑士团踏足普鲁士，长达一个世纪的激烈冲突也由此开始，最后以普鲁士人的失败而告终。条顿骑士团在1255年建立了哥尼斯堡，1309年把总部从威尼斯迁至以骑士团守护神命名的马尔堡①，攻陷了东波美拉尼亚，还在1311年吞并了但泽。这一切都在表明：条顿骑士团不断通过武力扩张领土。

14世纪的普鲁士

到了14世纪，勃兰登堡逐渐衰落，但身处普鲁士的条顿骑

---

① 条顿骑士团1198年成立于马勒斯坦境内的阿卡城，在近一百年的时间里，阿卡一直是条顿骑士团的总部。1291年，阿卡被穆斯林攻占，条顿骑士团把总部迁至威尼斯。1309年，又将总部迁往马尔堡。

士团却迎来了他们的黄金时期。骑士团大团长来到马尔堡建国，德意志殖民者、商人和传教士也跟着进入普鲁士，看看能从大团长的领地上得到什么好处。骑士团经教皇允诺划分了教区，并使其服从于大团长；他们建立了自己管理的隐修院、修道院、学校、城镇，并在大团长的领导下发展贸易，赋予市民权利；他们还加入汉萨同盟，让普鲁士成为波罗的海沿岸的一个商业和海洋强国。各国骑士都可以来到这里冒险，追求名声和宗教荣誉。当时英国"德比的亨利"也曾在这所谓"云杉之地"浴血奋战。但即使条顿骑士团取得了这些成就，他们仍然有两桩憾事。从库尔默兰来到克莱佩达、哥尼斯堡、马尔堡和但泽，他们没能保持同样的军事精神和宗教理想。他们虽然为教会和德意志赢得了普鲁士，却无法消除或者抑制周围的波兰民族主义。雅盖洛王朝让波兰得到了重生，他们不会放任条顿骑士团占据通往波罗的海的通道。1410年，波兰在坦能堡战役中获得决定性的胜利，1411年签订的《第一次托伦和约》只是个幌子。表面上骑士团在除了萨莫吉希亚外的其他领地都确立了自己的地位，但从坦能堡战役已经可以看到骑士团衰落的迹象。如果可以用武力征服，骑士团就不用通过一纸和约来占有土地了。波兰选择按兵不动等待时机，日渐式微的骑士团剩下的时间已经不多了。

腓特烈一世统治下的勃兰登堡

勃兰登堡新的选帝侯腓特烈一世是一位学者、军人和管理者。他肯定已经听说了这些事情并有了自己的想法。在这位诸侯和选帝侯看来，条顿骑士团战败确实让人意外，毕竟整个西欧都知道他们名声显赫、战绩辉煌、实力强大。他很想知道其中的原因，但摆在他面前最紧要的任务是要保住自己的选侯国。勃兰登堡已经深受胡斯战争之苦，两代的本地贵族都肆意妄为，决心维持勃兰登堡社会动荡和无政府状态。但腓特烈一世不同于波西米亚或者摩拉维亚那些没有实权、穷困潦倒的帝国军官，他是一位强大的新君主，一位实力雄厚，拥有拜罗伊特、安斯巴赫、纽伦堡三地资源的诸侯，他必定要采取行动，而迎接他的肯定会是猛烈的抵抗。

当时就有人说，"勃兰登堡经常会换新的选帝侯"，所有的选帝侯对他们来说都没有什么区别，克维佐家族、罗乔家族、普特利斯家族和霍尔岑多夫家族都在嘲笑腓特烈一世这个"纽伦堡来的玩具"。不过这个"纽伦堡来的玩具"确实不容小觑。腓特烈一世把叛军及其同盟孤立起来，断绝了叛军和马格德堡大主教、萨克森公爵和波美拉尼亚公爵的联系，坚决不让这些虎视眈眈的邻国得逞；他把城镇收于他的保护之下，确保它们的权利，并且直接到战场击败叛军，摧毁他们的堡垒和据点。这是一场耐力的较量，而选帝侯一方则因为拥有新生的科技而实力更强。腓特烈一世在大战中首次使用了大炮和火药这些新武器。传说他还在弗里萨克用巨炮"大桩"攻破了克维佐家族的主城堡。四年后，也就是1421年，腓特烈一世才感到自己是这个新家真正的主人。

但除此之外，他的主要活动都在其他地方。毕竟他出身于法兰克尼亚和南德意志，所以拜罗伊特和纽伦堡才是他的家。他从没想过霍亨索伦家族将会在北方萧条的勃兰登堡发迹，也没有想到选帝侯的领地将会比选帝侯的身份更重要。在胡斯战争中，我们看到了他的英勇；透过他对萨克森以及勃兰登堡的渴求，我们看到了他的野心；1438年在唐格明德召开的一次领主会议上通过了他的遗嘱，我们从中还看到了他称霸帝国的长远目光（这也是霍亨索伦和哈布斯堡两大家族冲突的开端）以及当年德意志诸侯的通病——对领地的分割。虽然这份遗嘱的真实性存疑，但是两位继承人并没有严格按照其中的规定共同管理霍亨索伦家族的领地，而是把领地分开，各自管理（后世可能还会夸张地赞扬他们两人的无私）。喜欢化学的大哥"炼金士"约翰继承了拜罗伊特和法兰克尼亚的领地，而二儿子腓特烈则继承了明显没那么重要的勃兰登堡。霍亨索伦家族的领地就这样被分成了两部分，而且将来还有可能会进一步分割下去。

1440—1619年间的选帝侯们

从1440年腓特烈一世去世到1619年，是勃兰登堡领地形成的关键时期。在这段时间里，勃兰登堡经历了九位选帝侯。这九位选帝侯几乎全是励精图治、有能力、重实干又沉得住气的君主，但他们中间却没有人能跻身德意志历史的最前列，更不要说欧洲了。

腓特烈一世刚刚去世，德意志便迎来了文艺复兴，而由于国内智识和经济上的混乱，一场对政治环境有着深远影响的宗教改革也呼之欲出。腓特烈一世去世那年，哈布斯堡家族的腓特烈一世当选德意志皇帝——霍亨索伦家族的选帝侯也表示赞成，从此奥地利家族对德意志的统治便开始了。在哈布斯堡王朝的统治下，帝国在整整三个世纪里实行的都是世袭君主制。在帝国的其他地方，你可以找到像伊拉斯谟、路德、查理五世、萨克森的莫里斯这样英勇果断的人物，但从胡斯战争到三十年战争，霍亨索伦家族的选帝侯和他们的选侯国都没有对世人的思想或行动造成什么深远影响。事实上，直到大选帝侯继位，勃兰登堡家族才算是出了一位真正的伟人。

1440—1618年间的勃兰登堡

如果想要理解这段时间在勃兰登堡历史上的意义和价值，我们不能只看大事年表，毕竟上面只写着选帝侯姓名和寥寥几笔事件；我们要总结体会这段时间的事件人物及其特点，并看到他们是如何随着历史的进程，影响着这个二三流的诸侯国。毫无疑问，君权的传承是贯穿整个历史进程的线索，君主推行的某个政策也经常会成为值得我们关注的重大转折。在这一个半世纪里，我们发现，真正伟大的不是某几个君主，而是一群在政治上没有突出成就的君主对一些有可能实现的目标的不断追求、不断努力，不断实现其野心的过程。

勃兰登堡的危机

1440年，勃兰登堡面临着两个迫在眉睫的危机，这两个危机出现在勃兰登堡要比出现在其他德意志诸侯国更加严重。首先是内部分裂危机，许多一开始很有前途的德意志统治家族都因此而折戟沉沙；其次是外部危机，源头是勃兰登堡周围虎视眈眈的强国。15世纪，与勃兰登堡选侯国相比，霍亨索伦家族在一开始更重视法兰克尼亚的领地，这加剧了分裂危机。此外，因为要让勃兰登堡和拜罗伊特以及纽伦堡在政治上联合起来非常困难，甚至是不可能做到的事情，所以勃兰登堡如果要有未来，首先就要彻底断绝和南方的联系，并在易北河和奥得河之间建立一个不可分割的诸侯国，垄断所有的资源和利益。如果勃兰登堡选侯国只是作为一片封地或者是拜罗伊特的附庸存在，那么它终将会衰落，或者会变成无数个小封地的集合，最后可能会被遗弃。

这一危险局面被选帝侯阿尔布雷希特三世·阿基里斯（1471—1486年在位）1473年颁布的《阿基里斯的安排》强行逆转。因为这份文件，勃兰登堡和法兰克尼亚都开始执行长子继承制。此后，勃兰登堡的领地必须全部由长子继承，禁止分裂。安斯巴赫和拜罗伊特从勃兰登堡分离出去，成为两个独立诸侯国，这两个诸侯国必须各自执行长子继承制，不可以再分封。如果勃兰登堡、安斯巴赫或拜罗伊特中任何两块领地因为绝嗣无人继承，那么剩下那个领地的继承人将同时继承三块领地。选帝侯阿尔布雷希特三世·阿基里斯把勃兰登堡传给长子，而安斯巴赫或拜罗伊特则由其他儿子继承。从这里可以看出，阿尔布雷希特三世·阿基里斯不像他父亲那般偏爱法兰克尼亚。

自此，勃兰登堡变成了霍亨索伦家族的大本营，任何事情都以勃兰登堡优先，霍亨索伦王朝因为一纸遗嘱变成了一个北方王朝，灌溉霍亨索伦家族土地的也不再是美因河，而是易北河、施普雷河和奥得河了。这一改变举足轻重，但它的重要性要到多年之后才完全显示出来。虽然人们没有严格遵守《阿基里斯的安排》，但其中最主要的一条——边区选帝侯领地不可分割——却被严格执行了下来，而且这些规则在1598年的《格拉协议》中得到确认和补充。《格拉协议》重申了长子继承制和不可分割的原则为勃兰登堡选侯国的"家族法令"，确认安斯巴赫和拜罗伊特将由非长子继承，并重申《阿基里斯的安排》中的领地归还权。[①] 协议更是提到，如果得到普鲁士公国，那就把普鲁士公国完整并入勃兰登堡选侯国，并同样不可分割。这条规定表明，霍亨索伦家族已经深刻体会到领土完整的重要性了。

从此以后，霍亨索伦家族解决了内忧，只需要提防外患了，因为只有外部势力才能导致他们的领土减少。通过这种做法，霍亨索伦家族避免了因为婚姻缺陷和父母软弱带来的领土问题。虽然婚姻缺陷和父母软弱就像政治决策失误一样危险，但却更加常见，因为人性是不会变的，而决策失误只是偶尔发生。在无形之间，他们已经把统治者及其领地联系在一起，现

---

① 《阿基里斯的安排》和《格拉协议》确定了霍亨索伦家族中老一代和新一代的库姆巴赫世系。1486年，腓特烈家族得到了安斯巴赫，西吉斯蒙德家族得到了拜罗伊特，他们都是选帝侯阿尔布雷希特三世·阿基里斯较小的儿子。1495年，腓特烈继承了安斯巴赫，建立了古老的库姆巴赫家族，该家族于1603年绝嗣。然后，选帝侯约翰·乔治把拜罗伊特交给了他的儿子克里斯蒂安，把安斯巴赫交给了他的儿子约阿希姆·欧内斯特，后者成了新一代库姆巴赫世系的创始人。1769年，拜罗伊特伯爵绝嗣，拜罗伊特与安斯巴赫合并。拜罗伊特—安斯巴赫世系在1806年消失，但根据1791年的一项协议，腓特烈·威廉三世将安斯巴赫和拜罗伊特并入了普鲁士王国，两者都在1806年至1807年间消失了，它们是现代巴伐利亚王国的一部分。

在选帝侯与勃兰登堡画上了等号。勃兰登堡选帝侯希望把领土在1598年变成勃兰登堡-普鲁士,我们将会看到他们是如何小心翼翼地确保勃兰登堡选帝侯的地位的。

领土扩张

勃兰登堡的另一个危机源于它的地缘结构和地理位置,这个选侯国缺乏足够清晰的边界。阿尔特马克位于易北河西部,其边界纯粹是政治性的,没有明确的地理划分。虽然东边有奥得河,但因为1402年纽马克被抵押出去,所以奥得河一线很难成为天然边界。正南方有萨克森、卢萨蒂亚、西里西亚,正北方则有梅克伦堡,以及东北波美拉尼亚和什切青——这些地方的边界同样是非常随意的政治性边界。

当时正值信仰衰落和重建之际,教会的主宰地位逐渐消解,权力转移到世俗军队手中。宗教冲突不断引发战争,王侯家族起起落落,华屋豪宅不断易手。在这样一个风云变幻的乱世中,勃兰登堡决不能只求自保,它必须吞并邻国,否则就会面临被吞并的命运。

此外,对这个被易北河和奥得河围绕的内陆邦国而言,来自大海的召唤从未停息。那就应该沿易北河和奥得河顺流而下,确保两河之间的领土安全,然后顺道打开面向大海的大门——没有比这更自然的想法了。河流意味着运输通道,沿河港口意味着关税、通行费、富人聚集的繁华城镇、商人以及商人的海外贸易伙伴。

如果有伟大的领导者,通过赌博式的残酷征战,开疆拓土的霸业可能在一代人手中完成。不然也可以经过几代人，通过持续不断地对外蚕食吞并来完成。在第二种情况下，一种称为"共享继承"的协议非常有用，这是一种外交手段，具体做法是让野心勃勃但却温顺恭让的德意志诸侯之间通过签订条约进行领地交换，从而获得新领地。虽然当时的德意志正值查理五世和斐迪南一世统治期间，却为霍亨索伦家族的选帝侯们提供了绝佳的条件和机会来施展他们征战和赌博的本领。但这些选帝侯们并非强力的征服者，也非高明的赌徒，他们似乎自知能力有限，采取的措施也比较符合这种有限的能力。他们只是耐心地慢慢蚕食，并不断展开外交谈判。同时他们还采取了谨慎但富有远见的联姻策略。通过这种切合实际的蚕食、谈判及联姻，最终获得了巨大的回报。

领土吞并

在领土吞并方面，勃兰登堡虽然没有引人注目的大动作，但却胜在持续不断。选帝侯腓特烈二世在1442年吞并了利兴和希梅尔佛特，在1445年吞并了科特布斯和派茨，1449年吞并了韦尼格罗德，并且从条顿骑士团手中将纽马克收入囊中（1455）。选帝侯阿尔布雷希特三世·阿基里斯于1472年吞并了施韦特、勒克尼茨、菲拉登，于1479年吞并了加尔茨，并于1482年吞并了克罗森、苏莱胡夫、索末菲尔德以及博贝尔斯贝格。选帝侯约翰·西塞罗在1490年吞并了措森。选帝侯约阿希姆一世于1524年吞并了鲁平。选帝侯约阿希姆二世在1548年吞并了勃兰登堡世俗化了的主教辖区、哈韦尔贝格、莱布斯。选帝侯约翰·乔治在1571年吞并了巴斯科夫和施托科夫。

在勃兰登堡吞并的土地名单上，必须要提及的还有通过"共享继承"模式获得的三块土地。第一块是梅克伦堡，于1442年确定继承权。第二块是波美拉尼亚，这是根据1529年的《格里姆尼茨条约》获得继承权，并于1571年重新确认了这一点。根据条约，勃兰登堡选侯国将继承波美拉尼亚全部土地，同时规定如果勃兰登堡绝嗣，那就归还这片土地。条约中的条款激发了阿斯坎尼亚边疆伯爵的野心，也成为后来普鲁士对波美拉尼亚提出领土要求的基础。第三块土地的获得始于1537年，手段与获得第二块土地类似，当事人是利格尼茨公爵。这次的领土要求包括利格尼茨、沃武夫以及西里西亚的布里格。尽管德皇斐迪南一世取消了第三宗土地的继承权要求，但他的决定被勃兰登堡选帝侯严词拒绝，选帝侯质疑这种取消行为的合法性。

两百年后，腓特烈大帝旧事重提，并且巧妙地将这些地区和同样时过境迁并且归属权更加存疑的贾根多夫地区捆绑在一起。贾根多夫在1524年被安斯巴赫边疆伯爵购买，之后伯爵在1620年自愿放弃了这片土地。

| 约翰·西吉斯蒙德选帝侯

选帝侯约翰·西吉斯蒙德（1608—1619年在位）在东西两个方向上扩张了自己的领地，从而为他赢得了很高的声誉，也改变了霍亨索伦家族统治者们对疆域版图的整体展望。通过对普鲁士的吞并，以及围绕克利夫斯-于利希继承权所引发的争议,约翰·西吉斯蒙德最终收获了他的前辈们耐心播种并精心栽培的成果。在勃兰登堡扩张史的前两百年中,这种不靠武力的吞并方式具有非常突出的特点。

1411—1511年的普鲁士

《第一次托伦和约》签订后,条顿骑士团的骑士们陷入了麻烦不断的日子。以但泽为首的一些城镇开始发动叛乱,反抗骑士团的统治,并转身投入波兰国王的庇护之下,骑士团大团长也被迫离开马尔堡。坦能堡之战后,骑士团已经走向穷途末路,被迫接受《第二次(永久)托伦和约》(1466),这份和约的条款决定了普鲁士随后三个世纪的命运。普鲁士领土自此被一分为二:东半部分和哥尼斯堡一起被波兰作为封地封给条顿骑士团;西半部分称为王室普鲁士,包括但泽、埃尔宾、马尔堡、库尔默兰及艾尔姆兰德的主教辖区,被并入波兰王国。波兰王国就此吞并了整个维斯瓦河下游地区,从托伦一直到维斯瓦河入海口,这片地区成为波兰在波罗的海的一个牢固立足点。

对条顿骑士团来说,这是一个无比悲伤的结局,大团长赫尔曼·冯·萨尔扎的梦想就此破碎,14世纪的英灵们为之叹息。德意志士兵、牧师、传教士和商人们筚路蓝缕、历经辛苦建设而成的最好的那一半土地,最终落入波兰之手。自此,波兰在名义上仍属于德意志的普鲁士东半部领土和奥得河盆地的德意志领土之间插入了一个牢固的斯拉夫楔子。马尔堡的荣耀、但泽的富饶、托伦堡垒的坚固、维斯瓦河流经的大片沃土，都在转瞬间成为过往，绣着帝国之鹰的黑十字旗也不再高高飘扬。现在，东普鲁士由日暮西山的骑士团所占据，如果说谁能拯救这片说着德语的土地的话，那这个救星只能来自外部，而不是日渐衰弱的内部。如果从当时强盛的诸侯家族中选出一个新的大团长，他很可能就能成为这个救星。于是，1511年，来自霍亨索伦家族的安斯巴赫伯爵阿尔布雷希特应时而出。他被选为骑士团大团长，坐到了赫尔曼·冯·萨尔扎曾经坐过的位子上。阿尔布雷希特同时还是波兰国王西吉斯蒙德的外甥，他能够当选骑士团大团长，体现了霍亨索伦家族在当时的地位。

霍亨索伦家族和普鲁士

新任骑士团大团长阿尔布雷希特肩负着两个使命：拯救条顿骑士团和从波兰的虎口中拯救东普鲁士。最后，他成功地拯救了东普鲁士，却没能拯救条顿骑士团，并且整个过程极富戏剧性。

阿尔布雷希特的私人利益让他想要极力摆脱波兰宗主国的管辖。教皇建议他会见一下宗教改革家路德，接触一下路德教教众，并设法改组萎靡不振的骑士团。虽然阿尔布雷希特没能从波兰国王那里赢得独立地位，但是他见到了路德并采纳了路德的建议：自己先娶一个妻子，然后把整个骑士团世俗化，最后在骑士团的土地上推行路德教并将之转变成世俗的诸侯国。1525年，他迎娶了丹麦国王的女儿，随后波兰国王将世俗化的东普鲁士公国授予他。

这块土地确实变成了霍亨索伦家族的新领地，而公爵在勃兰登堡选侯国的亲戚们很快便看到了争夺这块土地的机会。1569年，在阿尔布雷希特公爵死后，约阿希姆二世选帝侯趁阿尔布雷希特·腓特烈公爵年幼势弱，成功地为自己和自己的继承人攫取了"领地共享"权利。为了达到双重保险的目的，约阿希姆二世选帝侯的孙子约阿希姆·腓特烈选帝侯先迎娶了公爵的一个姐姐，然后他的儿子，同时也是未来的选帝侯约翰·西吉斯蒙德迎娶了公爵的一个妹妹——不过，公爵很快便由愚钝变成为精神错乱。1605年，约阿希姆·腓特烈选帝侯成为摄政，在和波兰做了很多交易之后，约翰·西吉斯蒙德选帝侯最终于1618年得到了以波兰为宗主国的东普鲁士公国。

顷刻之间，之前的《格拉协议》开始具备了可操作性，东普鲁士和勃兰登堡选侯国合并了，几乎没有什么力量可以将之分开。不过，普鲁士这边的人并不欢迎此次合并。新选帝侯暨公爵是一位加尔文教徒，对路德教和罗马天主教怀有敌意。就像15世纪的勃兰登堡容克一样，普鲁士贵族们并不想拥有一个真正的新主人。虽然通过霍亨索伦家族，普鲁士人与公爵以及他精神错乱的儿子建立了浅薄的私人关系，但是他们与勃兰登堡选侯国并没有任何相通之处。在他们看来，那是一个异域的王朝，在宗教、制度以及理念上都和他们有疏离感。选帝侯将会从柏林统治他们，并会把远在欧洲东北角的他们拖入德意志政治中心的旋涡。

因此，在波兰的帮助下，他们试图抵制，而且也确实做出了抵制行动。在很长一段时间里，选帝侯们对公国的控制是极其脆弱的。虽然一开始危机四伏，但是东普鲁士终究还是归到了选帝侯的麾下。后来的历史证明，这块土地上有着霍亨索伦家族最忠诚和最顺从的臣民，有着霍亨索伦实施独裁统治的精英。

克利夫斯-于利希继承权之争

约翰·西吉斯蒙德选帝侯于1619年去世。在生前，这位选帝侯制造了太多的麻烦事，其中一些，根本就是自找麻烦。他把一个错综复杂的、极富争议的继承权问题留给了众多继承人，并且这个问题还事关莱茵河流域大片的珍贵土地。

克利夫斯-于利希-贝格继承权问题的重要程度，在以下方面足以与四百年后的石勒苏益格-荷尔斯泰因问题相提并论：世系难题、提出继承权要求者的数量、争议土地的战略价值、用模糊的国际公法争取权利得不到结果、众多未被遵守或被违反的条约、由此引发的欧洲事务的严重性和危急性、每个局中人在道德层面的摇摆程度以及最终的武力解决方法。

这个诸侯国包括克利夫斯、于利希、马克、拉文斯贝格、拉文施泰因以及贝格。这些地区围绕着莱茵河下游形成一个富饶的环形工业带，河对面便是荷兰联省共和国的领土。因此，这片领地的位置不仅影响荷兰，还影响到西班牙的哈布斯堡家族、波旁王朝以及德意志的西北地区，给了公爵们一个很小却烫手的"莱茵守望者"。此外，无论掌管这片领地的人是天主教徒还是新教徒，宗教权力的平衡都将被打破。在这个局势动荡不安的危机时期，对这片战略位置极其重要的领地而言，如果统治的公爵男丁绝嗣，并且留下了很多姐妹和姑姑，还有她们散布在欧洲王宫中的丈夫和儿子，那么引发局势混乱是迟早的事。

克利夫斯的约翰·威廉公爵就是典型的例子。他死于1609年，没有儿子，但是有三个姐妹，还有个出身于哈布斯堡皇室的母亲。他的主要继承要求人就有四位：首先是德意志皇帝，他认为那块地方是一个无主的帝国封地，同时他的姑妈曾经是克利夫斯的伯爵夫人；第二位是法尔兹-诺伊堡公爵，他娶了公爵的姐姐，而这位姐姐还活着；第三位是萨克森选帝侯，因为他的母亲是来自克利夫斯的西比亚；最后一位则是勃兰登堡选帝侯约翰·西吉斯蒙德。

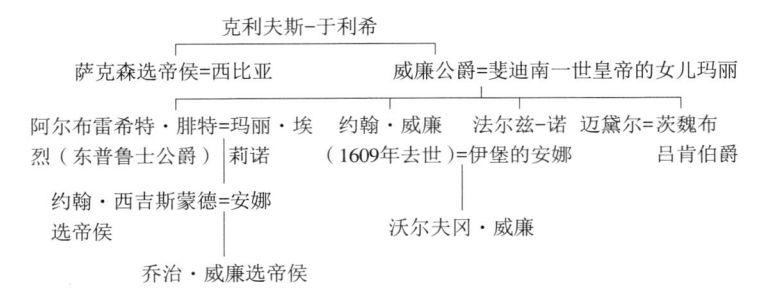

```
                    克利夫斯-于利希
       ┌──────────────────┴──────────────────┐
萨克森选帝侯=西比亚              威廉公爵=斐迪南一世皇帝的女儿玛丽
┌──────┬──────────┬──────────────┬──────────┐
阿尔布雷希特=玛丽·埃   约翰·威廉    法尔兹-诺   迈黛尔=茨魏布
腓特烈（东普鲁士公爵） 莉诺   （1609年去世）=伊堡的安娜      吕肯伯爵
  │
约翰·西吉斯蒙德=安娜
选帝侯        │
          沃尔夫冈·威廉
      │
  乔治·威廉选帝侯
```

勃兰登堡选帝侯对继承权的要求相当坚决，因为已故公爵的遗愿对他有利。一方面，疯癫的阿尔布雷希特·腓特烈公爵给他留下了东普鲁士公国；另一方面，因为阿尔布雷希特·腓特烈与克利夫斯的玛丽·埃莉诺联姻，所以玛丽的女儿安娜——同时也是约翰·西吉斯蒙德的妻子——得到了约翰·威廉公爵的大姐对未划分领土的继承权。玛丽的另一个女儿是约翰·西吉斯蒙德父亲的前妻，所以凭借父子两代人的关系，勃兰登堡选帝侯可以对领地提出双重要求。简而言之，霍亨索伦家族通过其家族女性的血缘关系获取了目标领地的众多头衔。在当时的环境下，并且在宗教问题还未出现之前，只有霍亨索伦家族拥有目标领地的合法头衔。

勃兰登堡选帝侯和另一个主要竞争者法尔兹-诺伊堡都是新教徒，两者都想要整块领地，都不愿意分割或者共治。为了确保获得罗马天主教的军事援助，法尔兹-诺伊堡放弃了新教，转而皈依了天主教。而为了获得新教徒们的军事援助，约翰·西吉斯蒙德摇身变成了一位加尔文教徒。于是乎，克利夫斯-于利希的继承权问题不断升级演变，与更多更重大的问题交织在一起，成为引发三十年战争的因素之一。

1614年的《克桑滕条约》仅仅标志着一个阶段性的成果，因为这个条约暂时将于利希和贝格划给法尔兹-诺伊堡，余下的土地则划给约翰·西吉斯蒙德。几经沧桑变迁，这个问题终在1666年达成了最后的解决方案。根据这个方案，大选帝侯事实上占有了克利夫斯、马克及拉文施泰因，这意味着霍亨索伦家族实际上控制了莱茵河流域。在那之前，他们的头衔更多代表权利而非事实占有，勃兰登堡-普鲁士的三大组成部分只存在于纸面上和地图上，在现实中并不存在。到1619年，怀疑情绪已经四处弥漫，人们普遍质疑条约的结果是否真的能让各方满意，从而避免一场即将到来的风暴。这场风暴将横扫欧洲大陆，波及范围从波罗的海直到巴黎，从巴伐利亚和波西米亚直到古斯塔夫·阿道夫所在的瑞典首都斯德哥尔摩。

选侯国的宗教改革

正如我们已经了解的,宗教在选帝侯们的个人生活和理想中占据着重要的地位,但16世纪的宗教改革,不仅重塑了勃兰登堡这个选侯国的结构和特征,也改变了勃兰登堡人的生活。然而推动宗教改革的并不是这个选侯国的宫廷。

约阿希姆一世(1499—1535年在位)因为兄弟是美因茨和马格德堡的红衣主教,所以他坚持旧的宗教信仰,反对条顿骑士团的世俗化。但他的继任者约阿希姆二世(1535—1571年在位),却没有阻止臣民转信路德教,而且一开始就给查理五世皇帝提供政治支持。但由于臣民的感情太过强烈,他站到了信奉新教的萨克森和黑森一边,并在1555年签订《奥格斯堡宗教和约》后对他的领土进行了重大的调整。莱布斯、哈韦尔贝格和勃兰登堡三个地方的宗教信仰被世俗化了,宗教的管理权转到了选帝侯手中,而路德教成了宫廷和选侯国的宗教。此外,通过约阿希姆二世的孙子约阿希姆·腓特烈(1598—1608年在位),霍亨索伦家族获得了马格德堡的宗教改革和管理权——这是选帝侯对宗教职位提出的政治主张,即便到了1648年,大选帝侯也没有忘记。

安斯巴赫家族和拜罗伊特家族的分支很早就信奉了新教,因此到16世纪末,在勃兰登堡、法兰克尼亚和东普鲁士,霍亨索伦家族都是新教政治势力的强大盟友。选帝侯约翰·西吉斯蒙德后来改宗加尔文教,深深地冒犯了在勃兰登堡和东普鲁士占有压倒性优势的路德派信徒,他们坚决拒绝追随西吉斯蒙德。但这件事有一个令人意外的结果。在1608年之后,信奉加尔文主义的选帝侯绝对是少数派，因此，他们很早就知道宽容的必要性和价值。在普鲁士国家的形成过程中，我们很容易看到，却很难定义、衡量或放大统治者的宽容所产生的深远影响。

起初，霍亨索伦家族凭借直觉和经验行事，但最终还是相信他们深思熟虑后提出的政治主张，以及国家行动的原则。这代表了新教最为高尚的一面——真理和道德良知没有被削弱，而是通过人们对精神的自由探索而得到加强，人的理性包含了权利和义务、国民的忠诚、统治者的权威、为国家服务的义务，这些东西与各种宗教信仰是相互包容和相互独立的。

宗教改革的结果

宗教改革的直接后果可以从三个方面看：第一，迄今为止，勃兰登堡一直坚持奉行与皇帝合作的政策，这对勃兰登堡十分有利。然而，哈布斯堡家族仍然是罗马天主教徒，公开反对宗教改革。到了1608年，一场斗争显然无法避免，各方都想争夺至高无上的宗教地位，德意志民族和每个德意志诸侯国的命运，都将因1618年爆发的大规模的宗教战争而改变。在政治领域，选帝侯们面临着一个残酷的困境：他们有可能把对帝国的忠诚和对勃兰登堡的忠诚融为一体吗？

第二，从勃兰登堡的地理位置看，选帝侯必须做出选择。勃兰登堡被新教国家所包围，它距离最近、最强大的邻国萨克森，在政治上是德意志最重要的路德教诸侯国。由于克利夫斯-于利希的问题，勃兰登堡的选帝侯陷入了欧洲旋涡的中心：信奉路德教的普鲁士现在是波罗的海的强国，它被信奉天主教的波兰包围着，但放眼波罗的海另一边，可以看到雄心勃勃的丹麦新教徒和更有雄心的瑞典新教徒。波罗的海会变成一个属于新教的内海吗？选帝侯约翰·西吉斯蒙德把这个问题，以及其中涉及勃兰登堡的问题留给了他的继任者。

第三，作为纯粹的国家内政，宗教改革极大地加强了选帝侯的权力。通过世俗化和剥夺教会的财产，选帝侯得到了更多资源，消除了独立的旧教会带来的竞争。即使在旧秩序下，选帝侯也会主张并行使教会领域的权力，所以他们在主教辖区和修道院都拥有非凡的权力。但由于路德教在教会和国家确立了牢固地位，选帝侯成为最高主教，他的手中掌握着至高无上的管理权，可以决定教会的方向。因此，自从腓特烈一世和容克地主展开激烈斗争，不管是教会改革还是选帝侯推行世俗政策，两者都倾向于产生相同的结果。

国内管理

这一时期国内发展最显著的特点是：土地领主行政权力的增长，农民逐渐沦为创造经济收入的农奴，城镇的地方特权减少，庄园主在议会的影响力减弱。从理论上讲，土地领主代表了封建社会组织——贵族、城镇和农业社区，他们在行政和立法方面与选帝侯行使着共同的权力，直到16世纪中叶，一直不断有例子表明，他们有权和有意愿进行干预，迫使选帝侯与他们携手合作。金钱是具有强大力量的武器，有了金钱，他们在政策上就有了真正的发言权。

但是约阿希姆一世选帝侯引入了罗马法，在柏林建立了选侯国最高法院，在行政部门的控制下建立了新的司法机构。约阿希姆·腓特烈选帝侯建立了枢密院，这是一个由九人组成的私人顾问会议，负责协调行政部门，在选帝侯的任期内，充当制定政策和行政命令的主要机关。另外，国家议会的权力逐渐下放给了中央委员会。这一切都在表明一个稳步推行的原则——将选帝侯的权力从"议会"的控制中解放出来。

有些学者认为枢密院的创立非常重要，将它视作近代普鲁士中央官僚制度的起源和核心，但我们几乎能肯定这是一种夸张的说法。作为审议和管理机构，枢密院是国家议会的替代品和竞争对手，而不是行政权力的集中或者行政机构的延伸。选帝侯承诺按照枢密院的建议管理国家，可能是为了架空和取缔代表议会，远离它所带来的干扰和烦恼。因此，枢密院的出现，仅仅象征着一个初级阶段，它使得"官僚制度"成为可能，但这绝不是不可避免的趋势，甚至也不是人们在1618年所能想到的概念。它只是为下一个阶段——摧毁庄园领主铺平了道路。

到目前为止，选帝侯的权威完全建立在他作为封建领主和庄园主的地位上。选帝侯是领地上最大的"地主"，世俗化和剥夺教会的财产让他的地产稳步增加，这些地产又成为选侯国或"国家"的主要收入来源。像其他中世纪的君主一样，人们期望选帝侯可以做到"自力更生"，他作为地主世袭得到的权力和管辖权，与他作为选帝侯所享有的权力，两者是互相独立的。

在这方面有两点值得注意。第一，17世纪的专制政体发展缓慢，意味着选帝侯要努力使他们的政治权力与封建权力协调一致。在一个"国家"里，选帝侯和全体臣民的关系，正如在一个庄园或领地里，地主与各阶层佃农之间的关系一样，臣民和佃农就是权力的来源和载体，这种关系毋庸置疑。因此选帝侯成了"土地之主"，这里的"土地"代表着整个政治领土，而不仅仅是一个庄园领地。第二，越来越多的贵族和选帝侯因为双方的地位开始结盟。选帝侯对世袭的管辖权有着深刻的理解，因为贵族管理庄园，就好像选帝侯治理国家一样；因此，选帝侯和贵族有着共同的追求，一旦贵族们坦率地接受了选帝侯的政治统治，选帝侯的力量就是他们的力量。他们会因为共同的目标、共同的原则和共同的人生观走到一起，携手合作。贵族们成了选帝侯的堡垒，选帝侯则成了贵族们的庇护者。如果封建社会组织解体，双方都会面临灾难。对选帝侯来说，这意味着他会损失2/3的收入，因为国家完全依赖臣民缴纳的税收，所以每个国家部门都要努力征税。因此，选帝侯的理想是管理整个领土，将它视作一个巨大的、不可分割的、统一的领地。在实现这个理想的道路上，选帝侯要破除一切障碍，建立和维护社会等级，利用"土地之主"至高无上的权威和权力管理各个阶级，从而建立一个完整、自治和独特的政体。

这种理想显然要求个人直接管理国家，但这也需要效率。这种理想需要逐步实现，而且每一代统治者都要有能力完成他们的使命。要在1618年，选帝侯的无能就可能意味着灾难。但到目前为止，选帝侯还是很有能力的。17世纪充满挑战，足以衡量王朝的能力，但领土特点也能决定国家的局势，勃兰登堡-普鲁士在1618年才成为一个领土完整的国家。

勃兰登堡和东普鲁士本质上都是农业区，而且是贫穷的农业区。与富裕的德意志中部和南部相比，它们在发展水平、文明程度和工业生活方面处于落后地位。土地、气候、森林、沼泽可以提供的资源十分有限，国民要满足自身需求，就必须与恶劣的环境展开激烈和无休止的斗争。在勃兰登堡-普鲁士民族性格形成的过程中，我们很难理清或界定种族因素和环境因素各占多少比例。要得出概括的结论非常容易，但这种结论既难反驳也难验证。在这个国家，德意志人、文德人、普鲁士人、斯拉夫人、列托人融合在一起。移民持续不断，在最初的人群中又增加了来自南方的荷兰人、胡格诺教徒和新教徒，甚至还有斯堪的纳维亚人和芬兰人。

酷热的太阳、猛烈的风、阴沉的雾霭和贫瘠的土地，教会了人们努力工作、严守纪律和注重效率，恶劣的环境把这些信条烙印在这个种族的灵魂之中，成为了实现社会利益的国家政策。追溯到17、18世纪，在国家发展和演变的过程中，我们在选帝侯和臣民（无论是贵族还是农奴）身上看到了一种意识逐渐形成和发展——他们是北方人，他们可以塑造北方，北方也可以塑造他们。他们可能是德意志人，他们可能是新教徒，但他们首先是普鲁士人。历史、自然和上帝使他们不同于其他德意志民族和德意志国家。他们的本能变成了部落意识，转化为根深蒂固的民族记忆和传统，成就了一个民族的信仰和灵感。他们的成功也离不开最后一个因素——相信自己的优越性。选帝侯和贵族的结盟，加上他们共同的偏见、迷信和信念，构成了勃兰登堡-普鲁士的政治框架。这个框架带来了更持久的影响，从而塑造了普鲁士人的灵魂。

第三章

1618—1740年的勃兰登堡-普鲁士

Brandenburg-Prussia from 1618-1740

普鲁士——第二阶段

勃兰登堡-普鲁士历史的第二个伟大篇章始于1618年的三十年战争，结束于1740年腓特烈大帝继位。作为近代普鲁士王国发展过程中一个明确界定的阶段，我们可以发现这个时期具有一个显著的特征。因为在这一时期，勃兰登堡-普鲁士成了德意志北部最重要的诸侯国，赢得了进入欧洲国家体系的机会，确定和巩固了自身政体的特征。到了1740年，这些特征结合起来，让它成为一个自成一体的国家。在这近一百二十年纷繁复杂的历史记录里，我们找到了勃兰登堡-普鲁士的五个突出特点：统治者建立了个人专制；在1618年得到的领土不断扩大（以牺牲德意志邻国和对手为代价）；从选侯国变成一个王国；国家建立了一支与领土面积和人口规模相称的强大常备军；建立了高效的行政部门，正如军队一样，普鲁士君主对行政部门拥有最高的控制权。

在1618年，勃兰登堡-普鲁士还是一个松散的、不完全统一的诸侯国，统治者没有绝对的权力，贵族、庄园主和特权组织都有权干政，宗教信仰和价值观念相互冲突，没有军队或统一国家所必备的机构。到了1740年，普鲁士王国虽然在地理上还不够集中，但却是一个统一、强大、治理良好的国家，而且已经为进一步的发展做足了准备（正如之后证明的那样），这让人非常意外。在这关键的近一百二十年里，没有任何一个德意志诸侯国能取得与普鲁士相媲美的进步。在1618年，柏林还无法与德累斯顿、海德堡和慕尼黑竞争，毕竟它们都是德意志和欧洲的政治活动中心和文化中心，但到了1740年，继承了祖辈成果的勃兰登堡-普鲁士新君主，已经敢于挑战哈布斯堡王朝的权威。

1618—1640年在位的乔治·威廉

1618—1640年在位的选帝侯乔治·威廉，是约翰·西吉斯蒙德的继承人，但造就普鲁士巨大的进步并没有他的份。腓特烈大帝曾经查阅霍亨索伦家族的编年史，希望从中寻找治国之道，当他看到乔治·威廉的记录时感到非常愤怒，就好像看到一个平庸的将军或不诚实的县长一样，并且严厉批评他"完全不适合统治国家"。

乔治·威廉是一个友善、虔诚、善良的年轻人，有着日耳曼人对酒肉的偏好，也有三流的头脑和四流的道德标准。在自己任何一片领土上，他都会成为一个普通的容克地主，在他曾孙的"烟草议会"里，他也会成为一个不讨人厌的成员。卡尔二世对他的评价可能比较实在，正如他评价丹麦的乔治王子一样："我见过他喝醉的样子，也见过他清醒的样子，不管在哪种状态，他都是个草包。"

他跟路易十六有点像，在革命的驱使下，有了治理国家的追求，但在他的整个"统治"期间，命运让他陷入了德意志历史上最具毁灭性的动荡之中。在三十年战争的旋涡中——在黎塞留、古斯塔夫·阿道夫、巴伐利亚的马克西米利安和华伦斯坦时期——乔治·威廉努力逃避决策，他自己信奉加尔文教，统治的却是信奉路德教的勃兰登堡和首相施瓦岑贝格是天主教徒、也是奥地利家族的拥护者的东普鲁士。他的妹夫古斯塔夫·阿道夫向他强调"具有男子汉气概顾问"的必要性，但乔治·威廉最大的缺点与其说是犹豫不决，不如说是他看不到决策的必要性，所以下不了决心。如果有两个这样的选帝侯，普鲁士的历史将会非常短暂。

三十年战争的问题

对勃兰登堡来说，1618年爆发的这场"世界大战"涉及两个最重要的问题。领导反宗教改革势力的奥地利家族，是否要摧毁德意志的新教政治并在全新的天主教和德意志天主教联盟的基础上，建立一个从施特拉尔松到阿尔卑斯山的新军事帝国？波罗的海的统治权是否会落入天主教手中，波罗的海及其北部的德意志是否会被以波兰为首的北部天主教势力所控制？不管是哪个结果，都意味着勃兰登堡——作为新教国家和政治上的选侯国将要走向灭亡。在黑暗的夜晚，霍亨索伦家族的孤星闪闪发光，提醒柏林的统治者要维护自己的利益。

如果是一个无所顾忌的天才，可能会分阶段把盟友出卖给报价最高的人——不管是天主教国家还是新教国家，不管是哈布斯堡王朝、维特尔斯巴赫王朝，还是波旁王朝、瓦萨王朝——然后换取最好的条件，这样虽然会有战争和流血，但还是能取得胜利，让波美拉尼亚、梅克伦堡和西普鲁士成为选侯国的一部分。如果是腓特烈大帝，他能做到，甚至要做得更好；大选帝侯利用有限资源做到的事情，乔治·威廉在1618年至1630年其实也能做到，但他无所作为。但如果是古斯塔夫·阿道夫或克伦威尔坐镇柏林，他们会坚信勃兰登堡要信奉新教，新教也要在勃兰登堡发展，他们会意识到上帝在用一种不可思议的方式，把一个伟大的使命——通过建立国家来拯救真理交给他的仆人（勃兰登堡的选帝侯）。如果是这两人坐镇柏林，那么信奉新教的德意志可能已经融合了北面的波罗的海，统一了路德教和加尔文教的信徒，并且把新教总主教的地位从海德堡昏庸的"冬日国王"和德累斯顿贪杯嗜睡的萨克森选帝侯手中夺走。

三十年战争和1848年欧洲革命有几个共同点，在这两大历史事件中，旧的德意志都崩溃了；每次都是时代精神提供了独特的机会，通过伟大的道德和思想革命颠覆了旧的德意志。在这两大历史事件中，由于缺乏更高的精神与政治远见，由于道义上的怯懦（我们称之为优柔寡断），霍亨索伦家族的统治者都失败了。在这两大历史事件中，下一代统治者最后都不得不选择与腐朽的反动力量结盟，以弥补上一代的失败所造成的后果。

1619—1631年的中立政策

从1619年到1631年，乔治·威廉选帝侯想采用中立政策以寻求安慰，但这只能说明他治国无方。他看到帕拉丁选帝侯在波西米亚吃了败仗并被逐出帕拉丁，就连选帝侯资格也落到了巴伐利亚手上。乔治·威廉自己也在1624年被迫默许荷兰人占领克利夫斯。他与丹麦、瑞典和奥地利谈判，结果发现丹麦国王在卢特战役中被击败，荷兰的大将曼斯费尔德在德绍战役中大败（1626），瑞典人占领了皮拉乌和被称为"波罗的海之眼"的克莱佩达，丹麦人、威斯特伐利亚人和帝国拥护者进入阿尔特马克，大肆烧杀抢掠。为了得到梅克伦堡，华伦斯坦向北挺进，为自己攻取了梅克伦堡，强迫乔治·威廉以高昂的代价为他的中立政策"交付赎金"——霍亨索伦家族强烈要求归还梅克伦堡。

1629年的《归还教产敕令》威胁要彻底铲除加尔文教并让勃兰登堡宗教改革的成果毁于一旦。对于乔治·威廉而言，在势如破竹的帝国军队和刚刚从波兰战争脱身、强力支持德意志新教的妹夫瑞典国王中间，他只能二选一。但他仍然不断拖延和讨价还价，直到蒂利伯爵攻占马格德堡，瑞典的军队向柏林进军，勃兰登堡-普鲁士才开始与瑞典结盟（1631年6月21日）。

| 与瑞典结盟（1631—1635）和与奥地利结盟（1635—1640）

施瓦岑贝格暂时退休。在不安的四年里，乔治·威廉作为瑞典的盟友，比起被帝国拥护者占据的勃兰登堡，他显然更着急把波美拉尼亚从瑞典手上夺回来。1632年，古斯塔夫·阿道夫在吕岑阵亡，瑞典军队在南部又打了败仗，使得乔治·威廉可以挣脱束缚签订《布拉格和约》，并断绝与瑞典的关系。迫于施瓦岑贝格的压力，乔治·威廉自1636年到去世，一直都是奥地利王朝的盟友。1637年，波美拉尼亚公爵绝嗣，乔治·威廉根据1529年的共享继承协议，要求继承其遗产，但瑞典方面不予承认。帝国允许选帝侯用武力收复波美拉尼亚，但尽管费尽心力财力从帝国那里获得了帮助，最后还是以三度惨败告终。三年间，勃兰登堡沦为北方的主战场，惨遭来自萨克森、瑞典以及帝国军队这些敌人和朋友的蹂躏。克利夫斯因不支付占领费和军费而受到荷兰人军事毁灭的威胁。东普鲁士的庄园主们也处于反叛的边缘。乔治·威廉被迫逃往哥尼斯堡，留在那里直到1640年12月1日去世。

1640—1688年在位的大选帝侯

乔治·威廉的继承者，为选帝侯腓特烈·威廉，也就是一直以来人们所说的"大选帝侯"。那时腓特烈还是个二十岁的年轻人。他的母亲是帕拉丁的伊丽莎白·夏洛特，曾祖父是奥兰治的"沉默的威廉"。他长达四十八年的统治对勃兰登堡-普鲁士产生了决定性的影响，而腓特烈大帝送给他一句简洁的评语："他做得很棒。"威廉·瓦丁顿曾一语中的地说，他所受的训练并没有让他获得事务性的经验，却让他对人和生活有了深刻的体会。

直到十四岁之前，他都一直住在选侯国，然后在荷兰的亲戚家住了四年。当时，腓特烈·亨利以及奥兰治的约翰·莫里斯统治下的荷兰是当之无愧的欧洲政治中心，是学习治国的学校，非常适合打磨他的个性，塑造他的人格。1638年，接管克利夫斯遭拒后，他又到哥尼斯堡待了两年，目睹了勃兰登堡战败受辱的过程。他被赋予健壮的体魄、过人的勤奋、强大的头脑、钢铁的意志和火爆的脾气（他也没有压抑自己的意思）。

在他的画像里，他总是一副高贵的形象，透过他那双深蓝色的眼睛、紧闭的嘴巴和有力的下巴，除了他异于常人的聪慧，你能看到更多的是他的力量。这是一副努力生活并懂得汲取教训以成就霸业的面孔。他通晓法语、拉丁语和波兰语，拥有足够多的知识给他的事业打下基础。从1640年，直到生命结束，他一直在勤奋学习。

在1640年之前的十年时间和之后的四十年时间，腓特烈·威廉经历了严厉的考验。他本是一位虔诚的加尔文教徒，但经历了各种事件之后，他认为在这个被战争摧残的世界，只有像他这样认清事实、用力量抗衡力量、用计谋来抗衡计谋的人才能获得胜利，勃兰登堡受到蹂躏正是由于统治者忘记了敌人的无情和盟友的自私。治国无非是以牙还牙，以眼还眼，做到别人想对你做的事，并且让别人做不到这些事。国家利益即是君主的利益，都是为了获得权力，因为权力带来独立、安全与和平。外交、条约、战争就是君主的武器，而这些武器的基础就是国家的力量，而一国之君如果要履行其职责，就必须能够自由操控这股力量。阻挡他获得这股力量的障碍必须像外面的敌人一样，要被彻底清除。说白了，就是勃兰登堡-普鲁士必须只能有一个目标、一位君主，要有自己的军队、收入，并且还要有一群服从命令的行政官员。

1640—1688年的外交政策

在四十八年的艰苦岁月里，外交一直都是一个难题。腓特烈·威廉自小就看重原则，他读书时就对那些侵犯勃兰登堡-普鲁士的人又恨又怕，而且一直想找机会惩罚他们，其中就包括奥地利家族、天主教会、西班牙、瑞典、波兰以及他们德意志的敌人。但是他也总愿意隐藏自己的内心，接受那些看中自己价值的盟友，在必要的时候，即使不服输也会俯首称臣。他认为，如果在外交上没有影响格局的手腕就要学会适应格局，家族和国家的发展依赖于外交政策的灵活、缜密和坚定。面对制定政策时许许多多的未知，普鲁士的利益永远是他的指南针和明灯。为普鲁士利益而做出的牺牲将会真正地促进宗教发展、赢得荣誉和实现物质繁荣。

1640—1648年的第一阶段

腓特烈·威廉的首要任务就是把自己的国家从覆灭的边缘拯救出来，并且平息战争。1641年施瓦岑贝格伯爵的死亡，可能反而让他免受后来的耻辱。当时，年轻的腓特烈·威廉向波兰国王俯首称臣，接受东普鲁士的受封仪式——可能他那时候还暗中对天发誓，总有一天要把东普鲁士拿到手，而不用等着这个华沙的斯拉夫人送给他。同时他召集了一支军队，并巧妙地使了些手段，摆脱了和帝国的盟约，并在1643年至1644年与瑞典签订停战协议。

选择妻子也成为他外交政策的一部分。奥尔良的安妮·玛丽,也称"大郡主",是位法国的天主教徒;瑞典女王克里斯蒂娜有着不输腓特烈·威廉的天赋和领导才能,一心想把柏林和哥尼斯堡收入瑞典囊中。年轻的选帝侯腓特烈·威廉最后在1646年娶了奥兰治腓特烈·亨利的长女——露易莎·亨里埃塔,从此巩固了与一个辉煌的家族以及新教强国的联系。她生活的痕迹至今留在了奥拉宁堡——她最喜欢的城堡,位于柏林附近。她的继任者,腓特烈·威廉的第二任妻子,荷尔斯泰因-格吕克斯堡的多萝西娅也是一样,至今在多萝森-斯塔特都还能找到那棵她种下的菩提树。

战争已经逐渐平息。在1648年10月24日的谈判中,各方准备签署著名的《威斯特伐利亚和约》,腓特烈·威廉动用了他所有的谈判筹码,努力达成两个目标:第一,保留波美拉尼亚的全部领土;第二,为加尔文教徒争取1555年《奥格斯堡宗教和约》授予新教徒(路德教徒)的政治和宗教权利。他成功达成了第二个目标,因此勃兰登堡的选帝侯成了新教的领袖,赢得了德意志新教的领导权。但第一个目标并没有完成,他只得到了波美拉尼亚一半的领土,也就是较为贫瘠的东部卡明主教辖区,而西部的什切青被分配给了瑞典人。作为补偿,他费尽心力地从帝国夺得了哈尔伯施塔特和明登世俗化的主教辖区,马格德堡富有的大主教辖区也被归还给他——腓特烈·威廉在1681年最终夺回了马格德堡。

考虑到1640年腓特烈·威廉的地位和拥有的资源,能做到这一步,都可谓是辉煌的成就。这些成果不仅巩固和加强了腓特烈·威廉统治的核心地区,还证明他能利用非常的手段让勃兰登堡恢复过去的辉煌。在八年的时间里,原来支离破碎和遭人鄙视的勃兰登堡，已经成为帝国最强大的新教诸侯国。然而人们竟然认为《威斯特伐利亚和约》证明了腓特烈·威廉的信条和外交方法是完全正当的，这点确实令人吃惊。

1648—1660年的第二阶段

在接下来的七年时间里，腓特烈·威廉把瑞典人赶出了东波美拉尼亚（1651），占领了易北河东西两边的新领土，并开始大刀阔斧的行政和财政改革，稳步加强和扩充军队，把克利夫斯从荷兰的占领中解放出来，他还企图偷袭1614年丢失的于利希和贝格，可惜失败了（1651）。腓特烈·威廉意识到他之所以失败，是因为他还不够强大。他与各方展开了旷日持久的谈判，最终于1666年让问题得到解决，重新确认了1614年《克桑滕条约》的内容：霍亨索伦家族仍然统治着克利夫斯、马克和拉文斯贝格，而如果诺伊堡家族绝嗣，霍亨索伦家族有权继承于利希、贝格和拉文施泰因。勃兰登堡的疆域再一次从哥尼斯堡扩张到莱茵河，加强了对德意志北部的控制。

但1655年北方战争爆发，腓特烈·威廉见利忘义而曲折的政策，最终证明他最重视的还是位于普雷格尔河和易北河之间的领地。卡尔十世统治下的瑞典再次挑战波兰王国，勃兰登堡－普鲁士不可能保持中立。但是腓特烈·威廉不惜一切代价，决心从他的朋友和敌人那里赢得实实在在的利益。瑞典和波兰都应该给他好处，因为他已经有了一支军队，也已经明白了冷静而不择手段的外交能带来满意的结果。1656年，根据《哥尼斯堡条约》，东普鲁士成为瑞典的封地，艾尔姆兰德被世俗化，然后与东普鲁士合并；腓特烈·威廉与瑞典成为盟友。由于勃兰登堡军队在华沙战役中表现出色，腓特烈·威廉提高了他的条件。同年，根据《拉比奥条约》，东普鲁士和艾尔姆兰德成了霍亨索伦家族完全独立的领地。

瑞典军事上的困难不断增加，腓特烈·威廉便抛弃了他的盟友，加入了波兰一方。《布朗伯格条约》向他承诺东普鲁士可以脱离波兰的宗主地位，但艾尔姆兰德不在其中。瑞典的盟友法国，协调各方进行谈判，最终各方在1660年签署《奥利瓦条约》，结束了一场波及欧洲的战争。腓特烈·威廉让东普鲁士作为一个独立的公国保留了下来，但原来想要与东普鲁士合并的埃尔宾却不在其中。1663年，他庄严地进入哥尼斯堡，正式接管了东普鲁士公国的统治权。东普鲁士现在已经不在帝国的管辖范围之内。在哥尼斯堡，勃兰登堡选帝侯和克利夫斯公爵从此以欧洲君主的身份实行其统治。腓特烈·威廉作为选帝侯和公爵，在德意志诸侯中享有特殊的地位。

| 1660年的教训

在腓特烈·威廉参与战争和签署条约的三年里，他的政治和军事教育算是完成了。他所学的课程对其后来的人生历程有着明显的影响。作为强大军事力量的必要条件，军队已经充分证明了它的价值。1657年，腓特烈·威廉利用帝国皇位的空缺，尽可能逼迫奥地利做出让步。通过满足瑞典和波兰的需求，他最大限度地实现了自己的利益，证明自己不管是作为朋友还是敌人，都同样危险。在瑞典和奥地利家族之间，腓特烈·威廉必须找到并维持一个中间位置，只有通过增强实力，保持高度警惕和坚定的决心，不断挑拨离间，坐收渔翁之利，他才能避免自身陷入危险。他决不能再有慷慨无私或不切实际的想法，因为只有成为利己主义者，才能掌握普鲁士的命运。但是《奥利瓦条约》也告诉我们一个痛苦的事实：德意志北部的问题折射出了整个欧洲的问题。虽然马扎然和卡尔十世优秀的军事才能拯救了瑞典，但德意志诸侯们不得不考虑法国的盘算，毕竟它一直是奥地利家族的竞争对手。外交是一个复杂的谜题，领土扩张、商业繁荣和宗教发展这些目的相互冲突，只有靠冷静的头脑和冷酷的手段才能化解。1660年，黎塞留和马扎然的法国——那个把国家理性视为理想和目标的法国——即将迎来路易十四的统治。

1660—1679年

在接下来的十一年中，勃兰登堡-普鲁士处于一种相对的与世隔绝状态，统治者忙于开展紧张而艰苦的内部改革。这段时间，腓特烈·威廉并非毫无作为，只是蓄势待发而已。随着法国对德意志的干涉逐渐增加，腓特烈·威廉逐渐站在了日益壮大的反法同盟一边。

1672年的荷兰面临的危险促使他加入了不伦瑞克联盟，以及法国在打击荷兰的战争中对克利夫斯的入侵，暴露了勃兰登堡-普鲁士领土分散、极易受到攻击的弱点；也很好地说明了，腓特烈·威廉的身份迫使他不得不在欧洲的事务中发挥作用。虽然1673年的《福瑟姆条约》让他可以暂时从困境中抽身而出，但在1674年他再次加入之前的联盟，并以选帝侯身份参与到上莱茵帝国拥护者的运动中去。然后他很快又被卷入了北方的事务中。

在法国唆使下，法国的盟国瑞典突然放弃中立，开始入侵勃兰登堡。选帝侯扬名立万的机会来了——他决心让瑞典人好好吃点苦头。1675年的费尔贝林大捷彻底终结了瑞典不可战胜的神话。后来经过一系列精彩的战役，瑞典人被逐出了波美拉尼亚和东普鲁士，腓特烈·威廉的军队还趁机夺得了什切青、斯特拉松德以及吕根岛。若不是勃兰登堡的战舰有限，连波罗的海对岸的瑞典本土也可能遭到打击（1675—1678）。此战之后，腓特烈·威廉的军事声望达到了巅峰。

| 1679年的《圣日耳曼和约》

1679年6月29日签订的《圣日耳曼和约》，对腓特烈·威廉来说，无疑是当头一棒。帝国联盟在西线惨遭痛击。如果说大获全胜的腓特烈·威廉骄傲地站在波罗的海岸边，还在幻想着最后能够保留征战成果的话，那么他现在面对的却是所向披靡的法国、路易十四以及驻扎在威悉河的法国军队。现实是无情的。作为瑞典的盟国，法国坚持认为瑞典必须收复失去的一切，因为他们是在为法国而战。而神圣罗马帝国和奥地利家族却不想仅仅为了增强一个霍亨索伦选帝侯的实力而重新开始一场无望之战。腓特烈·威廉无奈地屈服了。瑞典重新拿回了西波美拉尼亚、斯特拉松德和什切青。在这场历时四年的战争后，作为胜利一方，腓特烈·威廉的收获仅仅只是奥得河右岸、奥得河通行费和关税，以及30万泰勒（旧时德意志银币）的赔款。纵然朝思暮想了一个世纪，但西波美拉尼亚还是再次从霍亨索伦家族手中溜走了。

1679—1688年的最后阶段

据说幻想破灭、怒火中烧的大选帝侯曾发誓说：有朝一日，霍亨索伦家族必将一雪前耻。然而事实却是：在审时度势之后，腓特烈·威廉转身便在1679年10月25日和法国签署了一纸秘密条约。在该条约中，路易十四向他许以重金，而他将成为法国的盟友，在对外政策上唯法国马首是瞻。这份条约、连同1681年1月11日签订的确认文件，以及随后的各种条约，都是秘密缔结的，甚至连腓特烈·威廉的大臣们都毫不知情。

这些秘密条约一直被隐藏得非常巧妙，以至于到了1867年，在德意志民族主义最狂热的时候，这些协议一经公开，立刻成了针对传奇的普鲁士历史使命的一记沉重打击，因为大选帝侯一直被视为该历史使命的首倡者。怀着难以抑制的悲愤心情，知识渊博的普鲁士学者们记录了大选帝侯的背叛行为，以及他对德意志带来的莫大伤害。这个行为成了大选帝侯生平中难以抹掉的污点。虽然腓特烈·威廉取得了非凡的功绩，完全不亚于克尼格雷茨战役和色当战役的胜利，但是假如我们想象一下1679年的情况，当时的腓特烈·威廉站在柏林，面对着德意志同胞，肯定是身戴枷锁，等待着被审判。

但投靠法国联盟肯定不会是他为了国家所犯下的唯一"罪恶"，而且他那些声名显赫的继承者，也一定会做出同样的行为。1679年,腓特烈·威廉面对的是一个非常严峻的现实——这个现实决定了他的核心政策,也决定了他对生活的批判态度。如果统治者能够务实地处理好眼前的事务,国家的未来也将安全无虞。当时,大选帝侯的盟友们抛弃了他——他们应该知道他的忠诚度,知道他是一个要让盟友付出代价的人。同时路易十四实在太强大了,只要是他想做的事情,法国都会不惜一切代价来完成。于是大选帝侯秘密接受了路易十四的金币,用这笔钱来增强军队和国家的实力,并且只要普鲁士利益需要,他就会随时准备变更自己的"体系"。

总之,大选帝侯并没有提出"普鲁士要为统一德意志服务"这个历史使命。当时统一德意志这一观念并不存在。如果说当时普鲁士有什么所谓使命的话,那也只能说是确保普鲁士当下的直接利益。大选帝侯并没有给继承人留下什么使命,他留下的是"现实政治"的丰硕成果和相关准则。公共事务和国家治理是比统治者个人道德更重要的存在。就个人而言所谓的错事,对君主来说可能是正确的。只有成功才是评判对错的唯一标准。

在1672年,大选帝侯曾经犯下一个严重的错误,影响深远。他盲目依赖荷兰、奥地利家族以及德意志诸侯一起反对法国。他的加入只成全了盟友的利益,自己没有捞到一点好处,最后还被盟友们出卖。他失望至极,愤怒不已,恼怒自己的错误判断以及对"真实现状"的失算。在他眼中,不可饶恕的罪行不是"与金路易①共舞",而是——正如一位杰出的外交大师所做的通俗解释——"把钱押到了错误的马上"。

---

① 金路易是旧时法国金币,价值20法郎。

1684—1688年的新体制

与法国的同盟关系一直持续到1684年。同盟之所以被抛弃，是因为大选帝侯开始确信：除了金钱之外，法国不会再给勃兰登堡带来什么好处了。那时，瑞典和法国关系已经破裂，这意味着坐镇柏林的大选帝侯有机会"光复"西波美拉尼亚，但是他的每一次"光复"建议都被法国搪塞了过去。同时，法军在阿尔萨斯重新集结，夺取了斯特拉斯堡，然后开始进犯神圣罗马帝国。所有这一切都让人极度担心，另一场欧洲大战即将上演。不过1684年签订的《雷根斯堡停战协定》避免了这次大战。根据该协定，路易十四专横地破坏中立的果实得以保留，这样的结果，大选帝侯勉强能够接受。大选帝侯的外甥、来自奥兰治的威廉比他更能干，也更冷酷，这位外甥现在正非常耐心地主导着欧洲反法联盟的形成。

1685年《南特敕令》被废除，新教徒和秉持宗教宽容的普鲁士面临直接威胁；信奉加尔文主义的腓特烈·威廉也饱受其害。他不得不采取针对性行动，为反抗的胡格诺派教徒提供了庇护。在没有和法国正式宣布决裂的情况下，普鲁士在1685年签署了《海牙条约》，1678年的反法联盟重新活跃起来。奥地利家族同意把希维博津割让给勃兰登堡，以缓和霍亨索伦家族对位于西里西亚的布热格、利格尼茨、沃武夫等地的领土要求。但是私下里，奥地利家族绕过腓特烈·威廉，诱使他的继承人做出秘密承诺：将来归还希维博津——这属于典型的哈布斯堡家族针对霍亨索伦家族首领的"现实政治"行为。然而，还未来得及与法国公开决裂，大选帝侯就在1688年5月9日去世了。在生前最后一年，他的注意力完全放在英格兰危机上。出于清教主义和反法大同盟的利益考虑，他支持威廉的远征行动，以确保英国的海上力量。临终前他为柏林大门守卫选择的口令还是"伦敦"和"阿姆斯特丹"。

宪法改革

在腓特烈·威廉一生的重要成就中，外交政策只占了一半，另一半是内政。在内部，他对宪政和行政机制进行了大幅度改革，其效果不亚于一场国内革命。从继位几周后一直到离世，他毕生致力于内政改革。腓特烈·威廉的内政改革彰显出他的如下特质：善于运筹帷幄的个性，对清晰构想的目标不屈不挠地坚持，为达目的不择手段，秉持根深蒂固的信条——统治者的责任就是统治、获取权力并确保权力。身为统治者，他不得不从国家利益的层面来解读问题，国家利益即全体国民的公共利益；一旦有悖于上述利益，无论是特权还是宪章，无论是宪政传统还是现行体系，都禁止讨论，更不可能大范围施行。当前的现实状况和过往的苦涩经验支撑着这种隐含的政治信条。

1640年摆在腓特烈·威廉面前的是：空虚的国库；无组织无纪律的乌合之众组成的军队；难以立法、执法、守法的议会；国民既不能自保，又拒绝出钱让他人保卫自己。当时宗教环境恶化，新教危在旦夕。信奉加尔文教的帕拉丁选帝侯垮台后，路德教信徒举杯庆祝。相比于逃离华伦斯坦或蒂利的迫害，路德教信徒更愿意看到加尔文派异教徒被彻底摧毁。

勃兰登堡和普鲁士需要一个充盈的国库，需要一支在纪律和服从命令方面经过基本训练的军队，还需要一个善于和大法官法庭打交道的政府。这个政府还必须足够强大，可以给每个臣民带来国家层面的和平以及与各自地位相匹配的权利。真实的宗教利益要求安分守己的臣民尽心尽意为统治者服务，但统治者也应给予他们信仰自由和道德自由。

如果说大选帝侯已经从黎塞留、马扎然、乌克森谢纳的外交手段中学到很多东西的话，他从奥兰治的腓特烈·亨利以及华伦斯坦身上也学到了很多，而对他影响最大的则是古斯塔夫·阿道夫。古斯塔夫·阿道夫以一己之力让瑞典变成了一个强盛的国家，其个人也成了"伟大"的代名词：勇猛无匹的战士、强大军队的缔造者、杰出的外交大师。对他而言，瑞典的国家利益是更高的法律，法律必须为国家利益让步。

腓特烈·威廉的时代

腓特烈·威廉的父亲留给他一个烂摊子，他注定要在三十年战争的残垣断壁、毁灭和恐怖中开始他的奋斗，这场战争解放了人类最恶劣的激情，让人变得残酷无情。继位之后，腓特烈·威廉耗尽了毕生时间，励精图治，想要带着普鲁士走出困境，再现辉煌。17世纪法国的丰饶富足、繁荣强盛让德意志人艳羡不已。如果说法国是因为在精神、想象力及生活的艺术方面天才辈出，国家才有如此进步，那么太阳王路易十四投下的阳光与阴影则给德意志带来了极大的影响。法国最著名的大臣和最杰出的君主都是保守主义的信徒，他们的所作所为和他们推崇的价值观——强调国家荣耀、迷恋宗教自由消亡后所形成的民族团结、执着于地方和经济自治型政府、认同全体国民整体利益以及雄心勃勃的显赫君主——同样造就了德意志的保守主义。德意志保守主义从幻灭和灾难中脱胎而出,而且似乎难以避免。

腓特烈·威廉不像他的同辈人(不管是世俗之人还是宗教信徒)那样孱弱和纵情声色犬马。他并没有沉湎于那些粉饰现实的事物,也不认为靠着红舞鞋和穿着金色蕾丝的宠臣、情妇、橘园,或者一座矗立在穷人面前的高大王宫,便可自动造就一位统治者和一个国家。他自己的家庭生活非常简朴。他是一位忠诚的丈夫,有两个同样忠诚和热忱的妻子。他的宫廷也非常简单,但相比其他地方并不那么粗俗。他珍惜时间,对数学、物理、化学抱有真正的兴趣,同时还爱好名画、钱币、古玩。柏林城堡中的选帝侯图书馆成了今天皇家图书馆的坚实基础。

柏林城可以说是他的特殊创造。1640年,这座城市已经退化成了一个破落小镇,居民仅有6000人。1688年,经过重建、扩大和装饰的柏林,已经有3万左右的居民。到这时候,有文化修养的旅行者开始在他们的笔记中提及柏林。他们惊讶地发现:在荒僻的勃兰登堡边区居然还有这么一座美丽怡人的城市。在政治思想和行政统治领域,柏林融合了腓特烈·威廉的个人特质和从法国偷师而来的治国方略:围绕统治者建立的团结观念;如有任何制度或机构妨碍了国家对所有资源(人力和物质)的绝对控制,则毫不留情地将其摧毁;法律的解释遵从统治者的意愿,公民有义务服从一个毫无约束的最高权威。

腓特烈·威廉是普鲁士专制主义的奠基人，也是专制主义所需机制的创建者，同时也是这套体系所依赖的社会结构的坚决拥护者。

东普鲁士

东普鲁士是反对派的大本营，尤其是在波兰丧失东普鲁士的宗主权之后，反对的声音更是甚嚣尘上。腓特烈·威廉当时想要实现四个方面的目标：确保自己的最高权威被承认；取消土地领主的单独征税权；削弱行政机构的权力，打破四个高级法院和议会对行政的控制；让臣民承认选帝侯直接任命的税收官和行政官。

为达到上述目的，他采取了各种手段：通过强大的军事力量，逮捕和处决反对派首领罗斯以及两位冯·卡尔克施泰因家族成员；长期坚持与各议会不断缠斗；通过持续的行政管理手段，使得特权阶层和土地领主的势力被逐渐削弱。同时，在克利夫斯和1648年吞并的克利夫斯属地上，大选帝侯针对议会和土地领主突然发动了战争，结果是大选帝侯赢得了任命总督作为行政长官的权力。联合议会被废除；地方集会需要申请，以便管理和镇压；大选帝侯任命的官员持续对地方税收和行政进行干涉；中央每年定期向地方拨款补助，地方部门也不需要集中开会讨论，统一政令的力量联合军队的力量，消灭或者瓦解了中世纪以来的"自由阶层"和特权阶层。取而代之的是总督、政府、由县长管辖的县，以及由国家最高统治者任命并对其负责的税收专员。

大选帝侯的领地分布广泛，作为"土地之王"的他对这些领地进行直接管辖。对领地的管理模式为国内的行政部门提供了示范，可用来借鉴和升华。无论在领地管理还是行政管理方面，拿着俸禄的专业官员在数量和重要性上都大大增加。

| 军队

即位之初，腓特烈·威廉最大的目标或许就是建立一支常备军。他在1641年征募了4000～5000名士兵。到1688年，军队士兵人数达到2.5万～3万，一支常备军已经建成。这些征募而来的士兵装备优良、纪律严明，遵守特别军事法律，由经过训练的军官指挥。这样一支军队意味着需要特别的行政机构来保证其军费开支、日常维持和运行效率。于是，军事法庭、军事专员、军事财政部等机构相继建立，同时建立的还有他们的地方下级机构和相关职位。这些机构和行政部门并列运行。这样的军队是国家统一的强有力保障，尽管士兵从各地募集而来，但是其领导模式还是中央集权。克利夫斯的士兵们或许会被要求在东普鲁士服役，但他们只服从腓特烈·威廉的命令。军队变成了一个国家级机构，军官从贵族中选拔，并被赋予特权和地位。

这是一支全新的军队，没有中世纪军队的习气，它要自己建立威望；军旅生活和平民生活迥然不同；士兵为统治者而战，统治者鼓励他们将自己视为最重要的公民以及普鲁士力量的捍卫者。可以说有了军队后，才有了普鲁士——才有了普鲁士的特点。军国主义意味着统治者和他的领土都是军事化的，普鲁士开始在军事框架内解释和处理民众生活，并把尊重军事权威作为公民的首要责任。

在普鲁士这块贫瘠荒芜的土地上，要维持一支如此庞大的军队，必然涉及征收特殊税种、牺牲国民利益来支撑军事扩张，以及建立强有力的、具有极高决定权的行政机构。军队的维持还意味着责任、服从、系统、控制、管理、法律等观念，在这些观念之上则是全部的社会思想、公民思想和政治思想。

霍亨索伦家族的统治者是第一士兵；军队是由王朝创建的，是王朝力量的象征，也是王朝政治才能的彰显。对腓特烈·威廉和他的继承人来说，统治者兼任内政和军事两方面的最高领导者，是理想化政府的必然选择。"王座"和军团之间的联盟为统治者和容克贵族的共同社会和经济利益增加了一个军事纽带。军团的集体荣誉感发展成为政治和社会理想。

枢密院

经过重组的枢密院逐渐变成了处理行政事务的最高机构，以区别于军政管理机构。通过枢密院以及该机构所提建议，选帝侯进行国家管理并制定政策。枢密院的功能包括审议、行政、立法、司法。通过这些功能，枢密院实际上变成了全面的司法监察机构。该机构的成员都拥有尊贵的头衔，他们都来自重要的行政官员或拥有丰富政治事务经验的顾问。枢密院事实上成了地方议会和土地领主的替代品。就像都铎王朝的枢密院一样，普鲁士的枢密院协调并系统化了统治者对整个行政体系的监督。

商业与殖民

腓特烈·威廉的施政措施遍及各个方面。他坚持不懈地关注税收和经济；在他的国内政策中，很多都是与促进商贸和工业有关的，包括：鼓励本地人从事工商业，监管公司和工会活动，引入新的贸易品和加工品，科学农业种植，抽干沼泽、砍伐森林、建造运河、把荒地和无人区开垦为耕地。腓特烈·威廉曾断言：商业和航海是国家的两大支柱——这个说法最早是由科尔伯特提出的。腓特烈·威廉早期从荷兰学到的这些经验，直到他去世都受用无穷。

即使没有战争带来的毁坏，腓特烈·威廉的领土也同样需要更多的居民，勃兰登堡和普鲁士的殖民活动从1648年以来一直持续不断。荷兰人在纽马克建立了一个定居点；瑞士人、法国人、日耳曼人从帝国的各个地方来此定居、耕作、繁衍生息，并受到当地政府的欢迎。那些遭受宗教迫害的人，包括来自萨克森的加尔文教徒，来自帕拉丁领地的路德教徒，甚至被迫害的天主教徒，都可以在普鲁士这片宽容的土地上找到归宿。

早在1672年，来自法国的胡格诺派教徒就在柏林建造了教堂。该教堂吸引了众多法国殖民者，形成了一股稳定的移民潮。移民潮在1685年后达到高潮，无数团体从路易十四的宗教迫害下逃到此地，形成了位于柏林市西北的莫阿比特地区。类似于发生在英格兰的情况，新移民把新的商业贸易带到了边区这片荒无人烟的土地上，同时还带来了节俭和坚韧的品德。腓特烈·威廉可以骄傲地说：宗教宽容是一种可以带来丰厚回报的政策。

但就在殖民政策开始的同时，大选帝侯在另一个方面所进行的尝试并不顺利，后来这项事业中断了长达两个世纪之久。在1680年，他开始创建小规模的海军。1681年，他在几内亚海岸建立了两个驻点，这两个驻点明显参考了他欣赏的西欧列强的政策原则。他还仿照英国、荷兰、法国，以埃姆登为基地创建了非洲公司。但是海军事业的开展并不顺利，因为普鲁士没有直通大洋的港口，同时海上的竞争对手很多，它们远比普鲁士要强大。最后在1720年，腓特烈·威廉一世国王放弃了建立海军的尝试，把驻点卖给了荷兰。直到1884年，德意志国旗才再次出现在西非，当时的德意志皇帝威廉二世声称他终于完成了大选帝侯的夙愿，可算是告慰先祖了。

对腓特烈·威廉的评价

对他的曾祖父腓特烈·威廉，腓特烈大帝总结说：就算他没走好第一步，他也一定能走好第二步。他能取得如此大的成就，凭的是不屈不挠、坚持不懈的精神，以及各种思维的综合运用。他所做的任何一件事，都没有表现出自己具有天才的创造力或一流的头脑。无论是作为士兵、统治者，还是政治思想家，他都不是那个时代独领风骚的人物。只是他能理解同时代的一些伟大思想，并将其运用以达成自己的现实目的而已。但是腓特烈·威廉没能把握很多可以增强国力的因素。其他人可能是对这些因素故意视而不见，或者根本是一无所知。因为如果他信奉新的专制体制，崇尚国家理性，他一定会在发展受限、等级森严的勃兰登堡-普鲁士实现他的信条。毕竟勃兰登堡-普鲁士最需要的改革,莫过于打破囚禁农奴、市民和贵族的经济社会体制。但在中世纪,要捍卫封建经济就必须遵守保守主义并扼杀自由,而最恶劣的保守主义就是妄图用旧时代的国家机器去适应新时代的政治思想。腓特烈·威廉与后来更伟大的腓特烈大帝具有相同的缺点——他们都过于重视实际成果。

如果要评价他在位期间所做的贡献,我们不能看国土面积的扩大或者人口的增长,也不能从统计数字上分析1640年至1688年国家繁荣程度和权力大小的变化。虽然这些都是值得纪念的功绩,但我们需要关注的是他如何看待普鲁士的未来,包括未来的国家特征以及发展观,看看他的观点对于勃兰登堡-普鲁士的宪法、政策和行政体系留下了哪些不可磨灭的影响。直到施泰因及其同僚所处的革命时代,腓特烈·威廉的继任者都在明确他留下的隐含信息,通过逻辑分析导出结论,判断他对国家的想法有何优缺点。腓特烈·威廉综合运用各种智慧,除了腓特烈大帝,他家族中所有统治者皆无出其右者,这两人之间的区别,相当于伟大的人才和公认的天才之间的区别。

作为选帝侯与国王的腓特烈一世(1688—1713年在位)

腓特烈·威廉的继承人是腓特烈一世,他主要是因为赢得王冠和创立普鲁士君主制而被历史所铭记。当然这是霍亨索伦王朝经过一系列谈判和外交手段才得以实现的伟大理想。从英国资产阶级革命到1713年签订《乌德勒支和约》和《拉施塔特和约》,期间经历了三次欧洲大战,它们分别是1689年至1697

年的大同盟战争、1702年至1713年的西班牙王位继承战争和1698年至1721年的大北方战争。这三次大战震撼了欧洲,并最终导致了瑞典帝国的垮台,在波罗的海政治环境中掀起了一场革命。

在第一阶段,在大臣丹克尔曼的指引下,腓特烈一世支持奥地利家族的制度,同时他是奥格斯堡联盟——英格兰、荷兰和奥地利的联盟——的活跃成员。普鲁士军队还参加了莱茵河的战役和导致那慕尔陷落的军事行动(1695)。但是1697年签署的《里斯维克和约》并没有给腓特烈一世带来他想要的东西——奥兰治公国和他盟友保证给他的王冠。丹克尔曼因为自己邦国的选帝侯夫人——汉诺威选帝侯恩斯特·奥古斯特一世聪明机智、富有教养且十分虔诚的女儿索菲·夏洛特,以及汉诺威选帝侯夫人索菲——后来英国国王乔治一世的母亲,都支持汉诺威选侯国,而成为政治斗争的牺牲品,被迫下台。

但到了1701年,奥普之间经过持续不断的谈判,加之奥地利因为西班牙王位继承问题准备与法国重新开战,普鲁士军队成了奥地利家族获胜的关键,普鲁士终于获得奥地利的支持。1701年1月18日,腓特烈一世在普鲁士的哥尼斯堡加冕为"在普鲁士的国王",这也是为了纪念1255年的波西米亚国王阿托卡二世。加冕仪式盛况空前,每一个场面都极尽豪华。黑鹰骑士团的创建——源自赫尔曼·冯·萨尔扎首次在条顿骑士团的黑色十字架上印下的那只帝国雄鹰——恰如其分地给这个难忘的日子画上了圆满的句号。那些在普鲁士历史上看到霍亨索伦家族行使天命的人当然应该相信这位新国王,因为他站在哥尼斯堡教堂的圣坛前,憧憬着更伟大的1月18日——他的后代也会在同一座城堡教堂接受加冕，成为"在路易十四的凡尔赛宫镜厅里加冕的德意志皇帝"。

普鲁士的君主制

普鲁士王冠的重要性超过了王冠上的黄金和宝石。虽然庄严的涂油礼是由一位加尔文教徒和一位路德教牧师主持的，但腓特烈一世是自己戴上王冠的。这是一件既不是从教皇也不是从皇帝那里得来的礼物，它象征着佩戴者在政治上不需要对他们负责。东普鲁士不在帝国领土的管辖范围之内。腓特烈一世变成了一个拥有独立国家主权的欧洲国王，但因为西普鲁士仍属于波兰，所以他声称自己只是"在普鲁士的国王"而不是"普鲁士的国王"——他为继任者们提出了取得完整领土的任务。

腓特烈一世曾经看过他的亲戚——奥兰治的威廉成为英格兰国王，他的竞争对手——韦廷家族的萨克森选帝侯成为波兰国王，他的岳母——居住在海恩豪森的选帝侯夫人索菲和她的后代得到英格兰、苏格兰和爱尔兰的王冠。现在，他终于能和其他国王平起平坐了。更重要的是，勃兰登堡选侯国迎来了君主制。在君王的最高统治权下，王冠赋予了这个国家一种更强的精神纽带，在分裂的霍亨索伦领地上树立起新的威望。在克利夫斯、过去的勃兰登堡边区或东普鲁士公国，枢密院顾问、士兵、贵族、市民、农奴等纷纷宣誓效忠普鲁士国王，服务于普鲁士王室军队和行政部门，或在普鲁士的领地上辛勤劳作，为"土地之王"和"战争之王"鞠躬尽瘁。普鲁士王国的建立不仅仅是一个历史事实,还是一件具有欧洲意义的重大事件。

西班牙王位继承战争时期

在接下来的十一年里,普鲁士与大同盟一起大战路易十四,普鲁士军队参加了布伦海姆、都灵、卡萨诺、拉米利斯、奥德纳尔德和马尔普拉凯的历史性战役,尤其是奥德纳尔德和马尔普拉凯战役,王太子,也就是未来的国王腓特烈·威廉一世,亲自率军参战。但是腓特烈一世没能活着看到《乌德勒支和约》和《拉施塔特和约》的签订,两份和约带来的补偿也没有抵得上普鲁士长期以来做出的牺牲,只是使新的君主政体得到承认,帮助普鲁士得到了上海尔德兰而已。加上1697年得到的奎德林堡、1702年得到的莫尔斯和林根、1707年得到的纽沙特尔和泰克伦堡以及1691年得到的陶拉格,就是腓特烈一世统治下全部的新增领土。

北方战争

在西方大战中的全力投入,阻止了腓特烈一世在俄罗斯、波兰、汉诺威和丹麦组成的意欲肢解瑞典帝国的联盟中为自己的利益出击;而且,他还被指责没能认识到波罗的海才是普鲁士的利益所在,没能使用那4万精兵为自己夺取最多的那份战利品。可是腓特烈一世既没有勇气去施展手段,在政治上也不够自私,无法舍弃道德,更没有他父亲那种推行"现实政治"的能力。他本可以抛弃大同盟,在北方强制推行和平,然后次第把他的援助卖给瑞典、波兰和俄罗斯，使诈、欺骗、朝秦暮楚，一心用武力或其他手段夺回西波美拉尼亚和西普鲁士。但他什么都没有做，也许是良心上过不去，但更可能是害怕瑞典国王卡尔十二世的英武。他从心底里觉得自己比不上狡诈异常的彼得大帝、"强力王"奥古斯特二世以及他那群在海恩豪森诡计多端的亲戚。总而言之，他就是优柔寡断，而且他还听信了当年最伟大的军事家和政治家约翰·丘吉尔（马尔伯勒公爵）的话，在两个关键时刻选择留在了西方大同盟。他本来可以用很多方法使自己的领地摆脱外部控制，比如他可以行使"不上诉特权"（国民仅可在侯国境内法院提起上诉），他可以在柏林设立一所最高上诉法院，增加象征统一和王权的机构，但是像大选帝侯或者腓特烈大帝那样专注于自己国家的利益，并在这个基础上制定外交政策，已经远远超出他的能力范围了。

腓特烈一世

腓特烈一世简直太爱王室的排场了，大事小事都要有仪式。他同时还热爱文学和艺术，虽然在位期间战乱不断，但他还是建立了皇家艺术学院（1696）、皇家科学院（1700），还有后来成为新教神学中心的哈雷大学（1694）。他的王后也因为聪慧过人而结识了莱布尼茨（当时全欧洲除了牛顿之外最聪明的人），并成了他的资助者。在她弥留之际，她曾对自己丈夫性格的一方面做了总结："别为我伤心，我很快就能满足自己的好奇心，一探生命起源的究竟，并给国王举办一场盛大葬礼的机会了。"尽管他优柔寡断、奢侈挥霍、爱慕虚荣，但他还是保留了他父亲那种新教徒式的宽容。虽然他的宫廷里使用的语言是法语，他还是一如既往地，甚至更大程度地给予普鲁士民众思想和信仰的自由。放眼德意志帝国内外，普鲁士可以称得上最重要的新教国家了。

腓特烈·威廉一世（1713—1740年在位）

战争、瘟疫以及王室的奢侈生活使得普鲁士濒临破产的边缘。如果普鲁士还想保持它现在的地位，它就必须有一位新君主，在这种背景下，新王腓特烈·威廉一世走上了历史舞台——他是一位不按常理出牌的君主。我们很难相信腓特烈一世和索菲·夏洛特会生出这样的儿子，也很难相信这个儿子后来还生出了腓特烈大帝。

在腓特烈·威廉一世在位的二十七年里，他付出了极大的代价，完成了大选帝侯要做的事情。在整个普鲁士的发展史上，这二十七年也有着无可替代的重要性，普鲁士大多数不讨人喜欢的特征正是在这段时间里显现出来的。大家应该都会同意，腓特烈·威廉一世励精图治，对宗教虔诚，对婚姻忠贞，热爱和平，以身为德意志人和霍亨索伦家的一分子为荣；他做事能考虑到德意志的利益，是奥地利家族的忠实支持者；他憎恨懒惰，憎恨那些二流国家的虚伪和自大，憎恨当时政治的谎言和背叛，甚至憎恨法国的所有东西；事实上，他憎恨所有不符合他独特的德意志或王室价值观的东西。

但无论是作为个人还是君主，腓特烈·威廉一世一直以来都不讨人喜欢，他对生命和责任的看法是旁人无法忍受的、保守的、庸俗的、粗鄙的。他的宫廷就是一处大军营，他的王国只有农场和阅兵场，而他自己则把自己当成一名普通士兵和马夫。

他的女儿威廉敏娜有一本回忆录流传至今，里面写满了对他的控诉。虽然细节上有很多不准确的地方，但总体上还是很可靠的。无论有再多的数字，无论有再多的研究，无论那堕落的军国主义还有多少不相干的谬论，都动摇不了他的这个形象。

无论王宫内外，他都是一个恶霸，他对权力和地位的认知和他手上的权力一样，都透露着原始、粗鄙的控制欲。也许我们可以原谅他汗臭熏天，原谅他仪态粗鄙，原谅他吸烟喝酒爱吃酸菜，原谅他为了组建巨人掷弹兵团而四处绑架，原谅他体罚他的孩子和仆人；腓特烈·威廉一世天性粗鄙又自满，无法理解也无法品味和欣赏诗歌、文学、哲学或者艺术；他只能粗暴蛮横地贬低上帝和人类，认为所有人都和他自己一般空虚无知；但我们不能原谅他对人性的那套见解，不能原谅他蔑视而且要消灭他不能理解的精神、文明和良知，不能原谅他不负责任地用残暴的手段把自己手下的男男女女都训练成第二个自己，不能原谅他觉得只有烟气缭绕如"烟草议会"一般的国家才有归属感，才配得上自己——这种想法简直愚蠢至极，让人感到心灰意冷；最重要的是，我们不能原谅他打压虐待自己天赋异禀的儿子。倘若再多一位像他那样的君主，普鲁士对这个世界的贡献可能就只剩下监狱守则和士兵操典了。

| 外交政策

1713年，瑞典因那令人称奇的君主卡尔十二世与丹麦、波兰、汉诺威和俄罗斯的战争而濒临毁灭。普鲁士这时想要加入这个旨在毁灭瑞典的联盟，它有三个理由：其一是普鲁士想夺得波美拉尼亚；其二是普鲁士后方一直都存在着被敌人由海上进攻的危险，费尔贝林战役就是个例子；其三是如果普鲁士不参战，瑞典战败之后，德意志地区和斯拉夫地区的小国家就会被瓜分，而普鲁士将会一无所获。一番谈判无果后，普鲁士在1713年出兵加入联盟。疲惫的瑞军英勇奋战，但普鲁士军队还是把他们驱逐出了波美拉尼亚，而且在最后一次土地分割（1719—1721）结束之后，腓特烈·威廉一世获得了沃林岛、乌瑟多姆岛、西波美拉尼亚，最远还达到佩讷河的什切青。

一个新的时代在波罗的海拉开了序幕。此后，瑞典沦为二流国家，丹麦维持原状，波兰社会开始变得腐朽，而在东方，俄罗斯开始其帝国生涯。波罗的海霸权之争进入了最后阶段，但普鲁士国王此时却心满意足了。他推行这样的外交政策不是没有原因的，一方面，是他在赫伦豪森的亲戚们的嫉妒（他们同时也是大不列颠的统治者，而且和他相互看不顺眼）；另一方面，他担心汉诺威的壮大，因为它已经获得了瑞典的不来梅和韦尔登；除了这两点，还受到帝国复杂的政治因素的影响。最主要的是，他现在盯上了于利希－贝格，也就是克利夫斯1614年失去的那半片领土，这块土地以及族谱上的联系，在普鲁士历史上如噩梦一般重复出现。如今，诺伊堡家族的统治者绝嗣，帕拉丁领地的祖尔茨巴赫家族要求得到这片土地的继承权。而耗费巨资养了一支7万大军的腓特烈·威廉一世更希望以和平外交的方法取得胜利，而不是发动战争。

于利希-贝格继承的问题

在格伦布科以及奥地利的代表泽肯多夫的影响下,对历史一无所知的腓特烈·威廉一世,无论是脾性、习惯还是见识上,都完全不是这些训练有素外交官的对手。他们很快就看清了腓特烈·威廉一世狭隘的理解力,知道他和所有的恶棍一样,表面强横,内心却是个懦夫,他就这样掉进了他们设计的每一个陷阱之中,而他却对奥地利家族忠心耿耿。1725年,他被承诺继承于利希-贝格;到了1726年,他又被承诺继承部分地区,而他要保证承认查理六世的《国事诏书》。后来,因为怀疑奥地利会反悔(确实反悔了),腓特烈·威廉一世试图直接找到祖尔茨巴赫那位继承人谈判并施以贿赂,但最后还是无功而返。1733年,波兰王室绝嗣成了天赐良机,因为哈布斯堡家族这边的继承人现在急需他的支持。在一番哄骗之后,他又放弃了这个机会,并且作为哈布斯堡家族的友军参加了波兰王位继承战争,却在1738年发现战后签订的《维也纳条约》断绝了他继承于利希-贝格的机会。但事到如今,他也只能自己生闷气了。

他简直就是一个彻头彻尾的政治莽夫。在被人看穿了他只是一只被描成狮子模样的小猫咪之后,这位外强中干的国王就成了骗子和能人的猎物。根据记载,他曾指着自己的儿子,也就是那位多亏了欧洲列强才没让父亲杀死的储君说:"他肯定会为我报仇的。"也许这个目光短浅的国王到最后总算明白了,如果他的储君真的因为自己一直以来的打压变成了自己的模样,那么复仇的希望就渺茫了。幸运的是,对普鲁士王国来说，并不总是有什么样的父亲就有什么样的孩子。

军队

对于这位国王来说，军队是耗费他最多心思的地方。他继承了一支3万到4万人的常备军，到他统治后期，这一数字上升到9万，其中实战兵力达7万。普鲁士人口数量位列欧洲第12，兵力位列第4，从军费开支就可以知道维持这样的兵力会有多大的压力。在普鲁士每年700多万塔勒（德意志货币单位）的财政收入中，军费开支就占了500万。因此，除了军队系统之外，还需要整个财政和行政部门来提供所需的资源。腓特烈·威廉一世梦寐以求的经济发展，此刻在军需的带动下得到了极大的提升，如今的普鲁士变成了一台机器，主要的功能就是生产士兵、军官及其装备。

而军队的组织、财政、管理和训练都由他亲自监督，从最广泛的兵役原则到鸡毛蒜皮的小事，巨细无遗。在"德绍老头"利奥波德一世的帮助下，他整理出了一本兵书，并且完成了几项技术改良，比如弹药填充杆和新刺刀，比如步兵炮兵严明的纪律，比如食物供应和运输，而这些改进，在一位天才的指挥官的领导下，将会使全世界为之震惊。排兵布阵上的完善要归功于持续不断的平乱行动以及充满体罚和羞辱的军规。在1733年以前，军队里的志愿兵和义务兵各有一半，自1733年起，严格的区域征兵制度开始施行，国家要求各军区根据当地人口提供兵员，这为1814年普遍义务兵役制打下了基础。

而在腓特烈·威廉一世在位期间，多个阶级得以免除兵役，军队主要由农民组成，军官则多是贵族，但整个18世纪还是有很多人通过志愿入伍参加了军队。维持农业和农业人口因此成为主要的任务。庄园封建经济制度如今成了普鲁士军队征兵体制的基础。在庄园封建经济制度下，佃农和农奴离不开土地，劳动力因此任由国王和容克贵族这些庄园主驱使，并且产生了阶级，而农民们在这样的阶级社会和社会习惯的影响下，也习惯了服从他们的权威。因此，若要在这种农耕经济中进行改革就会影响到整个军事机器乃至整个政府的运行。那些毫无权利、被剥削的农奴对土地的依赖，以及容克贵族的地位，都是普鲁士不可或缺的一部分。

腓特烈·威廉一世在柏林设立"训练所"（负责把年轻贵族训练成军官的国家机构）体现出了一个重要的观念，即服兵役是贵族的主要义务，也是他们努力维持政治和社会地位带来的回报。就连腓特烈大帝也想不出除了全力维护这种中世纪封建社会农耕经济以外还有什么别的办法来壮大、维持和训练自己的军队。作为政治活动、社会管理和国民生活的必要条件，这些制度在这个体系中根深蒂固，要想改变这一体制就必须颠覆统治权，而这样做就几乎等同于颠覆容克贵族的地位和特权。贵族、农奴各司其职，同时大家又都是公民中的一员，这两者的结合深刻改变了政治和经济思想，同时也深刻改变了国家体制以及国家的目标和功能。

"开明专制"不会造成思想、原则或者行动的转变，造成这些转变的是人为的灾难，而造成灾难的人必然没有从柏林的思想或者"开明专制"的原则中汲取灵感。在18世纪，整个霍亨索伦家族都维持着这一统治理念，如同一项自然规律，而他们的任务就是高效地把这个制度发挥到极致。

行政部门：总署

"你可以告诉安哈尔特亲王，"腓特烈·威廉一世说，"我就是普鲁士的陆军元帅和财政大臣。"为了让他的统治就像他的那句名言所说的那样"坚如青铜"，他一直以来都希望统一国家制度，然后统一和控制军队。从他的许多发言中我们都可以看到他的这些原则，比如"我是主人，他们是我的仆人"，还有"没什么好说的，他是我的仆人"。1723年出台的法令涵盖了行政和行政法律，完成了政府系统的重组，建立了多层级的中央集权制。改革在战争与财务总署设立时迎来了高潮。

总署的最高层是五位大臣，重新整合了原先分设的财政、战争和领土方面的高级部门。在此之下就是省级部门，再下面是省议院，最下面则是城镇管理部门以及县长管理的广大农业社区。这种官员等级制度的主要特征是综合性的结构，也就是说这一制度通过多个小部门小组织来运转，每个小组织都会形成一个由雇员组成的部门。总署由国王主持，并通过枢密院与王家内阁联系。王家内阁一般由两人组成，充当着秘书的职责，也是国王和事务机构沟通的渠道。自此，一切权力归于统领总署的国王，包括建立制度以及监督实施。

腓特烈·威廉一世的作用就是将这台机器的效率发挥到极致，并且使其每个零件和其他零件完美融合起来。就像他在法令里写的那样："他们会说做不到，但他们必须竭尽全力去做,而我们谨此命令他们不要争辩,而是要使其切实可行。"国王无所不知,国王无所不在,国王的权力也无所不在。普鲁士的行政体系宛如军队,纪律严明,服从命令,表现卓越。懒惰或是不遵守纪律就会被赶走或是按规定受到惩罚。无论是谁,冒犯国王和让国王不高兴的人都会遭殃。逃是逃不掉的,抵抗也会招致惩罚。通过彻底消灭或取缔庄园主和议会,国王掌握了人民的生命财产和工作。他的仆人要工作,既是因为法律,也是因为雇佣关系(工资少得可怜),法律和规则没有漏洞,你不可以逃避,不可以撒谎,交给你的任务你也必须要完成。

实行新制度的结果

腓特烈·威廉一世是一个治国之才,他对整个国家知根知底,大事小事都无所不知。他把各处的开支,乃至王宫的花费,都削减至极致。他通过各种方法,包括出台政策法律、管理控制、欺压打压,以及施加惩罚来提升普鲁士的人口、收入和作物产出。随着税收空间越来越大,税收也会越来越多,劳动力也会越来越多;而另一边,军队越来越壮大,需要的钱粮和人口也越来越多。波茨坦巨人掷弹兵便是一件奢侈品。为了组建这个兵团,腓特烈·威廉一世曾计划要拿一所大学去交换或是拿一所学院去抵押。列出他执政的细节可能要花上好些篇幅,比如把人口引进已经荒废的土地,比如吸纳外国移民,比如农业的扩大,比如对羊毛贸易等行业的鼓励。1731年,他效仿大选帝侯,允许萨尔茨堡受到迫害的新教徒来普鲁士避难,歌德的《赫尔曼和多罗泰》记录了他们所受到苦难——这是他在位期间最伟大的一项成就。

而且我们几乎可以肯定，在腓特烈·威廉一世统治的二十七年间，普鲁士收入翻倍，国库每年都有固定的盈余，物质产出是原来的三倍。无论是国王的做法还是国家体制的效果，全都有数据作为支持。但如果从政治的角度来讲，如果不讲质量，而把数量作为衡量标准，得到的结果可能会和真相相差千里，不仅会让政治价值变得粗俗不堪，还会给人生搬硬套的感觉。

1640年至1740年间，普鲁士没有出过任何一个顶级人才。普鲁士在文学、科学和艺术上都交了白卷。就算这个国家完全从世界上消失了，精神文明领域也不会因此而贫瘠半分。虽然普鲁士历史上也有很多精神文明的成果，但在腓特烈·威廉一世统治下的普鲁士，精神文明却来自其他国家。同期的荷兰告诉我们，如果君主能够深入探索人类的深层力量以及人性的发展，那么就算是一直要和大自然斗争才能实现物质繁荣和有所成就的小国，也一样可以为人类文明做出长远贡献。在腓特烈·威廉一世的统治下，普鲁士的大学和学院都难以为继。他的想法更加糟糕，认为人文精神领域的发展和成果有2/3是无用的，没有合理的长期目标，非但不会使人强大，还会使人软弱。到访普鲁士的旅客记录下了当时普鲁士的萧条和麻木，空气中还带有一股透着恐惧和死亡的寒意。18世纪启蒙运动的先驱温克尔曼出生于普鲁士，但后来逃离了他荒凉的祖国，成为了莱辛、歌德、维兰德和席勒的灵感来源，他曾写道："在土耳其后宫做个太监都比做普鲁士国王的臣民要好。"在腓特烈·威廉一世弥留之际,人们为他唱着他最喜欢的圣歌,当人们唱到"我赤条条地来,赤条条地走"的时候,他打断说:"不不不,我要穿军装。"

第四章

腓特烈大帝

Frederick the Great, 1740-1786

腓特烈大帝的地位

腓特烈大帝一直是欧洲的风云人物。他是最有天赋、最有能力的军人、外交家和行政官，也是霍亨索伦所有统治者中最有权力、最令人印象深刻的人物，他使自己的王国首都柏林成为堪比巴黎、维也纳和伦敦的政治思想和活动中心。他在欧洲大陆上的重要性，比肩甚至超越了其他同时代的伟大君主，包括玛丽娅·特蕾莎、约瑟夫二世和叶卡捷琳娜二世。在普鲁士历史发展过程中，他统治普鲁士长达四十六年，让这个德意志小王国发展成一个欧洲强国，所有人都清楚地看到了两者的区别。

1740年5月31日，腓特烈大帝继位，这是德意志，尤其是德意志北部政治中一件有趣的事情。他于1786年8月17日去世，这是欧洲的一件大事。政治天空中的一盏明灯熄灭了，一个天才的大脑停止了工作，一个强大的意志失去了支配力量。

腓特烈大帝的童年和教育

腓特烈大帝出生于1712年1月24日，母亲是索菲亚·多萝西娅王后，她是英国国王乔治二世的妹妹。他的童年和少年时代是在他父亲的宫廷和暴政的阴影下度过的。这位王储在七岁前都由女人照顾,七岁起父亲开始负责他的军事训练,还有一位导师传授他一些零碎的基础知识,帮助他成为一个聪明的陆军中士、簿记员和农场法警。当时他还是一个渴望知识、意气风发、敏感的男孩,天生渴望学习语言、文字和艺术。他充满热情,天生热爱美丽和优雅的事物,有无穷无尽的求知欲。但他注定要遭受心灵和肉体上的各种摧残,所有的渴望和欲望都将被扼杀在沉默中,甚至还会受到有辱人格的惩罚。法语、拉丁语和长笛,他都是偷偷学的,父亲一旦发现就会对他施以毒打和蔑视;他根本没学过英语。幼小的腓特烈根本不知道一个家或者家庭的意义。他在饥饿和虐待下渐渐长大成人,生活中是无休止的鄙视和残酷的对待。他见惯了欺骗,还被恐惧所支配。许多年后,当腓特烈成为了普鲁士的主人和世界上的大人物时,还说自己还会梦见父亲虐待他,一切就像回到他十几岁的时候,回到了伍斯特豪森,他醒来时直打冷颤,浑身大汗淋漓。

腓特烈大帝小时候有这样的遭遇,长大了居然能铸就铁一般的灵魂。他身处的宫廷既不文明也不人道,充满着普鲁士军营的氛围,但这个军营居然让他学会了军国主义和不负责任的专制主义。他的父亲还成功地让他认识到:女人、爱情、忠诚、慷慨、慈善、骑士精神、理想都是上帝用来嘲弄人类的玩具;人类的美德,就像人类的恶习一样,在无情的命运游戏中相伴相生;上帝、自由和永生是牧师们蛊惑市民的迷信,也是令人困惑的谜语……这种转折难道不让人意外吗?对愚蠢、无知、背叛、残忍、暴政、粗俗的兽性,他知道得太多;对同情,他知道得太少;对幸福,他根本一无所知。腓特烈王子向生命之火伸出热切的双手，却没有找到温暖；他只有透过泪水才能看到一束清晰而强烈的光。

腓特烈王子的训练

十八岁时，他再也无法忍受自己的遭遇和父亲那身军服，试图逃跑，甚至不在乎要逃到什么地方。但他失败了，他在途中被拦下并被带回王宫。父亲给了他一个极其恐怖的惩罚——看着与他一起逃跑的同伴被处死。他失去了卡特上尉，在这个世界上他唯一的朋友。由于欧洲其他王室的干预，他勉强捡回了一条命，但他的训练又要重新开始了。这一次，父亲找了三个贵族监视腓特烈，并且禁止他们与他讨论或让他提起任何不相干的主题，"只能教他上帝的话语、土地的构成、制造业、警卫、农业、会计、租赁和诉讼这些内容"。这次经历对腓特烈来说是一次惨痛的教训。逃跑是不可能的，但是他可以愚弄和欺骗父亲。通过弄虚作假，他逐渐获得了自由；从表面上看，他百依百顺，自觉参加操练和祈祷，用蹩脚的德语写出详细的报告，表现出足够努力的样子，欺骗他暴虐的父亲。但他是王储，所有人都知道在上帝的眷顾下，有一天他将成为国王和主人，一句话或一行字就能施以奖赏或者惩戒。腓特烈毫不意外地发现，那些男男女女，不管身份高低，一个个都打着自己的算盘，希望得到他的青睐。

他父亲坚持要他结婚，他只能服从。于是来自不伦瑞克—贝文的伊丽莎白，一位虔诚、平凡而又"天真无邪"的德意志女孩被选为腓特烈的妻子。然而他并不开心。对于年轻的伊丽莎白而言，这场婚事可谓门当户对，腓特烈王子才华横溢、快乐而又意气风发，作为新娘的她，感到意义重大。但她对于腓特烈王子来说什么都不是，只是讨厌的父母强加给他的意愿。虽然后来她成了名义上的普鲁士王后，但是她在腓特烈大帝的家庭、他的快乐、他的责任、他的理想中都没有占据任何地位。他从未和她分享过任何的想法、任何的愿望、任何的希望或恐惧。在七年战争的痛苦中，当腓特烈大帝面对毁灭性打击时，他既不寻求也不期望得到安慰，更不用说要在一个女人是否忠诚的问题上展开巨大的思想斗争了。可怜的王后嫁给了那个世纪最伟大的国王，而腓特烈大帝对她则是严肃正经、以礼相待、沉默寡言、冷冷冰冰；她感到孤独空虚，也只能逆来顺受，在她的国王和丈夫所鄙视和嘲笑的宗教中寻求安慰。

腓特烈大帝的性格

1736年至1740年间，腓特烈王子先后在库斯特林和莱茵斯堡学习普鲁士机构和工作的必要性；但他也懂得休闲，有时是单纯的寻欢作乐（"我就是要享受，享受完了再鄙视这种行为"），但更多时候是在阅读，潦草地写下几首法国诗歌，学习历史、法国文学、戏剧、音乐，与伏尔泰等名人互相通信，以及大量思考。他写的《反马基雅维利主义》，反驳了马基雅维利的《君主论》，是他的一种学术性和有朝气的训练，而他作为国王的生活和事业是最有说服力的注解。如果换一个父亲和一个更健康的环境，我们无法想象腓特烈大帝最后会变成什么样子。但就算有这样的经历，他还能保留自己的精神、自信心、活跃的思维和社交魅力，这充分证明了他强健的精神和身体特质。在1740年，他能保留和学到这么多东西，全靠他自己的努力——腓特烈·威廉一世则要为自己儿子所失去的一切以及他认为这不是损失的错误信念负责。

　　腓特烈王子的心已经枯萎了。关于知识分子的交流、思维的魅力、知识、思想的碰撞、音乐、读书、士兵的义务、行政人员、工程师——这些他都很重视，而且懂得很多，但是慈悲、慷慨、对人类的信仰、能够丰富生活的快乐和悲伤——这些他都觉得很没必要。不管是男是女，他从来没有结交朋友。友谊作为人类灵魂的纽带是不必要的——只有软弱的人才需要朋友。他的座右铭是责任，而责任就是努力工作，不掺杂爱或怜悯的感情，这是普遍理性的必然要求，而不是上帝的旨意。不管是新教还是天主教，宗教信仰都像是宫廷仪式，只会浪费时间，这是牧师的发明，是哄骗女人的手段，也是统治者为了实现国家目的而随意操纵的工具。众所周知，腓特烈大帝对宗教持有宽容的态度——普鲁士王国里的每个人都将以自己的方式进入天堂——但这只是一种政治上的权宜之计，背后隐藏着他对宗教的怀疑和蔑视。如果真有天堂，那就让傻瓜或者游手好闲的家伙顺利找到它吧；对于智者和强者——特别是对于统治者来说，还有更理性的工作要完成。

腓特烈大帝的政治哲学

　　腓特烈大帝在1740年继承了一个充实的国库、一支庞大而训练有素的军队，还有一个毫无争议也不容争议的专制国家。

人们很快就明白，即使他们马上做一些有益的改变，新国王并不会感谢他们，因为国王的性格就是不会感恩，他期望看到人们的绝对服从，并对此十分执着。他打算成为普鲁士的陆军元帅和财政部长。新君主拥有绝对的权威，但他不是个目不识丁、只知道强调纪律的君主。他是国家的大脑，习惯在理性的支配下制定规则。国王会在理性的指导下管理国家和解释政策，也只有这种理性才能使整个世界和人类的行为变得可以理解和容忍。

腓特烈大帝是霍亨索伦家族中唯一一个明确拒绝新教信仰的人，新教的教义对他个人而言没有任何意义。在德意志或其他地方，新教作为一种政治现实和政治力量，固然有其存在的必然性，这就像在混乱的人类情感中，也必然会有许多非理性因素一样。如果要维持或利用宗教的力量，统治者必须要权衡。但是真正的统治者会在开明理性中找到灵感和指导，对于所有寻求真理的人来说，理性是绝对正确的，不受感情和迷信的影响，也不受人类弱点的阻碍。在理性的神殿中，国王是最高祭司，他的职责是清除部落、市场和宫殿中的迷信崇拜。只有当权力被用于促进理性的幸福、去除人性中的糟粕、锻炼人类意志和实现理性生活的时候，权力才是正当的。因此无限的理性就等同于无限的权力。

在这个令人钦佩的世纪里，腓特烈大帝就是开明专制主义的化身，他把开明专制主义、霍亨索伦家族的理想，还有普鲁士国王的骄傲巧妙地融合在一起，三者不可分割。腓特烈大帝完全认同普鲁士，而提升普鲁士国力和实现繁荣就是贯彻开明理性和实现理性政府的落脚点。理性启蒙会使普鲁士变得强大，理性的胜利将为普鲁士带来力量。

腓特烈大帝刚刚即位的时候还没有经验，并不懂得国家大事。他对战争的知识仅来源于阅兵场和书籍；他对广义上的外交，包括国家和统治者这些问题一无所知。他从未旅行过，这件事很能说明问题。除了极少数情况，他对普鲁士以外的德意志了解很少，仅限于他参加过的战役。他对法兰西、意大利、俄罗斯、英格兰、奥地利家族的判断来源于各种事件、文章报道，还有他在生活理论和政策体系上的原则。正如大选帝侯一样，腓特烈大帝一生都在学习。他工作努力、全神贯注、勤勉奋进，从自己的行为准则出发，不断从自己的生活经历中获得启发。

1740年的腓特烈大帝与欧洲

1740年，欧洲马上要迎来一个新的时代。英法同盟已经走到了尽头；1739年英格兰向西班牙宣战，重新开启了建立大不列颠帝国的议题；而法国波旁王朝的野心也逐渐显现。英法之间的对决即将翻开第二个大篇章。腓特烈大帝野心勃勃，希望成为世界上的风云人物。霍亨索伦家族曾在于利希-贝格的继承权问题上遭遇惨败，腓特烈大帝需要扭转这一局面。

1740年10月20日，查理六世去世，这为腓特烈大帝创造了重要的机遇。腓特烈大帝写道："这确实是彻底改变旧有政治体系的关键时刻。"哈布斯堡家族没有男嗣可以继承帝位。在哈布斯堡家族的领地中，西里西亚公国具有重要价值，可以成为普鲁士王国的属地。哈布斯堡领地的继承人是年轻的女大公玛丽娅·特蕾莎，她的继承权由《国事诏书》保证，并得到了欧洲所有重要国家的承认。根据哈布斯堡家族的计划，她的丈夫——洛林的弗兰茨将继承查理六世成为神圣罗马帝国的皇帝，然后在哈布斯堡-洛林王朝中传承皇位。

西里西亚

腓特烈大帝发动的两次西里西亚战争是他实现宏图霸业的第一阶段，这两次战争集中体现了他的行动原则，生动说明了他将战争和外交结合在一起的手段，而且展现了他的信念——"开展谈判没有武器，正如演奏音乐没有乐器"。为了满足普鲁士的需求和利益，腓特烈大帝必须征服西里西亚。军事力量和适当的机会也是成功的必要条件。在国家档案馆里很容易找到一些模糊不清的记录，证明霍亨索伦家族有权声索西里西亚公国的统治权。对《国事诏书》的保证被仔细考虑，然后普鲁士对此予以否认。他的继任者在不同情况下做出的承诺不能与国家理性相抵触，国家理性是独立于并高于君主个人荣誉的。

这让玛丽娅·特蕾莎陷入了困境；普鲁士国王已经准备就绪，但她没有。腓特烈大帝后来承认，野心正在他倾听的耳边低语。他本来可以发动奇袭，一举拿下西里西亚，但他却异常冷静地告诉维也纳：他有意愿也有能力夺取西里西亚，如果维也纳愿意主动放弃这个公国，他会拥护弗兰茨得到帝国皇冠，不管别人怎么反对，他都支持玛丽娅·特蕾莎根据《国事诏书》继承奥地利；如果不肯，那么哈布斯堡家族的敌人都会成为他的盟友。这种如同抢劫或敲诈一样的提议，遭到了高傲的蔑视，腓特烈大帝立即率领他的军队穿过了西里西亚边境。他的行动引发了一场欧洲战争。

西里西亚战争

第一次西里西亚战争是为了夺取西里西亚,第二次则是为了保住它。腓特烈大帝有一个明确的目标。他需要盟友,但他和盟友并非志同道合。他打算用对待玛丽娅·特蕾莎的方式对待盟友。他的盟友可以为他服务,但他绝不会为盟友服务。战斗并没有像他预期的那样顺利。普鲁士在1741年3月9日占领了格沃古夫,但在4月5日的莫尔维茨会战中损失惨重,差点以战败收场。不过打赢这场仗的不是腓特烈大帝,因为深感绝望的他已经逃到30英里外的奥波莱去了;打赢这场仗的是施维林元帅和腓特烈·威廉一世,多亏了他们训练的步兵,普鲁士才能成功地反败为胜。

莫尔维茨会战之后,普鲁士赢得了法国和巴伐利亚两位盟友。腓特烈大帝投票给巴伐利亚选帝侯卡洛·阿尔贝托,使其继承了查理六世的皇位,成为查理七世。奥地利家族陷入了极度的困境。1741年10月,腓特烈大帝抛弃了他的盟友,在克莱因施内伦多夫签订了停战协定,以保持中立获得了下西里西亚作为回报。

法国和巴伐利亚的胜利很快使腓特烈大帝相信"我家族的政策才是真正原则",于是决定与法国重新结盟,准备把上西里西亚也收入囊中。他撕毁了停战协定,入侵摩拉维亚,但由于战况不利,他不得不通过波西米亚撤退,幸好在1742年5月17日的查图西茨会战大胜,为自己挽回了局面。迫于英国的压力,同时也是为了腾出精力对付法国和巴伐利亚,玛丽娅·特蕾莎收买了腓特烈大帝。查图西茨大捷帮腓特烈大帝实现了他的目标。7月28日，玛丽娅·特蕾莎与腓特烈大帝签订了《柏林条约》，奥地利把西里西亚和格拉茨郡全部割让给了普鲁士。

腓特烈大帝通过武力征服和外交手段获得了他想要的胜利，于是他第三次抛弃盟友，退出了西里西亚战争。难道他没有为自己辩护吗？如果玛丽娅·特蕾莎足够明智，她会在1740年11月与腓特烈大帝签订《柏林条约》，失去了普鲁士的支持，法国和巴伐利亚在莫尔维茨会战和查图西茨会战中就要吃败仗了。

1742—1744年的和平时期

早在腓特烈大帝与法国结盟期间，经验丰富的法国大臣、红衣主教弗勒里就曾宣称普鲁士国王不值得信任。腓特烈大帝非常清楚，因为他不信任任何人，所以也没有人信任他。他开始努力把新获得的领地融入统一的普鲁士王国，还填补了军队的空缺，利用自己的经验推行了一系列军事改革——特别是在骑兵方面，同时密切关注外交和军事形势。而奥地利的军事实力也在稳步上升，新签订的《沃尔姆斯条约》吸引了更多盟友，这让查理七世这位巴伐利亚皇帝备感压力。如果法国和巴伐利亚失败，西里西亚就保不住了。于是，腓特烈大帝很快与一些德意志小国的君主组成了法兰克福同盟，并且为了参与瓜分波西米亚而重新与法国结盟。他宣称自己的目标是恢复帝国的自由，但实际上是为了保住到手的西里西亚（1744年8月7日）。

1744—1745年的第二次西里西亚战争

1744年9月16日,他已经占领了布拉格,但由于向南进军失败,他不得不忍受屈辱,撤回西里西亚。1745年春,法国人入侵奥属尼德兰(比利时),这时的腓特烈大帝只能自己救自己了。1745年6月5日,普鲁士在霍亨弗里德堡战役中大败奥地利和萨克森军队,解放了西里西亚,还对波西米亚展开了反制性入侵。腓特烈大帝在索尔战役中艰难取胜,但他不得不又一次退回到西里西亚进攻萨克森人,并在11月23日的亨纳斯多夫之战中打败了他们,而"德绍老头"在12月15日在凯撒斯多夫会战中又一次打败了萨克森人,腓特烈大帝随后进入了德累斯顿。他已经在8月26日与英国缔结了《汉诺威条约》,规定欧洲各国保证普鲁士得到西里西亚,而腓特烈大帝也要做出相应的承诺,在查理七世去世之后,选举玛丽娅·特蕾莎的丈夫为神圣罗马帝国皇帝。对于已经被他抛弃的法国,腓特烈大帝没有抱任何希望;英格兰经历过詹姆斯党人叛乱的阵痛,也竭尽全力说服奥地利人认识到西里西亚不能靠武力收复。玛丽娅·特蕾莎极不情愿地做出了让步。1745年12月25日签署的《德累斯顿条约》结束了第二次西里西亚战争,并且确认了《柏林条约》和《汉诺威条约》的条款。对腓特烈大帝来说,此时国库空虚,军队经历了两年残酷血腥的战争,虽然获得了胜利,但也遭受了重创,和平是最好的结果。至于帝国自由,还是先放到一边去吧。洛林的弗兰茨要成为皇帝,但是腓特烈大帝保住了西里西亚。

1745—1756年的腓特烈大帝

《德累斯顿条约》签订之后，七年战争开始之前，普鲁士经历了十一年的和平时期。这段时间的"休养生息"是腓特烈大帝统治中最有意义的一段时期。彼时的腓特烈大帝，无论身体还是精神，都处于最佳状态；西里西亚公国已被他纳入普鲁士王国的版图，新增领土的面积达1.55万平方英里，有125万居民，工农业极为发达，从而让他有了一个对抗萨克森和奥地利家族的战略堡垒；此外，在1744年，通过快速果断的行动，他比竞争对手们（尤其是汉诺威）抢先一步，吞并了东弗里斯兰以及它正在蓬勃发展的港口埃姆登；通过在外交和战争方面的纵横捭阖，腓特烈大帝已经向外界证明了自己是一个善于运筹帷幄、举重若轻的人。他那些依靠武力的、贪婪的利己主义行为，在国内为他打造出强力领导者的形象；此时太阳高高升起，阳光明媚灿烂，那些过往的悲痛、幻灭感、为生存而进行大决战的超强压力，并未在他身上投下阴影，虽然这些阴影也从未远离过他。

这段和平时期充分激发和展示了腓特烈大帝极高的天赋和超强的个人才干。他精力充沛，乐于采纳建议，智识极高，崇尚理性，生活安排得井井有条。他从当时最杰出的思想家那里吸收文学和文明的素养。在长达五年的战争和外交生涯里，他在各方面获取了丰富的经验，然后把这些经验进行了最切实的运用。虽然就声望和功绩而论，此时他还不能作为普鲁士历史性的人物，还不能说是普鲁士过去、现在以及未来的象征性人物。但在这段时间内，他全身心投入，总结西里西亚作战的经验教训，思想逐渐成熟，自身精神力量也随之变得强大。如果没有这段时期的潜心思考，他永远不可能成为日后的腓特烈大帝。这十一年是他一生中的巅峰阶段。如果要让他总结这辈子最快乐的时光，无疑会是这段时期。

腓特烈大帝的工作

腓特烈大帝日常的工作量之大、参与活动之多，让人惊叹。诸多工作的完成，都依赖于他最坚定的信念，以及他作为国王所肩负的巨大责任；依赖于他苦行僧般的自我激励和鞭策——同时也让他的精神和躯体更加坚强；依赖于他牺牲无数休息时间，整日如一台高速运转的机器一般处理工作。他一心想成为普鲁士王国的中枢神经和大脑，最终他成功了。他的主要任务是不断思考，指导官员和民众行动，从而实现他的理想。

腓特烈大帝以一己之身，承担了太多工作，他既是最高军事统帅，又是外交大臣、财政大臣、内政大臣，这方面能与他相提并论的也许只有拿破仑了。腓特烈大帝的思想是国家的行动指南，但同时他也不断总结反思，在制定原则的同时也关注执行过程甚至细节。他的所有思考都紧紧围绕如何创建一个有组织的、协调性良好的国家而展开。

腓特烈大帝对各个部门和各省的情况几乎都了如指掌，并亲自指导开展各项专业事务；他熟稔治下的每一寸土地；他有一双冷酷而尖刻的蓝眼睛，仿佛能看穿每一个秘密，直达每一个隐藏的角落；他身着褪了色的老旧蓝色制服，制服上散布着灯花烫出的斑斑点点。他和各个阶层的人士接触，包括农民、市民、田间妇女、商人、工匠、地主、省议会议员、牧师、神父、各级士兵、容克贵族或将军。

他常常面如冰霜，充满不悦之色，傲慢无礼的批评指责让臣民们不寒而栗。他甚少赞许他人，即使有，也极其简短且干瘪贫乏。然而，在无忧宫交际圈的特权阶层眼中，腓特烈大帝则呈现出另外一种形象：风趣、热情、世俗化、才气逼人，还是一位固执的批评家。

腓特烈大帝拥有一个极其发达的情报系统，让他能掌握所有的情况：某个村庄的失物招领、一条新运河、一种新的甜菜种植法、柏林的一间新剧院、一位芭蕾舞演员、一项间接的微小或重大战略命令、玛丽娅·特蕾莎的阴柔偏执性格、考尼茨·里特贝格近来的纨绔子弟作风、女沙皇伊丽莎白的风流韵事，以及伏尔泰的最新思想巨著。他的臣民们都知道国王是如何工作的，也知道国王是如何让他人工作的——但他永远是国王，对于普鲁士和欧洲而言，腓特烈大帝成了开明专制主义的化身。

| 军队

军队是腓特烈大帝心中的头等大事。如果说"永远保持高调"是他的外交箴言，那么"随时准备战斗"则是他的军事箴言。两次西里西亚战争暴露出普鲁士很多方面的不足，包括军官、士兵、装备、人数，以及作为统帅的他自己。腓特烈大帝花了十一年时间致力于解决这些问题。和平时期的士兵人数上升到13.5万，必要时可扩充到20万。士兵训练持续进行，且越来越严格；各项改革一直在向前推进，包括训练所、军官的军事教育、技术装备、骑兵和炮兵、战略战术等。最重要的是，腓特烈大帝把他的军事教育牢牢地控制在自己手里。他早就明白，所有的士兵都属于第一阶层的一部分，一支军队必须有一个可发布更高级指令的大脑。如果说军官、军衔、文件这些东西不能临时拼凑的话，统帅的大脑也绝不可能旦夕造就。在这十一年中，其他地方的人仅仅看到腓特烈大帝骑在马背上指挥军事演习，但却没看到他废寝忘食、刻苦学习军事历史和军事思想，殚精竭虑地解决难题，潜心专研战争艺术，这些战争艺术同样造就了毛奇和冯·布卢门塔尔。

18世纪中期的欧洲各国同样忽略了一点：腓特烈大帝的军事头脑也用来处理外交和行政问题，同时还处理清苦生活背后的问题。在这种情况下，他不但脑力得到了提升，精神也得到了锤炼。对腓特烈大帝来说，战争是生活服务的一部分，也是国家服务的一部分，两者是紧密关联的；掌握了他的这些原则，也就掌握了他对生活理解的精髓。

所有这些都体现出腓特烈大帝身上所具有的、受启蒙思想影响的人类理性，随时准备付出代价并服从理性的结果——科学所要求的服务。军队就是普鲁士王国，普鲁士王国也意味着它的军队。如果理性要求霍亨索伦家族成员和普鲁士国王负起责任，很显然，腓特烈大帝的所作所为完全符合这一要求。"我是国家的第一公仆"，他曾这样说道。从他把自己的责任诠释为"国家的第一公仆"的那一刻开始，他便没有了痛苦和快乐，忘掉了疲乏和欢愉，无视宗教和批评，忽略赞扬和责备，放弃了升入天堂的希望，摆脱了堕入地狱的恐惧。为国家服务就是他的宗教信仰，这种信仰为他的俗世权谋提供了合法性，也是他个人的行为准则。对他来说，他所服务的就是普鲁士王国。

行政管理

在行政管理领域，腓特烈大帝全盘接受了前人的框架。他的目标既不是重新构建基本原则，也不是重新解释细枝末节，只是简单地完善机制。他将总署的四个部门扩充为六个——增加了贸易制造部和军事事务部。他让"外交部"和司法部分离，两者在国王的亲自监督之下独立办公。虽然西里西亚已经融入普鲁士，但仍然为它保留了一个独立的机构。在著名法学家科克采伊的协助下，他废除了司法中的一些滥权行为，简化了司法过程并降低了诉讼费用，努力让法庭更加廉洁高效。但是他并没有像拿破仑那样，以自己的名义制定一部大法典，把最先进、最科学的观念囊括其中，虽然在科克采伊的帮助下他本可以做到这一点。

腓特烈大帝施政的每一个方面，其实都有局限性。在他面前，横着三个几乎无法突破的障碍——庞大的军费开支、君主和贵族的特权和地位，还有孱弱的社会经济。普鲁士全国每年的财政收入为1100万塔勒，单军费开支一项就高达850万塔勒；如果制定了一部大法典，将会彻底改变王室和贵族的特权地位，意味着把当前权力格局推倒重来。腓特烈大帝所有努力的目标，就是为了打造出一个强大高效的财政系统。只有高效的财政才能维持军队和国家的正常运行，在达到收支平衡后，还能有盈余作为国库储备。腓特烈大帝一直在思考发动一场大战的条件和可能性，然而普鲁士实在是太穷了；普鲁士既没有工业强国的金融机构，又没有足够的资产来向外举债；因此普鲁士只有在人力、金钱、食物、装备上厉行节约，才能达到自给自足的目标。严峻现实所迫，加上腓特烈大帝个人的理性判断，让他在经济政策和经济实践中偏向于重商主义。国家的富庶意味着必须有成吨的塔勒堆在国库里；他还不得不利用关税、出口奖励金、禁令等各种手段来鼓励增加农作物产量、繁殖牲畜、发展各种必要的工业门类，只有这样才能让普鲁士实现真正的独立自主，不会受到他人的控制——无论是敌国还是友邦。

腓特烈大帝与新时代

怀着这种信念，通过对国家当前政治国力的现实解读，腓特烈大帝创造了普鲁士奇迹。在他的统治下，行政系统廉洁高效，生产力极大提升。他的统治也有局限，不过这种局限性直接来源于他全盘继承的那个旧体系。在腓特烈大帝心中，占据首位的是他早年接受的法国启蒙思想，位居其次的是普鲁士的君主专制主义和个人政治抱负。但是除了上述这些显著的领域，剩下的则是僵化的保守主义。从1756年开始，他的思想已经停滞不前，虽然他还保有强大的思考力，虽然他的经验越来越丰富，但是他不再接受新兴的、有益的思想。任何想法、活动、势力、理想，若与他系统思考后的结果相异或相悖，他便直接不予考虑，或者以不可行或荒谬为借口而予以否决。七年战争本身昭示着一个新时代的来临，但是腓特烈大帝却没能预见到一个更大的新世界正在诞生。这个新世界伴着新的思想和新的感觉而来。即将来临的有新的法兰西（代表人物并非伏尔泰）、新的德意志、新的英格兰，甚至新的奥地利家族。腓特烈大帝曾经理解和认同那个时代最强大的思想，但是他没有预见到理性主义的欧洲将会出现最美好的精神生活和智力活动。我们越是深入和详尽地梳理腓特烈大帝的内政成就，结论就越清楚：在国家体系的顶层区域，腓特烈大帝既没有展现出任何原创性，又没有展现出任何洞见性。他强大的个性和集权统治掩盖了他的局限和不足，这是非常值得注意的问题。

外交政策

腓特烈大帝废寝忘食地研究欧洲局势和大国关系，这很大程度上帮他认清了普鲁士的当务之急。1748年签订的《爱克斯·拉夏贝尔和约》（亦称《第二亚琛和约》）结束了奥地利王位继承权战争，但是该和约对战争涉及的重大问题没有达成任何解决方案，只有腓特烈大帝对结果表示满意。对盟友们的自私外交和敷衍的援助，法国、英国、奥地利都极其不满。为了争夺殖民地和海上霸权，法国和英国之间展开了激烈的角逐。不过英法之间的对抗和普鲁士的利益毫不相干；当英法两国在加拿大、西印度、东印度以及海上大打出手时，腓特烈大帝并没有重整和加强军队，或者通过节衣缩食来充当法国大陆战争的棋子。他也没有规划另一个西里西亚式的对外扩张行动。

腓特烈大帝并不是一个狂妄的野心家，也不是一个为了征服而征服的战争狂，但是他清醒地意识到：普鲁士的行动和成功已经动摇了欧洲既有的国家体系。其他国家开始提防、怀疑，乃至恐惧普鲁士和腓特烈大帝。腓特烈大帝打破了权力平衡。普鲁士在外交和军事行动中所展示出的纪律和高效让其他国家感到极度不安和惊惧。腓特烈大帝表示他今后不会主动进攻其他国家，但他随时准备并有决心不惜一切代价来维护普鲁士的战果。从普鲁士的利益出发，他将反对任何干扰当前德意志权力平衡的行为。后来的俾斯麦也说过和腓特烈大帝一脉相承的话：欧洲的池塘里有很多大鱼，普鲁士不能做个小鱼等着被吃掉。现在普鲁士已经成为一条大鱼，并且利用对手的忌惮之心变得愈发强大。

玛丽娅·特蕾莎与考尼茨·里特贝格

1748年后，法国和英国逐渐陷入战争的旋涡，但两国君主都没有在思考如何避免下一场战争，以及一旦开战如何取胜的问题。但维也纳可不一样，在奥地利女大公玛丽娅·特蕾莎看来，腓特烈大帝就是一个强盗，他的所作所为伤害和羞辱了她的荣誉和尊严；他的成就威胁了哈布斯堡家族的传统声望和地位。玛丽娅·特蕾莎必须让腓特烈大帝受到惩罚，这样才能体现公平正义，她必须让腓特烈大帝在政治上蒙羞，才能彰显政治道德。不仅如此，她还想要夺回西里西亚。

现在她在外交上依仗国务大臣考尼茨·里特贝格。考尼茨·里特贝格人脉甚广，在防卫方面颇具谋略，并且和腓特烈大帝一样具有不达目的决不罢休的坚毅性格。在考尼茨·里特贝格的领导下，奥地利开始对军队进行改革，修订了哈布斯堡一贯秉持的政治原则，并开始调整对外关系。考尼茨·里特贝格的核心策略是打造一个强大的同盟,共同对抗普鲁士。他试图在维持和英国的传统同盟关系的基础上,与法国结盟,从而结束波旁家族和哈布斯堡家族长久以来的激烈对抗。到1754年,反普同盟已经形成。法国也听从了奥地利的建议。

《威斯敏斯特条约》

通过间谍活动和情报网络,腓特烈大帝早已掌握了对手的动向。玛丽娅·特蕾莎可能依靠萨克森和俄罗斯,但是普鲁士和法国是盟友。两场大战似乎近在咫尺——英法之间,以及奥地利和普鲁士之间。两场大战都牵扯到法国,因为法国可以利用普鲁士进攻汉诺威。为了援助汉诺威,英国和腓特烈大帝于1756年1月16日签署了《威斯敏斯特条约》,确定了对汉诺威选侯国的保护。该条约让普鲁士在实际上于1755年爆发的英法战争中变得对法国毫无用处。考尼茨·里特贝格的外交行动取得了巨大的成功,1756年5月1日,法国和奥地利结成了防卫同盟。剩下的事情就是如何把防卫同盟升级为进攻同盟了。正如考尼茨·里特贝格所料想的那样,现在,对腓特烈大帝的合围已经完成:俄罗斯将从东北,法国将从西面,萨克森和奥地利则从南面对普鲁士发动进攻。

1756年,腓特烈大帝宣战

腓特烈大帝意识到了这次危机的严重性。他曾经忽视了一个明显的事实:他吞并了西里西亚,让他和玛丽娅·特蕾莎变成了不共戴天的仇敌。他将被迫卷入一场战争之中,其目的不仅是为了保卫西里西亚,还为了维护普鲁士作为一个国家的完整性。他会按兵不动,等着被动挨打,还是会趁着反普同盟未成形之际重拳出击?在1740年,普鲁士的军队已经准备就绪,准备得相当充分,而且这是一支能打硬仗的军队。腓特烈大帝权衡了各方面的问题,然后决定先发制人。一份措辞傲慢的最后通牒被送到维也纳,但是奥地利的回复试图拖延时间。1756年8月26日,腓特烈大帝的军队跨过边界侵入萨克森,意在对波西米亚发动致命一击,从而清除来自右翼的威胁。腓特烈大帝想要赶在法国和俄罗斯介入之前,一鼓作气解决掉奥地利。七年战争正式开始了。

七年战争

国际关系的奇妙变化,加之一些偶然因素的影响,让原来的同盟格局发生了剧烈变化。在这之前,欧洲体系还依赖于这些同盟来维持平衡。法国和奥地利是盟友,法国正在和英国作战,奥地利正在和普鲁士作战。奥地利和法国,英国和普鲁士分别结盟,两个同盟处于敌对状态。在这种情况下,于1689年结盟的英国和奥地利,将不可避免地变成公开的敌国。1757年5月1日签订的条约让法国变成了反普同盟的一员。而在1757年和1758年分别签订了两个补充条约后,《威斯敏斯特条约》也正式签订。

对于腓特烈大帝和玛丽娅·特蕾莎而言,战争目的其实很简单。在腓特烈大帝看来,维也纳王朝致力于破坏新教事业,在帝国内建立专制。普鲁士的失败意味着领土被肢解以及他一手创建的普鲁士王国的消失，这是他绝对不能接受的。相反，普鲁士的胜利则意味着国家可以继续存在，并一跃成为欧洲强国。我们应该认同腓特烈大帝对局势的判定：在考尼茨·里特贝格外交操作背后，隐藏着更大的野心。反普联盟的胜利意味着普鲁士的衰亡，几乎等同于普鲁士被肢解。如果反普联盟胜利了，德意志的历史和世界史将会与我们所知的大为不同。然而具体是什么样的后果，历史学家、哲学家、预言家们也不敢轻易给出定论。我们也许可以说，1756年腓特烈大帝发动七年战争的时候，普鲁士的国家地位和国民性格都为这个国家未来的走向定下了基调。腓特烈大帝发动的是普鲁士的生死之战。他的所有战略、他所付出的巨大努力，都是为了救普鲁士于水火之中，他也因此成为了国家英雄，在普鲁士历史上具有了独一无二的地位。如果没有腓特烈大帝，普鲁士很可能会迎来灾难性的结局。相较于他的军事才能，最终的胜利更取决于他坚定不移、锲而不舍的意志和勇气。

军事态势

作为军事史的组成部分，战争史无疑包含了丰富的内容。但是如果不从细节上进行探究，军事史可以说是所有科目中最枯燥乏味的科目。行文至此，我们可以对一些重大事件进行总结了。

从重要性考量，我们也许可以做出三方面的结论：第一，腓特烈大帝领导下的普鲁士占据了地理上的中间位置，东边是俄罗斯，西边是法国和奥地利联盟。1757年后，盟国英国和不伦瑞克的斐迪南领导下的英国-汉诺威军队护卫着腓特烈大帝的右翼，防卫效果日益彰显。第二，战争开始时，腓特烈大帝的军队人数并不占优，但士兵素质大大优于对手。然而，经过两场大战之后，他苦心经营得来的优势被大大削弱了。自1758年开始，奥地利军队的质量稳步提升，反普联盟兵力大增，并开始加强对腓特烈大帝的压迫态势。第三，除了军事天赋外，腓特烈大帝还有普鲁士全国上下团结一致的优势。他是国王、最高统帅，还是外交大臣。普鲁士国家机器的纯粹性和组织性让国内的团结迸发出极高的效率。1756年至1763年间，极少有国家能做到像普鲁士这样，在发动战争时全民皆兵、一致对外。

1756—1757年的战役

1756年和1757年这两年里，腓特烈大帝并没有完成他的预定目标。1756年，普军轻松攻占德累斯顿，但是因为萨克森人在皮尔纳的顽强抵抗，对波西米亚的快速进攻计划泡汤了。10月1日的罗布西茨战役是一场血战，虽然普鲁士获胜，但并未全歼奥地利援军，直到10月16日，萨克森人才停止反抗。对波西米亚的作战不得不推迟到第二年。随后俄罗斯和瑞典陆续加入反普同盟，并开始和奥军协同作战。在德意志内部，腓特烈大帝能依赖的只有黑森、不伦瑞克、哥达几个小邦。1757年4月，腓特烈大帝率精锐直扑波西米亚，在布拉格外围，经过一场激战，逼迫奥地利军队退回城里。但是第二支奥地利援军很快到达战场，6月8日的科林战役中，过度自信的腓特烈大帝犯了战术错误，普军惨遭败绩，不得不仓皇后退。西线战场上，坎伯兰公爵率领的英国-汉诺威联军在哈斯滕贝克战败,被迫于7月26日签订了《克洛斯特—泽温公约》。此役普鲁士损失惨重,西线防御尽失;瑞典军队从波美拉尼亚攻入普鲁士领土,俄军于8月30日在大杰格斯道夫打败了一支普军,并于9月7日在格尔利茨战役中逆转了战局。此时,唯有果断的决策才能避免一场毁灭性灾难的到来。危急关头,腓特烈大帝的战争天赋更加凸显。11月5日,法军在罗斯巴赫被普军全歼。随后腓特烈大帝紧急行军,赶回西里西亚战场,在洛伊滕狠狠教训了奥地利军队。普军趁胜收复了布雷斯劳,奥军被完全赶出了西里西亚。罗斯巴赫会战和洛伊滕会战都是战术运用方面的经典战役,就此奠定了腓特烈大帝一流军事统帅的地位。

1758年的战役

1758年,英国加强了对普鲁士的援助。英国-汉诺威联军经过了重新整编,不伦瑞克的斐迪南所率军队任命了一位颇有才干的指挥官。最重要的是,老皮特掌握了英国政府的最高权力,他决心不惜一切代价支持普鲁士,誓将法国置于死地。腓特烈大帝再次对宿敌奥地利发起进攻,入侵了摩拉维亚,但是对奥洛穆克的围攻最后失败。道恩将军指挥的奥地利军队采用拖延战术,迟迟不肯与普军决战,腓特烈大帝不得不匆忙撤军,转头应对俄军的进犯。在8月25日的曹恩道夫会战中,普军与俄军勉强打成了平手。10月24日的霍克齐战役对腓特烈大帝是一记意外重击,普军大败,腓特烈大帝只能在军官和士兵的护卫下仓皇逃离。随后腓特烈大帝率军长途跋涉,支援尼斯，取得小胜；但此时，1756年投入的军队几乎消耗殆尽，普军不得不转入防守。

1759年和1760年的战役

1759年是英国的胜利之年，英军在魁北克、明登、基伯龙等地频频告捷；而对于腓特烈大帝，这一年却是灾祸之年。奥地利军队继续拖延，拒绝决战。在1760年8月12日的库勒斯道夫战役中，俄军在奥地利名将劳东的协助下，沉重打击了自信过头的腓特烈大帝。在这之后，德累斯顿投降，芬克将军的军队被包围在马克森，随后投降。此时的普鲁士连遭败绩、摇摇欲坠，正如腓特烈大帝所言，只能寄希望于奇迹或者敌人的"极度愚蠢"了。不过对手们也确实没有聪明地继续扩大战果。在硝烟弥漫、满目疮痍的战场上，腓特烈大帝怀揣自尽用的毒药，继续坚持战斗。第二年的开局并不顺利。6月23日，一支普军在兰德斯胡特被全部消灭；7月26日，格拉茨沦陷，俄军挺进到奥得河岸边。不过，8月15日，腓特烈大帝在利格尼茨打败了劳东；然后在11月3日的托尔高战役中，道恩将军没能经得起诱惑，率军与普军决战，失败。利格尼茨战役和托尔高战役中的奥军表现得犹豫不决，因为他们惧怕腓特烈大帝的军事天才而不敢果断地进行战斗。

1763年的和平

当时，欧洲各国已经开始谈论战争将会以什么方式结束了。腓特烈大帝的处境那时看起来几近绝望。波美拉尼亚早已陷落，俄罗斯占领了纽马克，奥地利的军队驻扎在西里西亚，但是腓特烈大帝不愿接受任何割地求和的主张。军事上他处于守势，不断来回长途奔波，只求退敌而不愿进行大规模决战。要知道，一场大败也许就会要了普鲁士的命。不过，腓特烈大帝拥有显赫的声望以及充足的资源，从而帮助他完成了看似不可能的逆转。整个1760年，腓特烈大帝依靠他的声望和精神力量活了下来。10月1日，劳东率军攻占了希维德尼察。更坏的消息则是1761年老皮特退休，英国政坛的控制权转到毫无经验且狂妄自大的年轻国王以及他的代理人布特手中，相比于击败法国挽救普鲁士，他们更迫切地想要击败国内的辉格党。

1761年1月6日，腓特烈大帝实际上已经做出了割地求和的决定，但到了1月19日，俄罗斯女沙皇伊丽莎白去世了，继位的新沙皇彼得三世退出了反普同盟，转而和普鲁士结盟。尽管彼得三世在7月18日被废黜，但是他的继任者、女沙皇叶卡捷琳娜在外交上持中立立场。7月21日，腓特烈大帝攻占了博克施道夫，随后于10月9日又收复了希维德尼察。同时他的兄弟亨利亲王（被腓特烈大帝称赞为"永不犯错的将军"）也打赢了弗莱堡之战，敌军被全部赶出了西里西亚。

伊丽莎白的去世，以及彼得三世和叶卡捷琳娜的继位，完全补偿了英国的撤销援助和心不在焉的和谈带来的负面影响。现在，参战各方都迫不及待地想要签署一份和平条约。于是，1763年2月15日，参战各方签署了《胡贝尔图斯堡和约》，七年战争结束了。腓特烈大帝随后支持约瑟夫大公成为神圣罗马帝国的继承人，从而换取了《德累斯顿条约》和《布雷斯劳条约》的确认。西里西亚和格拉茨仍为普鲁士所有。反普大同盟最后以失败而告终。没有损失一寸领土，腓特烈大帝挺过了这场战争。

七年战争的结果

虽然表面上《胡贝尔图斯堡和约》只是把1756年的现状确认下来，但对于腓特烈大帝而言，无论是个人还是在政治上，它都是一场胜利。由瑞典、俄罗斯、奥地利和奥地利家族的一些德意志盟国，以及法国组成的同盟显然具有压倒性的实力，但很明显，他们没能达到他们羞辱和打击普鲁士的目的。对于玛丽娅·特蕾莎来说，柏林战线已然溃败；收复西里西亚无望；奥地利家族没能恢复到当初的地位；霍亨索伦家族以及北方的普鲁士再也不容忽视，而且他们还会挑战奥地利的权威和他们在帝国施行的政策。腓特烈大帝和普鲁士的一切，包括他的军国主义、他的开明专制、他的包容性的新教主义、他专注于武力和效率的民法、他用无情利己主义指导的政策，都已经在战争和这份协议中重生。

显然，没有英国这位盟友，腓特烈大帝也不会有如此的成绩。大败法军，向普鲁士提供补给，组成英国-汉诺威联军，虽然丝毫无损于腓特烈大帝的赫赫战功，但英国确实在危难当头时救了普鲁士一把。作为英国政策的批评者，腓特烈大帝完全可以争辩说，英国自身的利益确实要求英国继续战斗，直到普鲁士打赢战争，获得实实在在的土地。可他根据自己的原则，把自身置于法庭之外，谴责英国的行为，认为那是对普鲁士国王的背叛。按照腓特烈大帝的评判体系，唯有无情且开明的自我主义才是检验国家行动唯一标准,把这一点套在英国和普鲁士的关系上,一旦英国的利益和普鲁士的利益发生冲突,对于英国而言,当然要优先考虑自身的利益。往最坏的方面想,英国明显只是重蹈了西里西亚战役的覆辙,盟友一旦无利可图或者再无需要时,便可抛弃。而且看得出,在1758到1762年,腓特烈大帝已经准备好毫不犹豫地抛弃英国或者其他盟友,然后和那些能给出合适条件的列强讲和。

说白了,腓特烈大帝不过是对邻国和对自己用了两套不同的标准。普鲁士自身的需求证明了普鲁士的行动是对的,而其他一切的做法都是错的,这就是腓特烈大帝行事的唯一原则;如果某位盟友或敌人也这样做了,他就会大声地谴责他们。但是对那些不认可凡事受国家理性驱动,从国家利益出发而动用武力的人,他们会觉得腓特烈大帝1763年说的话从头到尾都毫无根据。我们在这里可以简单列出两点:第一,英国没有"抛弃"普鲁士;第二,曾有人细致地研究过了1762年和1763年的外交,英国坚持并成功让法国放弃了法国占领的所有普鲁士领土。无论怎么说,把老皮特换成布特总是令人遗憾的,光是把一位天才换成一位庸才这一点都已经够让人痛心了。

然而腓特烈大帝的努力在英国得到了认可。而在柏林,整个世界都会领教到,感恩之于统治者实则是一项弱点,而在治国伦理中没有一席之地。

1763年的腓特烈大帝

1763年,腓特烈大帝的声望达到了巅峰。国王的个性如同奇迹般地与普鲁士的军队、政治相融合，使得普鲁士成功地在反普同盟的围攻中存活了下来。普鲁士王国就像普鲁士的军队一样，震动了整个欧洲。而作为这套体系的化身，腓特烈大帝成了众人学习的榜样。奥地利和俄罗斯的两位君主，约瑟夫二世和叶卡捷琳娜，都深受理性主义（开明专制的基础）的影响，也曾坦言他们从腓特烈大帝身上学到许多；而在三十年的时间里，腓特烈大帝的战术和策略都一直是军事思想的主流。

然而在1763年，腓特烈大帝本人所受的苦痛如同他的王国一样多。他在战争期间失去了他唯一挂心的两位女性，他的母亲和他的姐姐拜罗伊特伯爵夫人威廉敏娜。这场大战中，身心的负担给他带来了无法磨灭的伤痕。他的意志仍然不可战胜，但是他的乐观精神、他的灵活思维、他的开心愉悦全都一去不复返了，摆在他面前的岁月已经毫无乐趣可言，有的只是无穷的问题和日渐增长的寂寞。这位独裁者变得比以前更加独断专行，但无论是从他那双永远燃着一股傲火的深邃蓝眼睛，从他那张紧闭着但仿佛随时都要冒出几句金句或嘲讽的薄唇，还是从他垂下的双肩，你都能真切看到那位获得罗斯巴赫和洛伊滕两场大胜的将军，但你却找不到那位在清晨的阳光中建造无忧宫的腓特烈大帝了。这位与死亡搏斗却面无惧色的君主，如今却要挣扎地过着绝望的生活，也许他拥有政治上的智慧，但却不能拥有舒适快乐的生活。

1763年的普鲁士

普鲁士如今处于危急时刻。柏林已经被敌军袭击了三次；

东普鲁士已经被俄罗斯摧毁并在1758年后就落入敌手；西里西亚经历了五场战役。军队支离破碎，1761年不仅招募的士兵质量下滑，军纪也只能靠压迫来维持。国库空虚、货币贬值，曾经繁荣发达的地方如今只有废墟和苦痛。即便是最坚强的内心，面对这重建的重任也要丧气，但对于腓特烈大帝来说，这些难题的复杂性、严重性却使得他的决心更加如烈火般旺盛，如钢铁般坚定。较之以往，如今更需要他挑起领导普鲁士的重担，并且在人才缺乏等不利条件中打造出一个繁荣强大的国家。不管他和他的人民要付出多大的代价，普鲁士都要变回它以前的样子——有一支坚不可摧的军队，有自己的农业产业，有自己的收入来源，有其他各种各样的行业。在剩下的二十三年时间里，他勤勉不懈并且逼迫他的国民也同样地牺牲自己，辛勤工作。

1786年的普鲁士

结果是最有说服力的评价。到他去世的时候，普鲁士每年的财政收入为2200万塔勒；他还有了一笔5100万的储蓄，按他的计算，这笔钱足够他打8场仗；军队主力达到15万人；许多城堡得到了重建；军火库也建了起来，可以为20万士兵提供装备。排干了沼泽，种起了树林，开垦了荒地，牛马的数量几近翻倍。这位把王室排场视为愚蠢浪费的国王，只允许用1%的财政和王室土地收入用于王室开支，为了证明普鲁士的实力，在波茨坦建了自己的第三座宫殿——新宫。

内部整顿

如此不菲的成绩与普鲁士激进的经济和无情的干预政策分不开，上至大臣，下至农奴，他们的自由、财产和生命都受到了这些政策的干预。较之以往，当时的经济政策更加以极端的重商主义为基础，而在当时，随着科学思想的发展，重商主义已经日渐衰落。亚麻、羊毛、丝绸、玻璃、瓷器和制糖等行业都是由国家建立并通过创新的方法和严苛的法律来有意地推动。从1765年到1766年，烟草、咖啡和盐都由国家垄断，而负责机构——国家烟草管理局则委托给法国官员负责。为了带来新收入，垄断政策之苛刻，涉及之广，加上涉及的审讯程序和为之雇佣的大量官员，使得这项政策不受欢迎，并在很大程度上使得腓特烈大帝的统治成为一项负担，磨灭了人们对腓特烈大帝战功的记忆。从总署分割出来的这些垄断部门严重损害了行政系统的效率，而且虽然垄断加强了中央集权，但也增加了那些不负责任的内阁官员的权力。黎凡特公司、鲱鱼专卖公司以及海洋保险公司（海外贸易公司）都以失败告终。事实上，腓特烈大帝的政策扼杀了个人的积极性，让行业完全依赖于国家的规划和援助，这个政策也使得受中央控制的低收入国家雇员大军成倍增加。

腓特烈大帝的局限性

这一制度还有两项更深入的缺陷，也就是这个制度完全没有试着把社会组织以及生产、分配、消耗体系从这个阶级制度已经奄奄一息的枷锁里解放出来。要建立一个没有工业阶级的工业，就像要组建一支军队而手上既没有受过教育的军官，也没有纪律严明的士兵那样令人绝望。囿于其过时的经济原则以及不适宜工农业发展的独裁统治经验，腓特烈大帝对事情的发展感到失望，并把它们归结于人类受诅咒的顽固和无能。但如果一个体系不允许自由行动的条件存在，并要求人们停止思考而只是吸收灌输给他们的观念的话，他们就会一直这么顽固、愚蠢下去。

腓特烈大帝忘了自己生活里学到的教训——思想的灌输也需要有能接受思想的人。他没有注意到这样一个事实，嚼几下就吞下去的食物会毁掉人的胃，不经过思考就接受的思想更是会毁掉人的脑。其次，比起1763年以前，腓特烈大帝如今更加严格，他是国家唯一的"大脑"。但君主不再开明的这些年，他这个国家大脑又到底做了什么呢？常常有人说他把军队、行政部门和经济管理系统都变成了机器，这些机器都已经学会去服从他的思想和意志，而这位君主训练有素、经验丰富，从未停止思考，也从未停止发号施令。没人比腓特烈大帝更清楚，如果指挥者不开明，那么效率和开明不仅无法实现，还会变成最危险的迷信。国家机器只是实现目标的手段。

在他的各种局限里，最让人震惊也最让人痛心的一点是，他从来没有想过作为国家大脑、一国之君的他能否后继有人；比这更让人痛心的是，从1763年开始，这些独断专行的政策、整顿和体制抹杀了后继有人的可能。耗心费力地为普鲁士奉献了自己四十六年的人生，从古至今，也没几个君主能做到他这样，但他最后却把普鲁士交到了一位既无纪律也无教养的继承人手上。这位继承人甚至对如何用这套专制主义来管理军队和国家也不甚明了,以至于要依赖那些已经不会自己思考的官员。没有留下一颗治国的头脑,却留下了一堆不知道会不会有人执行的政治遗嘱。腓特烈·威廉一世做得都比他好,起码能坚持让自己的继承人清楚地了解如何治国。

但腓特烈大帝并没有幻想普鲁士这台机器已经完美到可以自主运行。随着年岁增长,他对官员的批评越来越多,越来越狠,无论他们是军队长官还是行政部门的官员,他的命令和备忘录永远是在控诉他们思想和表现上的不足。但就像所有视权力为一切的君主那样,随着自己年老体弱,统治的欲望反而越强,比起死亡,腓特烈大帝更害怕国内的争权者。随着岁月的不断流逝,他也变得更加无情,他的内心也悄无声息地开始妒忌别人拥有的年轻、活力和独立。一个人不断地努力,带来的是越来越深的孤独感,他对生命和人性的看法也逐年使得他的内心冷淡下来。他可以使人服从,但除了他的狗以外,他却不能命令别人爱他和对他忠诚。对于寂寞的他而言,他的无忧宫总是让他想起那些已经逝去的过往。壮年时的助手如今也换成了只会言听计从机器一般的人。

比起那个自己毫不感激的父亲,难道他就没想到自己到底好在哪吗?恶棍、恶棍、恶棍,这世上全是恶棍、垃圾、废物和贪图享乐的人。巴黎、彼得堡、维也纳、柏林都是一个样子。在一个理性的年代,无论是政策还是个人品行,都全然没了感恩、怜悯和爱,最后却被天意捉弄,被愚蠢葬送;作为对无情和自私的惩罚,人们在看不见的地方付出了代价,而正因为这些代价是看不见的,所以它们会更加沉重。对于腓特烈大帝来说，他付出了两次这样的代价，直到他去世，他的人民才能松一口气。

1763年后的外交政策

在腓特烈大帝1763年以后的外交政策里，我们很难找到英雄迟暮或是权力衰弱的迹象。相反，你能看到他丰富的阅历和智谋以及其一贯而行之有效的原则和方法。他巧妙地利用了风云变幻的欧洲局势，以及对欧洲各国君主的深刻理解，为普鲁士谋取利益。之前那场大战留下了许多棘手的问题，腓特烈大帝渴望和平，并希望通过和平来保持自己的地位。战争是一场残酷的赌博，即便是天才和最顶尖的军队也无法改变战争的不确定性。对于普鲁士这样一个贫困的国家来说，战争就是一个彻彻底底的恶魔，是非常时期才能用的非常手段。腓特烈大帝重整了军队和财政储备，他不是为了打仗，而是为了避免打仗。军事实力不仅可以震慑敌人，在谈判桌上也是有力的武器。最主要的任务是用好刺刀和名声两个武器，在面对敌人或者是处理王室间的人际关系时通过外交手段达到战争的效果。

从腓特烈大帝的做法中我们可以清楚看到，为战而战不符合他的思维方式，而且战争对他而言只是不得已而为之的做法。但如果情况真的来到了这种地步，军队必须是他的一张王牌。行政部门为了满足军队的需要牺牲了教育，他们的任务就是把普鲁士军队打造成一张超级王牌。而无论是在战场上还是在欧洲政界，普鲁士的统帅都必须保持神秘。

普鲁士的需求

普鲁士的地理位置和政治地位带来了两点启示，普鲁士过去惨痛的经历也可以作为证明：第一，东普鲁士孤立在外，任由势力扩张的俄罗斯摆布。普鲁士在曹恩道夫战役和库勒斯道夫战役中付出了惨痛的代价，这件事一直萦绕在腓特烈大帝心头。在1763年以前，俄罗斯拥有着数量上的优势和一个放荡不羁的女沙皇伊丽莎白，但这位女沙皇的政治智慧也只是与其放荡不羁的道德水平相当；现在的俄罗斯仍然拥有数量上的优势和一位放荡不羁的女沙皇（叶卡捷琳娜），但在开明理性的殿堂里，这位女沙皇同腓特烈大帝一样冷酷而无情。腓特烈大帝对俄罗斯抱有着恐惧，而在腓特烈大帝的政治思维里，恐惧是政治情感最合理的基础。

第二，普鲁士不能孤军奋战，一定要有盟友。英国之前的行为连背信弃义都算不上，这个国家对普鲁士而言毫无用处。腓特烈大帝因此抛弃了英国，七年战争里的盟友，如今连个松散的政治同盟都无法维持。显然，奥地利家族的敌意是处理所有德意志和欧洲问题时都绕不开的永久因素，而法奥同盟还延续到了战后，虽然法国和奥地利都明确拒绝了削弱和瓜分普鲁士的所有想法，但他们可能会联合起来打破平衡，对普鲁士不利，并在德意志北部以外的其他地方恢复战争未能给他们带来的东西。

1765年，奥地利大公约瑟夫二世继位为神圣罗马帝国皇帝，并和他那掌控着奥地利世袭领地的母亲联手。腓特烈大帝称，约瑟夫凡事总能比他快一步，他的这句话虽不完全准确，但精彩地描述了哈布斯堡家族自查理五世以后最具天才的君主。

约瑟夫二世和玛丽娅·特蕾莎

约瑟夫二世深受开明专制主义和人道主义的影响，认为应在一位仁慈的君主的专制统治下发扬人道主义。他的雄心是在哈布斯堡家族各处领地建立起一个真正的奥地利，使得各处领地能在地理上联系起来，并且通过吞并领地以及以国家理性、文化自由为基础的中央集权增加实力。他视腓特烈大帝为榜样，而相对地，腓特烈大帝也把他的画像挂在卧室，但他不可能忘了约瑟夫二世那无休止的野心。而在维也纳，约瑟夫二世的雄心却受到诸多因素制约，比如他对自己那高贵保守的母亲的爱以及他对改革以及建立哈布斯堡霸权的渴望。

而对腓特烈大帝来说，虽然他的宫殿里一直没有女人，没有王后，没有情人，也没有女管家，但他一生中的大多数时间都在和强悍的女人做斗争，比如奥地利的玛丽娅·特蕾莎，比如法国的蓬帕杜夫人，比如俄罗斯的伊丽莎白和叶卡捷琳娜两位女沙皇，但在1763年后，他最大的对手玛丽娅·特蕾莎却成了他最佳的盟友，这是他们两个人都没想到的事情。因为比起腓特烈大帝，玛丽娅更能抑制约瑟夫二世的奇思妙想和无情的理性主义。她最终还是不愿意因为理性放弃自己的思考和良心，无论是失败还是取得实质上的成功，她都一直相信，道德和天意不相冲突。腓特烈大帝曾评价玛丽娅·特蕾莎在第一次瓜分波兰时的作为，他说她"边拿边哭"，这句话与其说是在责怪玛丽娅，不如说更多的是反映了腓特烈大帝的无情。

因此，在腓特烈大帝眼里，俄罗斯是一个更加值得追求的盟友；而俄普同盟不仅会带来和平，还可以制衡法奥同盟，离间俄奥关系。就像俾斯麦一样，腓特烈大帝一直被同盟困扰，只是腓特烈大帝更加理性，他已经知道结盟的代价。

1764—1780年的俄普同盟

达成这个俄普同盟的条件就落到了他的手中，那就是波兰。从地理上看，普鲁士分为东普鲁士和西普鲁士，西普鲁士拥有埃尔宾和但泽的港口，有维斯瓦河和托伦的城堡。把西普鲁士从波兰手上夺回来是形势所需，而且把霍亨索伦各处领地连成一片是一项重任，完成这个任务，普鲁士就有了一块无懈可击的政治版图。在普鲁士、俄罗斯和奥地利那些开明的君主眼中，波兰如今深受君主立宪之苦，还有一群暴戾无道的贵族，就是一块让人垂涎的肥肉。

1763年，波兰王室绝嗣，腓特烈大帝支持俄罗斯女沙皇的旧情人斯坦尼斯瓦夫·波尼亚托夫斯基成为波兰国王。如此一来，自1697年以后占据波兰王位的萨克森家族也无望传承波兰的王位了。斯坦尼斯瓦夫后来当上了波兰国王——他是俄罗斯的傀儡，而腓特烈大帝则在1764年和俄罗斯组成同盟，这个同盟一直持续到1767年。同盟虽然为普鲁士带来了好处，但也给普鲁士带来了危险，因为如果俄罗斯承诺如果奥地利进攻普鲁士，它会支持普鲁士；同时，如果奥地利进攻俄罗斯，普鲁士也必须进攻奥地利。

正如俾斯麦所言，局势掌握在叶卡捷琳娜手中，而她与土耳其的战争勾起了奥地利内心的怨恨和对土地的渴望。四年来，比起自己擅长的排兵布阵，腓特烈大帝靠着自己的外交策略和战术，从这一关键的局势中取得胜利。其中的纵横捭阖，细说起来可以写成一本书。大家只需要知道，是那次臭名昭著的第一次瓜分波兰给腓特烈大帝带来了出路。

1772年第一次瓜分波兰

瓜分波兰的想法并不新鲜。早在1656年，瑞典的卡尔十世和大选帝侯就已经讨论过这件事。在过去的一个世纪里，总能在大臣们的备忘录看到它的影子，只是每次都因为有人心有不安而作罢。至于腓特烈大帝是不是第一个把计划定下来的人，这件事还存在争议，但也不影响事情的发展。考虑到奥俄战争的风险会把作为俄罗斯盟友的普鲁士卷进一场前途未卜的战争，又想到叶卡捷琳娜肯定会想占领土耳其的土地，约瑟夫二世和考尼茨·里特贝格也肯定想着要点"补偿"，可能的话还要打破普俄同盟并且让俄罗斯和自己结盟，这些因素迫使腓特烈大帝把各种利害看得更加透彻。在这场大博弈中，他的头脑比之前更加冷静，他的手法比以前更加娴熟，他的目标也非常的明确——吞并西普鲁士。

他维持着与叶卡捷琳娜的密切关系，当1770年约瑟夫二世攻下齐普斯时，他便发兵埃尔宾。1772年1月28日，与俄罗斯签订的秘密条约吸引了叶卡捷琳娜和腓特烈大帝达成瓜分协议，约瑟夫二世除了与俄罗斯和普鲁士开战或者以尽可能有利的条件加入协议之外，别无选择。正如腓特烈大帝预想的那样，如果东方三位开明的主人能够以牺牲一个手无寸铁的邻居来扩大自己的实力，那就没有战争的必要了。在1772年2月19日签订正式的条约之前，奥地利加入了，在那之后又花了五个月时间敲定细节。五个月后，瓜分条约正式签订。约瑟夫二世占领加利西亚和洛多梅里亚，叶卡捷琳娜得到立陶宛的大片土地，腓特烈大帝获得西普鲁士和东波美拉尼亚和艾尔姆兰德，但不包括但泽和托伦。

9月13日，吞并声明发布，腓特烈大帝正式称自己为"普鲁士的国王"，而非"在普鲁士的国王"。

瓜分波兰的理由

人们为腓特烈大帝的行为辩护的理由有几点：第一，波兰本身奄奄一息，瓜分了之后反而能随普鲁士一同发展而重获新生；第二，他终于收复了条顿骑士团的全部领地，而且占领的都是当年用德意志的血汗同化的土地；第三，他重整了收复的领地，辛辛苦苦为这些地区带来了开明专制主义和高效的管理体系；第四，如果他不这样做，叶卡捷琳娜和约瑟夫二世也会瓜分波兰，他就会一无所获；第五，无论是出于地理上、政治上还是军事上的需要，普鲁士都要把西普鲁士和普占波美拉尼亚中间的间隔填上；最后，如果他没有占领这些领地，之后普鲁士对德意志和欧洲历史的贡献，包括对普鲁士自己的贡献全都不可能实现。

这些理由说得好听，但无非还是那一点，为达目的可以不择手段，在强大军队的支持下，国家理性和国家需要高于一切。任何侵略都可以用这些理由来合理化。为了实现这次掠夺行动，腓特烈大帝还和叶卡捷琳娜达成协议，让波兰拒绝改革，从而维持现有的腐朽体制和混乱局面。他的外交手段就是彻头彻尾的谎言和欺骗，他那些设计最终就是不顾受害者的想法对其施以暴力。

瓜分波兰曾经是，现在也仍然是一场犯罪，为将来波兰王国的灭亡埋下了伏笔，也使得波兰民族无法避免战争的命运。在法国大革命前夕，这次瓜分告诉全世界一个道理：开明的君主和路边的劫匪的差别，不过是贪心的多少和暴力的轻重而已，君主们为了掩饰自己赤裸裸的侵略，还会戴上虚伪的人道主义面具。

西普鲁士和普鲁士的君主政体

攻占西里西亚和西普鲁士是18世纪最成功的两次掠夺，让腓特烈大帝登上了普鲁士民族英雄的神坛。除了战略上的收获，1772年物质上的收获也同样重要；在那之后，经过腓特烈大帝不懈的重组改造，没几年时间，西普鲁士就已经能给王室带来200万塔勒的岁入了。夺得的新领地把西里西亚、纽马克、波美拉尼亚和东普鲁士连接起来，使东普鲁士不再受到俄罗斯的威胁。但同时，波兰的政治也成了普鲁士外交部门工作的重中之重。叶卡捷琳娜坚持，波兰的傀儡王室应当继续统治华沙、卢布林和克拉科夫，而腓特烈大帝既不敢协助波兰人对他们的国家进行改革；迫于俄罗斯的压力，他也不敢反对斯坦尼斯瓦夫，因为如果没有俄罗斯这个盟友，普鲁士在欧洲就被孤立了。

腓特烈大帝和德意志

自1772年直到腓特烈大帝逝世，他的施政目标一直都是保持和平和维持现状，而其中最重要的是要维持德意志联邦的现状。腓特烈大帝默许了俄罗斯和奥地利占领土耳其的领土，理由是自己阻止不了他们，不值得为了土耳其领土的完整而牺牲波美拉尼亚掷弹兵的性命，而和叶卡捷琳娜的同盟关系却抵得上三个军团。离间约瑟夫二世和叶卡捷琳娜，或者至少避免他们联合起来对抗自己，是腓特烈大帝政治思想的核心。

长期以来，约瑟夫二世对普鲁士的威胁，不是在多瑙河，也不是在德涅斯特河，而是在德意志。约瑟夫二世从巴伐利亚王位继承的冲突上找到了可乘之机，并以此为后面铺路。1777年，巴伐利亚选帝侯死后无嗣，帕拉丁选帝侯成为了继承人，而他同时也是于利希-贝格的君主。约瑟夫二世对普鲁士的政策以及西里西亚的研究并非白费力气，他要求根据历史和法律占领巴伐利亚的大片地区，并对帕拉丁选帝侯软硬兼施，同时发兵越过边境。这些土地会使得奥地利家族实力大增，但普鲁士却不能获得相应的补偿。

腓特烈大帝即刻谴责了这种违反法律、无端破坏帝国和平、损害君主权力的行为。由于帕拉丁选帝侯同样无嗣，于是腓特烈大帝找到了第二位顺位继承人——茨魏布吕肯公爵，并准备以维护公义为名提出归还财产的要求。腓特烈大帝这个曾经夺走西里西亚，在1740年让帝国陷入战争，又在1772年发起瓜分波兰的劫匪，如今在抗议别人瓜分巴伐利亚，这一场开明理性之间的交锋还带有几分零零散散、虚无缥缈的传统道德，真是蔚为大观了。至于个中原因，正如腓特烈大帝冷静地跟他兄弟说的那样，普鲁士的利益是他唯一的目标，但重要的是不能这么说出来。当德意志和普鲁士有相同的利益，出于效率上的考量就需要用上这些废话说辞来给那些不谙政治哲学的门外汉施加影响。

1778年的巴伐利亚王位继承战争

战争爆发了——腓特烈大帝在1778年7月3日发动巴伐利亚王位继承战争，决心扼杀哈布斯堡家族的野心。但在1778年和1779年的战役里，双方陷入了僵局。腓特烈大帝在波西米亚东北部抵挡奥地利的主力，他的兄弟沿着易北河进军，但未能与腓特烈大帝的军队会合。奥地利人不敢冒险出击，腓特烈大帝也不愿意逼他们出击，但敌人的石墙战术、天降大雨和补给困难让疲惫的老国王不得不选择撤退。腓特烈大帝没有按照计划在春天入侵摩拉维亚，而是通过外交工作取得了成果。1779年5月13日签订的《特申和约》恢复了和平。巴伐利亚的王位交给帕拉丁选帝侯，萨克森选帝侯要求把继承权兑换成现金，约瑟夫二世获得了因河以东的地区，法国和俄罗斯合伙提出解决方案，并庄严地确认了《威斯特伐利亚和约》及其中的君主权利。

1779年的《特申和约》

对于签订条约，所有人都不感到意外，但是他们对普鲁士军事上的无能感到极为惊讶。普鲁士的士兵对国王感到失望，国王对他的士兵也感到极度失望，认为他们缺乏纪律，有损普鲁士军队不可战胜的威名。事实上，1778年的腓特烈大帝已经不是1756年的腓特烈大帝了，他不能承担太大的风险。因为欧洲各国本来就对普鲁士充满了怨恨、恐惧和嫉妒，所以他一旦失败，所有人都会加入到反对他的行列。他要维护自己的声誉，同时认为普鲁士的军队难当大任，无法支持他做出重大决定。普鲁士军队已经开始暴露它将在法国大革命中彻底暴露的缺陷。建立这支军队的人，他的头脑、灵魂和思想都在枯竭，也找不到第二个人来代替他。士兵和军官都没有意识到他们需要换一个统帅，更何况这是不可能发生的事情。

腓特烈大帝可能认为取得胜利要靠外交，而不是武器。法国因为与英国交战损失惨重，已经无法支持约瑟夫二世这位奥地利盟友。玛丽娅·特蕾莎不久将要离开人世，如果还要发动战争完成对邻国的劫掠，她的良心上肯定会有沉重的负担，所以她竭尽全力寻求和平解决方案；而且俄罗斯选择支持普鲁士。虽然腓特烈大帝保住了德意志诸侯们的权利，但却以俄罗斯和法国都有权决定德意志的利益为代价。不过这并没有困扰到他。他挫败了约瑟夫二世，更重要的是他实现了普鲁士的利益。

1779—1786年的欧洲

此时的腓特烈大帝只剩下六年寿命，他要不断努力维持现状。这是一项艰巨的任务，但他还有点精力和资源。"可恶的约瑟夫"无所不用其极，不停地思考着各种"邪恶的计划"，腓特烈大帝要时刻保持警惕，动用一切手段来应对他的计划。

俄罗斯不断扩张并蚕食土耳其，奥斯曼帝国面临瓦解。俄罗斯以攻占君士坦丁堡为目标的帝国扩张与哈布斯堡家族沿着多瑙河向土耳其进军的传统相结合，打破了俄罗斯与普鲁士的同盟关系，让叶卡捷琳娜和约瑟夫二世在1781年也成了伙伴和盟友。腓特烈大帝所知道的世界正在瓦解——法国失去了伏尔泰，卢梭的理论成为主流并得到了美国的支持，旧制度的基础正逐渐被削弱；英国的失败让美国得以诞生，帝国体系被瓦解；波兰被叶卡捷琳娜吞并，而土耳其注定要步波兰的后尘。为了安抚叶卡捷琳娜，也为了发泄一直以来因为英国"背叛"而产生的怨恨，腓特烈大帝于1781年加入了北方的武装中立同盟——这个同盟由中立国组成，旨在抗议英国对海上中立的航运方面实施的"暴政"。但为了监视约瑟夫二世的活动，还是要通过德意志以及德意志的体系。哈布斯堡的君主们掌控了科隆（选侯国）和明斯特富有而强大的教区。腓特烈大帝一生中最后的计划和成就是阻止神圣罗马帝国皇帝夺取和利用帝国议会组建一个由奥、法、俄组成的反普鲁士联盟。

1785年的诸侯联盟

《特申和约》可以说为腓特烈大帝提供了灵感和原则。在腓特烈大帝看来，约瑟夫二世对德意志各邦来说都是一个巨大的威胁，因为他说要实现理想中统一的帝国权力。德意志体系实际上分成了两个部分——北部是普鲁士和霍亨索伦家族，南部则是奥地利家族。任何打破这种平衡的行为都会严重损害普鲁士的利益和地位。普鲁士必须让德意志的诸侯认识到，他们的利益和与普鲁士的利益一致,他们要抵制一切改变现状的事情。

眼看着德意志国家的诸侯已经开始讨论德意志的统一,腓特烈大帝动用了所有的外交手段来对他们展开游说。在汉诺威和萨克森的帮助下,腓特烈大帝在1785年7月23日建立了一个同盟的基础,并推举汉诺威选帝侯、英国的国王成为同盟的领袖。腓特烈大帝这只老狐狸还是一如既往的狡猾,他把英国国王架到火炉上烤。美因茨大主教和选帝侯也加入了同盟,这四位选帝侯加起来在神圣罗马帝国皇帝的选举中占据了多数席位。此前约瑟夫二世曾建议帕拉丁的选帝侯用巴伐利亚换取奥属尼德兰,遭到了普鲁士的强烈反对(1785年2月),因为它违反了《特申和约》。由于奥地利的盟友法国和俄罗斯也不支持这个建议,约瑟夫二世最终放弃了这个计划。越来越多的人加入到四位选帝侯的联盟,慢慢使它变成了一个诸侯联盟——这是一个不分地位和信仰的组织,其目的就是维持帝国的现状、保证每个成员的财产和权利、反对领地交换或领地世俗化,并在下一次选举中利用同盟的权威确保皇帝承认同盟的原则。

诸侯联盟有着重要的意义,不仅是因为它是腓特烈大帝最后的成就,也不仅是因为这次运动是年轻的施泰因——他注定在普鲁士和德意志历史中享有不朽的地位——进入普鲁士政坛的标志,更重要的是它说明德意志各邦的君主一致认为:德意志的事务归根结底还是要由德意志人决定。但是诸侯联盟成立之后,几乎没有取得任何成就。如果腓特烈大帝再多活一段时间,在他的头脑、经验和行动的支持下,诸侯联盟是否会开启德意志历史的新篇章,我们不得而知。从1786年到1796年的十年中——当大革命的浪潮席卷法国,腓特烈大帝会如何制定普鲁士的政策以及影响德意志的行动，我们永远不会知道答案了。1786年8月17日，腓特烈大帝去世。他一直工作到生命的最后，完全不知道他的去世标志着一个时代的结束。他也不会知道那个在18世纪带来启蒙的法国，即将重新统治世界。

约瑟夫二世和开明专制的帝国主义并不可怕，可怕的是法国和法国人的头脑，腓特烈大帝统治过的普鲁士很快就要面对最可怕的敌人了。

对腓特烈大帝的评价

评价腓特烈大帝的统治和成就，其实就是阐述他的原则、方法和工作。这位伟人离开我们已经一个多世纪，我们无法清楚地了解当时的思想、政治与社会环境，也无法感受他给那个时代留下的深刻影响，所以我们只能评价他有哪些局限。正如巴杰特说的那样，评价历史的困难不在于辨别一个方案的好坏，而在于找到这个方案要解决的问题。

就腓特烈大帝而言，他的性格、原则和行为都有明显的局限性。他的成功以及普鲁士在他统治下的发展，似乎都是历史的必然，但在取得非凡成就之后，他却没有选择继续拼搏，这让我们感到十分意外。在1740这个年份，我们看到的不是腓特烈·威廉二世统治的普鲁士，也不是参加耶拿战役的普鲁士，我们看到的是发起解放战争、建立关税同盟，创造出俾斯麦、毛奇、威廉一世和柏林大学的普鲁士。我们以为当时的普鲁士是依靠各种资源才能有如此辉煌的成就，但其实普鲁士没有这些资源，甚至在腓特烈大帝死后也没有。

我们可能都会觉得腓特烈大帝不是一个可爱的人物，卡莱尔在评价他的时候也发出了这样的感叹：腓特烈大帝不像克伦威尔，我们越是深入研究他，对他的敬意就越少，因为他有自己的道德标准，独与天地精神往来，这些都是无法分析的因素。腓特烈大帝有着钢铁般的意志和孤高冷漠的性格，但这一切背后藏着他的痛苦和泪水。虽然他一辈子辛辛苦苦地履行着国王的职责，也给普鲁士王国带来了丰厚的回报，但他的个人世界一片荒芜。真正伟大的人不是改变周围的世界，而是改变他自己。虽然不能全部归咎于时代，但腓特烈大帝的局限在很大程度上也是他那个时代的局限。暴力、欺诈、诡计、野心、权欲、无视道德准则这些能把人送进监狱或者送上绞刑架的东西，在国家行为和外交关系里却十分常见，它们都不是腓特烈大帝的发明，也不会随他的离开而消失。

腓特烈大帝最大的问题是他声称自己代表了一种新型的君主政体，让整个欧洲都相信只要把事办成了就能消除道德上的污点。他还通过言传身教的方式说明一个国家的统治者应该成为国家的第一仆人，集中智慧研究治国之道，提倡效率就是一切，而道德只是阻碍。他这种目的决定手段的学说将不可避免地陷入可怕的诡辩论，诡辩虽然灵活，但是十分危险。而在18世纪的政治界，腓特烈大帝就是一位诡辩大师。他根据普鲁士的情况发展出自己的政治哲学，让普鲁士不同于其他国家。其他统治者认为不道德的行为，在普鲁士却能变成国家荣耀。18世纪的统治者们被腓特烈大帝蒙蔽了双眼，不断赞美他的品质，但在这个不受他影响的世纪，我们会对这些品质提出质疑和批评，同时默认自己也有类似的缺陷。生于这个时代的我们了解民族主义原则、君主立宪制、代议制和法律面前人人平等的观念，所以很容易低估或者忘记开明专制主义的启示——毕竟腓特烈大帝就是一位开明专制的天才，为我们提供了鲜活的例子。

在腓特烈大帝的时代，人们见多了不开明的专制主义者、骁勇善战的士兵、强大的管理者和成功的征服者，但他们眼中的腓特烈大帝，不仅可以理性地指挥军队，精通所有的外交技巧，还能自己掌控一个高效集权的官僚机构。腓特烈大帝确实给统治者们上了重要的一课——君主的义务决定了君主的权利；在一个理性的世界里，只有理性的人才能成为君主；作为国家的第一仆人，统治者必须是王国中效率最高的人。腓特烈大帝唤醒了欧洲，将它从法国的迷信中解放出来。

如果我们要谴责他对人性的解释失之偏颇，谴责他不能理解女性在文明中发挥的能力和承担的义务，他大可以用事实来回应：国家在顺从的臣民身上榨取的钱，没有一分用在了他自己身上；他四十六年来的汗水和辛劳，只换得普鲁士国王的微薄薪资——那些邪恶的女人、无能的贵族、寄生虫似的封建派，以及腐败害人的教会在他的国家概念中没有任何地位。腓特烈大帝统治下的普鲁士虽然有很多污点，但它不像法国那样玷污孟德斯鸠、伏尔泰和狄德罗，留下了不可磨灭的耻辱。法国最优秀的人才虽然了解腓特烈大帝的缺点，但仍然歌颂普鲁士国王意志坚定，称他为人类文明和人类精神的启明星。

在普鲁士的发展史上，腓特烈大帝占据着重要的地位，值得在首都柏林拥有一座雕像。国家军队、官僚机构、君主政体——通过这三者的结合，他成了普鲁士思想和行动的核心，也是普鲁士国家的中流砥柱。后来的几代人粉碎了腓特烈大帝创建的国家机器，重塑了腓特烈大帝创造的社会组织。在他去世一百年之后，他留下的遗产似乎都已不复存在，但在建设普鲁士（腓特烈大帝留下的艰巨任务）的过程中，后来的统治者们都主动沿用了他对目的和手段的看法。他们按照腓特烈大帝的思想把国家军队、官僚机构、君主政体重新引入到普鲁士。对于建设普鲁士的人来说，腓特烈大帝说得很对：普鲁士最重要也是最富创造性的原则就是实现国家的权力和利益，它独立于其他考量，也高于其他考量。为国家服务是每一个普鲁士公民应尽的义务。每个人都要为国家牺牲自己的理想追求，无论它多么有价值。每个人都要为国家服务，不管要付出多大的代价。普鲁士和英国的国家观念天差地别，因为这两种观念都有各自的起源和权威，反映出两国对生活有着完全对立的解释。

第五章

普鲁士与法国大革命

Prussia and the French Revolution

腓特烈·威廉二世（1786—1797年在位）

腓特烈大帝去世之后，普鲁士不仅失去了一名伟大的士兵，还失去了国家管理机器的主发条。任何一个过度中央集权的专制政体都无法回避这个问题：就算管理者能力再高，也没人能保证他会有一个合适的继承者。赫茨伯格伯爵尽力维护着他留下来的传统，但在普鲁士的经济体系里面，大臣的性格还是次要的，除非这些大臣能有施泰因或是俾斯麦那样的地位，否则君主的性格才是最重要的因素。在"老弗里茨"（腓特烈大帝）去世后，王位传给了他的弟弟奥古斯特·威廉的长子。虽然称不上无能，但腓特烈·威廉二世也不能和霍亨索伦家族的伟人们比肩。他为人体面、待人温和，但做事却没有条理；他平易近人、心地善良，却优柔寡断；他性格冲动，贪图享乐，自我放纵；深受神秘主义影响（霍亨索伦家族有好几位成员都对神秘主义感兴趣）；他热爱音乐、对建筑和绘画感兴趣，但行事却没有目的，总是反反复复——研究心理学的人会认为腓特烈·威廉二世是一个有趣的研究对象，但他却不能像他那伟大的前任一样勤勉，也制定不出他那样的政策。

他的统治虽然开启了普鲁士王国的衰退期，但仍不失其重要性。

腓特烈·威廉二世统治的重要性

腓特烈·威廉二世与海上强国建立起的同盟对西欧、东欧和北欧的政局都产生了极大的影响；在波兰，他完成了腓特烈大帝未竟的事业；他和奥地利联手与大革命中的法国开战，并在三年后与法兰西共和国签订和约，虽然这份和约与普鲁士的政策有冲突而且明显背叛了德意志帝国，但在某些方面来说，这份和约对霍亨索伦家族在德意志的地位有着毋庸置疑的裨益。

三国同盟

在上任之初，腓特烈·威廉二世便发现自己陷入了法国大革命战争爆发前的外交旋涡。东方、西方和北方，四面八方都是动乱。而这些动乱大多数都是约瑟夫二世的野心和大刀阔斧的改革热情造成的，他急于让所有事回归正途，统一混乱复杂的领地，修整领土，后来正如我们所知的那样，倒霉的他不仅和帝国的诸侯们有了矛盾，还和自己匈牙利、奥属尼德兰（比利时）的人民起了冲突。在匈牙利和奥属尼德兰，虽然约瑟夫二世的改革的确引起了特权阶级的不满，但问题之所以变得这么复杂，还是因为当地支持民主的党派在起作用，他们希望能唤起对法国的赞同和支持。而在荷兰共和国，也有党派长期和法国保持密切联系，同时和拥护奥兰治家族的党派相互敌对。

英国政策

对法国在比利时和荷兰共和国带来的影响,英国不能坐视不管。在1783年小皮特上任时,他发现英国不仅国力疲乏、饱受羞辱,在外交上也受到孤立。在1793年的大战爆发之前,他重整了财政,并让英国夺回了其昔日在欧洲的经济地位。他在那几年的政策有两个目标:抵制奥属尼德兰和荷兰共和国的亲法势力以及限制俄罗斯在近东的野心。而他主要的外交手段就是和荷兰、普鲁士在1788年建立三国同盟。

无论是出于个人原因还是政治原因,腓特烈·威廉二世都对这个同盟颇为期待。他的妹妹威廉敏娜公主是荷兰省督威廉五世的妻子。而在过去的一段时间里,随着"爱国党人"(亲法分子)势力的增长,奥兰治家族在共和国诸省的地位都受到了威胁,在荷兰省更是如此。1787年6月,威廉敏娜公主遭受严重羞辱,于是向腓特烈·威廉二世请求保护和帮助——这可能是由于英国驻海牙大使詹姆斯·哈里斯爵士的提醒。共和国各省也向法国求助。小皮特向普鲁士承诺,如果法国插手,他则支持普鲁士。1787年9月,25000名普军在不伦瑞克公爵的指挥下进入荷兰,没费什么力气就粉碎了"爱国党人"的抵抗,完全恢复了威廉五世的统治。

1788年4月,普鲁士与荷兰共和国在柏林签订协议,规定建立防御同盟并保证奥兰治家族作为荷兰省督的世袭统治权。同日,荷兰诸省和英国在海牙签署了条约相对应的条款。同年6月,英国和普鲁士也签署了类似的条约,自此,三国间的同盟便建立起来。虽然对这一同盟的合理性和动机有各种猜测,但三国同盟无疑是重要的外交成果。这一同盟恢复了1762年中断的英普友好关系，使得低地国家免于受到法国的影响，而且可能还为1814年英国所取得的成功铺平了道路，保护了瑞典的独立，大大削弱了路易十六的威信，以至于拿破仑将其视为法国大革命的重要推动力量。在这些国家首脑会面之后的至少两年时间里，法国的这场革命对国际局势都没有产生过什么大的影响。直到大革命战争爆发之前，外交的重点都不在西欧，而在东欧。

普鲁士与"东方问题"

现代外交中所说的"东方问题"也是在那些年首次牵动整个欧洲。自1768年以来，俄罗斯在面对奥斯曼帝国时一路势如破竹。1774年的《库楚克—开纳吉条约》让俄罗斯首次在黑海站稳了脚跟，并且有权广泛地介入苏丹和当地基督教徒的关系。1783年，叶卡捷琳娜二世进一步占领克里米亚，暴露了她想把奥斯曼帝国赶出欧洲，并为自己的孙子康斯坦丁重建拜占庭帝国的野心。约瑟夫二世被这位女沙皇的性格所吸引，并赞同她的政策，于是毫不犹豫地就加入了她的行列。土耳其也没有坐以待毙，于是在1788年，这两个大国和土耳其之间的战争便开始了。

在北欧，人们对东方发生的这些事情也有不同的看法。在英国的政客中，唯有小皮特在警惕俄罗斯的扩张；瑞典的古斯塔夫三世趁机进军芬兰；而腓特烈·威廉二世认为如今奥地利和俄罗斯分身乏术、无暇他顾，正好可以在波兰达成有利协议。普鲁士想得到但泽和托伦；波兰为了弥补自己的损失，希望从奥地利收复加利西亚，而奥地利又想在土耳其那里弥补自己的损失。三国同盟则成了实现这些目标的手段。

对这一系列危险的动作，小皮特表示了强烈的反对。但当丹麦在叶卡捷琳娜的指使下进攻瑞典时，英国又主动加入普鲁士一边向丹麦施压。得益于他们的介入，瑞典的独立得以保存，北欧地区的平衡也得以维持。小皮特也没有反对普鲁士占领但泽和托伦，相反，他还要促成这件事，提出向波兰有偿割让土地。但对小皮特而言，三国同盟更多是一个维持和平局面的工具。腓特烈·威廉二世的野心，尤其是他对波兰和土耳其的兴趣，很可能会引发一场波及全欧洲的战争。他坚持盟国必须在奥属尼德兰四周部署足够的兵力，一方面是避免比利时人投靠法国，另一方面则是避免德意志皇帝武力镇压起义。如果约瑟夫二世拒绝向波兰交出加利西亚，那么各个盟国必须承认奥属尼德兰的独立。

小皮特倒是不怎么关心加利西亚，他关注的是比利时，他反对法国马上吞并比利时，但如果现在就让比利时宣布独立，他又觉得为时过早。

到约瑟夫二世去世时（1790年2月20日），这个问题也没有得到解决，又传到了他的继任者皇弟利奥波德二世手上。这位睿智而谨慎的继承者化解了一场潜在的欧洲战争。当时腓特烈·威廉二世一边与土耳其合谋占奥地利的便宜，一边又和奥地利合谋占土耳其的便宜时，利奥波德二世认为普鲁士国王这种做法既背信弃义又毫无道理，大怒之下，他向普鲁士的盟友英国求助。利奥波德二世强调自己愿意对比利时做出让步并与土耳其苏丹讲和,但他也声称,如果受到普鲁士的攻击,他将把比利时交给法国。英国和荷兰马上撤回了对普鲁士的支持。普鲁士和奥地利则在7月的莱辛巴赫会议达成协议。这些协议整体而言全都是对奥地利有利的条款。奥属尼德兰古老的权利得到保证;普鲁士(暂时)放弃占领但泽和托伦的计划;奥地利同意与土耳其维持现状。到了8月,几乎在同样的时间,古斯塔夫三世和俄罗斯签订《瓦雷拉条约》;一年过后(1791年8月),利奥波德和土耳其签订《西斯托瓦条约》;到了1792年1月,俄罗斯和土耳其签订《雅西条约》。根据《雅西条约》,奥恰科夫城堡及附近直到德涅斯特河的领土都将划归俄罗斯所有。

欧洲也终于回归平静。实现这个目标,小皮特可谓居功至伟。但腓特烈·威廉二世却说,普鲁士为了欧洲和平也做了很大的牺牲,他这一说法也不无道理。其实他心里面想的是,盟友们让他做的牺牲实在太大了。他因此更希望和奥地利发展进一步的关系,即使这些关系在未来几个月给欧洲带来了战争,那也不是腓特烈·威廉二世和利奥波德二世的错。

法国大革命

直到1791年,几乎所有人都认为法国大革命只是法国内部的事。8月4日,陷入狂热的人们通过法令废除君主制,而在1648年割让阿尔萨斯时曾明确规定德意志诸侯在阿尔萨斯的权利将获得保留,而这些法令使得这些权利成为难题。随着从法国迁往德意志的贵族移民潮规模越来越大,这些移民的求助给德意志各邦带来了更多的困难。1790年11月出版了伯克的《反思法国大革命》，让但凡会思考的人都不得不面对一个问题："只要这个奇怪、无名、狂热的东西还存在于欧洲的中心，又会有哪个现行的政府是安全的呢？"美因茨有着一股十分强大的共和党势力；莱茵河以西的大多数德意志地区都是亲法的；而在巴登、帕拉丁领地和符腾堡，人们也没可能全然不受法国大革命思想的影响。法国王后玛丽·安托瓦内特是利奥波德二世的妹妹。腓特烈·威廉二世继承了他们家族强大的君主直觉，看到法国革命派侵犯了整个君主制度，他也大吃一惊。在法国宣扬的那些理论如果有其合理性，那就不会局限于当地，而是具有普遍性。在法国，越来越多的人正紧锣密鼓地希望动用武力把这些理论推广出去，推广到法国以外的地方。谁都看得出，这些都是国际局势中的危险因素，随时都有燎原的趋势。然而，直到1791年夏天，没有一位观察者能合理推测出欧洲即将发生大冲突。正如大家都知道的那样，小皮特一直坚信要维持和平，直到1792年春天。

《皮尔尼茨宣言》

那么又是什么原因推动了法国和德意志各邦之间的战争呢？在过去的一段时间里，阿图瓦伯爵和那些移民贵族一直在不停地向欧洲君主们求助，请求他们为了君主制度和贵族地位而出手干预这次革命。这些请求虽然没有得到法国王室的公开支持，但毫无疑问几乎都得到了国王，更多的是王后的私下支持。

利奥波德二世对干预的合理性抱有很大的疑虑，并尽其所能劝阻自己的那些贵族亲友不要逃往边境，直到路易十六出逃事件如同晴天霹雳打乱了一切。但即使他们没有听从利奥波德二世的建议，利奥波德二世还是给他们提供了避难所，而他们的再次被捕促使利奥波德二世更加想保护他们。1791年5月，利奥波德二世于曼托瓦会见阿图瓦伯爵。7月6日，他向其他兄弟君主发出了《帕多瓦通告》，邀请他们一起"维护路易十六及其家人的荣誉和自由，压制这场险恶的革命"。

一个月后，利奥波德二世于皮尔尼茨会见腓特烈·威廉二世。这两位君主都拒绝移民利用他们在德意志的避难所来为对抗法国做战争准备，而且也都拒绝了马上干预法国的要求。但除了这些明智的举动之外，他们还对那些移民做了些既愚蠢又徒劳的让步。那份著名的《皮尔尼茨宣言》宣称法国君主的地位是全欧洲君主共同关注的问题；关于在阿尔萨斯被剥夺了封建权利的德意志君主，应当恢复其权利；这份宣言还威胁说，如果宣言中的要求没有实现，则会对法国发动战争。

宣言中表现出的那些情绪其实是来自于腓特烈·威廉二世而非利奥波德二世。其实利奥波德二世坚持认为，在采取任何行动之前，必须先获得其他君主的一致同意；他也知道要达成一致同意在短期内是不太可能的事情。他妄想这样的空口威胁就能吓到在巴黎的那些革命领袖。但也有人可能预测到，这样的威胁会带来完全相反的效果。在巴黎，人们把这份宣言视为对法兰西民族独立的威胁。"如果内阁促使国王们向人民开战，那我们就让人们向国王开战。"伊斯纳尔对宣言的这一回复，说出的正是法国人的心声。

利奥波德二世仍然期待能和平解决问题，但奈何敌军过于强大。古斯塔夫三世急着想为君主制度打一场圣战，而如果其他君主真的开战，又正合了叶卡捷琳娜二世的心意。"我绞尽脑汁都想让奥地利和普鲁士去插手法国的那些事，好让我（在波兰）有施展的空间。"但和平的敌人在巴黎。法国的吉伦特派正按捺不住想打仗，并希望通过战争来巩固共和国；而保皇党则把战争视为挽救王室的唯一机会。1792年3月1日，皇帝利奥波德二世去世；同月，一个由吉伦特派人组成的部门成立了。4月20日，法国向"匈牙利和波西米亚国王"（奥地利君主）宣战。腓特烈·威廉二世为了履行那份和奥地利在2月签订的攻守协议，马上下定决心加入盟友的一边。

第一次反法同盟战争

不伦瑞克公爵担任普军统帅，但因为动员速度低下，直到7月份，普军才做好上战场的准备。作战计划是，由不伦瑞克公爵带领4.2万普军经科布伦茨进入香槟地区，而左右两翼则由奥军负责支援。7月27日，就在联军渡过莱茵河之前，一份由移民起草但署不伦瑞克公爵之名的宣言便传到了法国人的手上。这份宣言要求他们归顺自己的合法君主，如果有人选择抵抗盟军，那就要自己承担后果；如果路易十六或其家人遇到任何不测，巴黎将会被夷为平地。巴黎市民8月10日的起义便是他们对这份傲慢宣言的答复。国王退位，被囚于圣殿塔；人民召开大会，9月21日，共和国宣告成立。

同时，已经渡过莱茵河的普军占领了龙韦和凡尔登（8月

30日)。如果想取得胜利,普军现在就应该大胆迅速进攻巴黎,可不伦瑞克公爵虽说是军事学校出来的战略家,却行动缓慢且过于谨慎。而且他的军队装备不精,军需供应极差,医疗队能力不足,士兵缺粮少食,就算士兵斗志再高,都弥补不了军官低下的效率。在瓦尔密的决定性一役中,普军吃了败仗,进军巴黎受阻。11月6日,法军在比利时的热马普大胜奥军;蒙斯、布鲁塞尔、列日、那慕尔和安特卫普接连投降;法军所到之处,都受到比利时人民的友善欢迎,不用等到圣诞节,奥属尼德兰早已经是法兰西共和国的囊中之物了。屈斯汀在莱茵河中部和比利时迪穆里耶都取得了决定性的胜利。斯拜尔、沃尔姆斯、美因茨都向他敞开大门;而法兰克福虽然在10月被法军占领,到了11月又被普军漂亮地夺了回去。

夺回法兰克福是盟军在整个战争初期唯一的战果,到了年末,法军不仅夺得了比利时,还攻占了萨伏依和尼斯。同时,9月的大屠杀和在战场上意外的胜利让鏖战正酣的法兰西共和国变得忘乎所以,以至于犯下了一系列的错误。首先是不知羞耻地无视国际规则而宣布斯海尔德河恢复通航;紧接着又毫无必要地发布法令号召全世界的人民都站起来反抗自己的统治者,推翻他们的统治,无论这些统治者是好是坏。1793年1月21日,路易十六被送上断头台;2月1日,法兰西共和国向英国和荷兰宣战。

从此,盟军不再只有奥地利和普鲁士,还有英国、荷兰、西班牙、葡萄牙、撒丁王国以及几个德意志诸侯国。但这些盟友之间并无团结可言,但即便如此,在1793年大部分时间里,他们在战场上都取得了胜利,他们付出的努力都没有白费。

奥地利夺回了比利时（3月），攻入法国，直逼巴黎。在莱茵河中部，普鲁士夺回了美因茨（7月28日），一路攻入阿尔萨斯，到了秋天（9月到11月），又以极高的代价在帕拉丁领地取得了决定性的胜利。

法国人吃了败仗，在国内和在战场上更加拼命。在巴黎，雅各宾派在党派之争中占了上风，卡诺重整了军队，而领袖们也展现了惊人的号召力。1793年夏天，法国危难当头，击败敌人并把他们驱赶出去成了当务之急。这一年还没到头，法国迅速收复了失地：迫使英军放弃围攻敦刻尔克，到了9月又在翁斯科特击败英军；10月在瓦迪尼击败奥军；把盟军赶出阿尔萨斯并逼退到莱茵河后，又在年前从英军手中夺回了重要的土伦军火库。普遍义务兵役制从方方面面显示出了卡诺的精力和智慧。

而他的对手，所谓的盟军，最多不过是一盘散沙。人们在1793年只是怀疑，但到了1794年这个事实才真正显露出来。年初奥军还在荷兰有些许收获，但在弗勒律斯那场大战（6月26日）之后，他们开始逐渐撤退，法军重占布鲁塞尔，到了年末他们又重新占领了比利时。5月，英普达成援助协议，根据协议，普鲁士要在战场上维持6万兵力。由于自身陆军过于羸弱，英国希望借此保住荷兰。普鲁士虽然收了英国的钱，但还是按照自己的想法来打。1794年那场战争，普军几乎没怎么参与，而且也没按小皮特希望的那样出兵比利时，反而是去了上莱茵河地区。莫伦道夫虽然在帕拉丁领地有些战果，但到了10月，普军再次渡过莱茵河，而法军则几乎占领了莱茵河左岸的所有土地。

事实上，腓特烈·威廉二世已经对西部战线失去了兴趣。看到巴黎革命派的所作所为，他作为君主本能地感到震惊；一直以来，他都比德意志皇帝更希望能响应移民贵族的要求，但从一开始，他更在意的目标就是维斯瓦河，而不是莱茵河。在他的顾问里面，比如亨利亲王、豪格维茨伯爵、莫伦道夫将军，甚至不伦瑞克公爵都更希望和法国结盟，而不是和奥地利；而对大多数普鲁士士兵来说，给英国做雇佣兵也让人感到厌恶。

《巴塞尔和约》

所以就算普鲁士真的私下去找法兰西共和国议和也很正常，而法国也不抗拒和普鲁士议和。离间两个德意志强国一直都是法国外交的主要目标；入侵法国的联军也已经被成功击退了；法国领土上现在一个德意志士兵都没有；而且法国内部的征战热情也开始消退；热月党势力越来越大，法国人民渴望内部的安定和边界的和平。有鉴于此，1795年1月，普鲁士大使科尔玛·冯·德·戈尔茨伯爵受命前往瑞士与法国大使巴特尔米进行协商。协商尚未完成，戈尔茨却猝然去世，由哈登贝格伯爵继续协商，直至1795年4月5日，双方签订了《巴塞尔和约》。普鲁士承认法国对莱茵河左岸的控制权，从莫尔斯、克利夫斯和上格尔德恩退兵并承认共和国。相应地，法国承认美因河以北的德意志诸侯国为中立国，其中包括汉诺威选侯国，允许普鲁士从莱茵河东岸（当然是以牺牲德意志帝国的利益为代价）获得补偿。在接下来的十八个月，黑森-卡塞尔、维滕贝格、巴登、士瓦本、巴伐利亚纷纷效仿普鲁士，与法国签订和约。

普鲁士舍名逐利这一点是毫无疑问。《巴塞尔和约》中透漏出来的是对德意志帝国的不屑以及普鲁士这个帝国第二大邦的心计；是对奥地利和帝国内部一众诸侯国的背叛，普鲁士正是拿这些君主国的利益来作为自己的战果。但普鲁士这样做就真的是既蠢又坏了吗？要回答这个问题，我们就要想到后来普鲁士在耶拿和提尔西特受到的那些耻辱。但从那个年代的背景而言，普鲁士之所以和法国媾和，背后是有很多因素的。奥地利才是普鲁士长期以来的敌人，而不是法国；如果普鲁士不和敌人媾和，它的盟友也会这么做。取得全面和平的可能性也不是没有。那时，拿破仑这颗明星还没有升起。法国希望和平，小皮特也很乐意和法国的督政府议和。但导致1795年普鲁士如此行动的最主要动机，其实是普鲁士急于确保自己在波兰的地位，渴望保存自己的战果，并想在最终的战局中分得自己的那份利益。我们后面还会谈到这个话题，但在那之前，我们要先简单看一下第一次反法同盟战争的后果。

1795年的莱茵河战役使奥地利处于有利地位，但在接下来的一年里，奥地利不得不面对来自三个方面的攻击。虽然卡尔大公分别在帕拉丁领地和巴伐利亚打败了儒尔当和莫罗率领的法国军队，但意大利北部的战斗却由拿破仑亲自指挥。两个星期之后，撒丁国王屈服了；再过几个星期，拿破仑征服了除曼托瓦之外的所有伦巴第地区。从1796年6月到1797年2月，曼托瓦这个强固的要塞挡住了拿破仑所有的进攻，但在2月2日，曼托瓦也投降了。同年4月，各方在莱奥本进行了和谈。和谈拖了六个月，其间拿破仑挑起争端，矛头直指威尼斯共和国，废黜了威尼斯的寡头统治，占领了这座城市及其在亚得里亚海附属的岛屿。同年10月，拿破仑与德意志皇帝签订了《坎坡·福尔米奥条约》。

《坎坡·福尔米奥条约》

德意志皇帝同意将比利时和伦巴第割让给法国，并承认阿尔卑斯共和国成为新的法国属地。但是拿破仑为了与奥地利达成协议，也牺牲了威尼斯共和国。阿迪杰河以东的所有威尼斯领地，连同伊斯特利亚和达尔马提亚都被奥地利吞并了；阿迪杰河以西的威尼斯领地被划入阿尔卑斯共和国，科孚岛和爱奥尼亚群岛——"通向埃及的垫脚石"也被法国吞并。两国在明面上已经达成了这么多协议，但更重要的是暗地里的交易。奥地利默许法国吞并莱茵河以西的所有德意志领土——不包括普鲁士领土。这当然不是因为奥地利支持柏林的霍亨索伦家族，而是不想给普鲁士机会提出任何索赔。德意志皇帝让自己的帝国付出了这么大的代价，他作为奥地利的君主，也换得了哈布斯堡家族长期觊觎的巴伐利亚因河地区，以及萨尔茨堡大主教辖区。那些被剥夺莱茵河左岸领地的德意志诸侯，可以在莱茵河右岸得到教会诸侯国作为补偿。美因茨将被割让给法国，而失去省督身份的荷兰君主将在德意志得到补偿。

《坎坡·福尔米奥条约》是《巴塞尔和约》的延伸和补充，它们一起构成了法国和拿破仑的辉煌胜利。法国一直以来的梦想终于实现了，黎塞留、马扎然和路易十四为之谋划和奋斗的目标终于实现了。法国终于拥有属于自己的"地理边界",萨伏依、尼斯、比利时和莱茵兰西部地区都在法国的掌控之中。

如果说这些条约是法国实现历史野心的标志,那么对于德意志来说,它们同样意味着一个时代的终结。用伏尔泰批判性的话来说,中世纪的神圣罗马帝国既不神圣,也不罗马,也不算是一个帝国,现在它正在走向最后的灭亡。哈布斯堡家族长期以来一直戴着帝国的皇冠;霍亨索伦家族也公开声称,他们即使不是忠于德意志皇帝本人,至少也是忠于他所代表的制度。但是前有普鲁士与法国签订《巴塞尔和约》,后有奥地利与法国签订《坎坡·福尔米奥条约》,我们很难说清这两个大国到底哪个更关心德意志的利益。两国都准备把莱茵兰西部交给法国,它们都愿意以牺牲其他德意志诸侯的利益来换取赔偿,它们都一心想要裁切自己的世袭领地,以巩固自己的王朝地位。神圣罗马帝国确实准备好接受拿破仑的"调停"干预了。但是在查理曼帝国走向灭亡之前,我们必须见证波兰王国的终结。

普鲁士和波兰

在大革命时期,波兰是普鲁士政策的关键。我们在前几章介绍了勃兰登堡和普鲁士公国的历任统治者,也揭示了这些霍亨索伦家族成员之间的联系,一直讲到引发1772年第一次瓜分波兰的一系列事件。我们已经看到,促成瓜分波兰的人就是腓特烈大帝。这次瓜分让波兰失去了三分之一的领土,但是但泽和托伦——这两座腓特烈大帝渴望得到的强大堡垒仍然在波兰这个宗主国的统治之下。三年之后（1775），波兰人接受了修改后的宪法，虽然国家秩序和经济状况都得到改善，但波兰也变得完全依赖于俄罗斯。但是当1788年俄罗斯卷入与土耳其和瑞典的战争时，由亚当·卡齐米日·恰尔托雷斯基和伊格内修·波托克基领导的波兰反俄党人抓住机会，为这个不幸的国家选举了一个承诺保证自由独立的君主立宪制的国会。

1788年10月在华沙召开的国会，确保俄罗斯军队撤离波兰，并与普鲁士的腓特烈·威廉二世建立了友好关系。腓特烈·威廉二世立即与波兰人缔结了攻守同盟，同时提出建议：只要波兰愿意把但泽和托伦交给他，普鲁士就为他们从奥地利手中收复加利西亚。正如我们所见，英国的小皮特支持这个计划，尽管条件令人反感，但波兰的爱国者也要做好接受的准备。然而当他们犹豫不决的时候，普鲁士与奥地利已经在莱辛巴赫达成了协议，波兰失去了这个机会。不管怎样，波兰爱国者们还是不顾一切地把他们剩下的领土管理好。1791年发生了一场政变，波兰通过了新宪法。新宪法把君主选举制、自由否决权，以及邦联的权利统统废除；世袭的国王拥有统治权，由一个"负责任"的部门协同管理；国家建立起一个包括城市代表在内的两院制立法机构，废除等级制度，同时开始实施大量的社会改革。

这部新宪法是对叶卡捷琳娜的挑衅，因为她本来可以凭借1775年宪法一直维持波兰的无政府状态，然而其他参与瓜分波兰的国家却很欢迎这部宪法。对于奥地利而言，一个全新的、更强大的波兰必然能带来好处。普鲁士的腓特烈·威廉二世虽然因为没有得到但泽和托伦而感到失望，但还是真诚地祝贺波兰1791年通过了新的宪法。1791年9月，他在普利尼茨会见利奥波德二世皇帝，两位君主重新保证了波兰领土的完整性和独立性。

第二次瓜分波兰

他们没有考虑到俄罗斯女沙皇叶卡捷琳娜。1792年，各方面的情形都对俄罗斯有利，尤其是德意志诸邦卷入了与法国的战争。小部分亲俄的波兰人组成了塔戈维查联盟，他们谴责新宪法是一场专制政变，要求享有过去的自由，并向叶卡捷琳娜求助。叶卡捷琳娜非常乐意地答应了他们的请求，派遣一支俄罗斯军队来到波兰，6月底之前，俄罗斯再一次控制了波兰。1791年备受瞩目的宪法改革被推翻，旧的无政府宪法得到恢复，叶卡捷琳娜不顾奥地利的强烈抗议，从她的波兰朋友那里得到了大约9.8万平方英里的领土和300万居民。普鲁士也分享了俄罗斯的战利品，得到了但泽和托伦以及大波兰、格涅森、卡利什和波森等省，包括大约150万人口和2.2万平方英里的领土。俄罗斯和普鲁士承诺通过斡旋来帮助奥地利取得巴伐利亚的领地，但这种让步没能安抚德意志皇帝。不过奥地利深陷于西方事务，所以它对第二次瓜分波兰的抗议可以被完全忽略掉。

波兰爱国者们拼尽全力避免国家被瓜分，但徒劳无功。1793年9月23日格罗德诺的国会同意将波森、但泽和托伦割让给普鲁士，同时取消了1791年发起的所有诉讼，与俄罗斯建立了正式的同盟关系。

瓜分波兰是违反民族和国家独立原则的罪行，而1793年的第二次瓜分比1772年的第一次瓜分更加恶劣。1772年，普鲁士的腓特烈大帝和俄罗斯的叶卡捷琳娜可能会振振有词地争辩说，波兰已经表明自己没有改革的能力，它对邻国安全和欧洲和平造成了永久的威胁，所以必须将其瓜分，而且普鲁士和俄罗斯只是在收复过去被波兰夺取的土地而已。索尔兹伯里勋爵不仅承认而且强调了叶卡捷琳娜的这个瓜分要求。而腓特烈大帝或许也能用同样的理由要求瓜分西普鲁士的大部分领土。但在1793年第二次瓜分波兰的时候，两国没有找到类似的借口。波兰人不仅表达了重整国家的愿望，也表现了相应的能力。1791年波兰的改革派实在做得太好了，他们有可能给波兰带来新的生命力，建设强大的国防力量，从而阻止邻国的侵略。然而在瓜分者眼里，这是一个不可饶恕的罪过。

对于要公正对待波兰和普鲁士的人来说，但泽的归属才是真正的难题。波兰声称维斯瓦河属于波兰，而但泽位于维斯瓦河的河口，自然也属于波兰；然而另一方面，但泽不管是过去还是现在，都是一个德意志城市。波兰人无法想象普鲁士永久地控制他们北方的重要商业口岸，普鲁士人也无法容忍波兰夺去西普鲁士的海上之都。在这种情况下，只能采用折中的权宜之计，虽然无法令人满意，但也算是解决问题的唯一办法了。

波森这个大省则属于完全不同的问题。波森居民主要是波兰人，在东部沼泽地区几乎全是波兰人。另一方面，它控制着哥尼斯堡和布雷斯劳之间的交通，俾斯麦认为它对于普鲁士而言有着比阿尔萨斯-洛林更为重要的地位。他曾经说过："如果敌人占领了斯特拉斯堡和阿尔萨斯，慕尼黑和斯图加特不会有太大危险；但如果敌人占领了奥得河附近的地区，那么柏林就很危险了。所以如果这种假设变成了现实问题，我们要决心牺牲国家最后的一兵一卒，拿出国库里的最后一枚硬币来保卫德意志东部边境，就像我们在过去80年所做的一样。"我们将在后面讨论普鲁士对波森的政策，因为18世纪的这场大戏还有最后一幕没有上演。

波兰的灭亡

波兰的爱国者们没有默许第二次瓜分波兰的行为。1793年第二次瓜分波兰结束后，俄罗斯人其实已经在军事上占领了仍然"保持独立"的波兰。但在1794年3月，波兰军队在前领导人塔德乌什·柯斯丘什科的领导下再次起义。这位勇敢的英雄在1793年第二次瓜分波兰之后曾去巴黎执行任务。他现在返回波兰，号召同胞们摆脱俄罗斯和普鲁士的压迫，努力把俄罗斯驻军从克拉科夫、华沙和维尔纽斯驱逐出去。几个月来，柯斯丘什科实际上成了波兰的独裁者，但他只取得了短暂的胜利。1794年5月，腓特烈·威廉二世亲自率领一支普鲁士军队进攻波兰。同年6月，普鲁士人在拉夫卡战役中赢得了决定性的胜利，不仅占领了克拉科夫，还围困华沙长达两个月之久（7月9日—9月6日）。听了比斯乔夫沃德尔的错误建议，腓特烈·威廉二世进攻华沙时犹豫了一下，但他的犹豫给了俄罗斯一个机会。俄罗斯人在8月重新占领维尔纽斯，之后大败柯斯丘什科，并且在11月8日胜利返回华沙。柯斯丘什科也受了伤，还被俄罗斯人俘虏。俄罗斯的保罗一世对这位波兰爱国者有着骑士般的敬仰，所以在他1796年即位后便释放了柯斯丘什科，让他在瑞士享受退休生活，直到1817年去世。

柯斯丘什科失败后不久，他的国家就灭亡了。1795年1月，叶卡捷琳娜二世与德意志皇帝签署了一份密约，后来普鲁士也应邀加入了这项密约。根据约定，俄罗斯边境延伸至布格河，这片新增的领土上有大约120万居民；奥地利获得了克拉科夫，还有桑多梅日和路贝斯卡这些帕拉丁领地，人口约100万。普鲁士将获得华沙以及奥得河、布格河和尼曼河之间的地区，但条件是普鲁士要默许俄罗斯和奥地利进一步得到土耳其的领土。腓特烈·威廉二世对俄罗斯给予他的待遇感到非常愤怒，他也应该感到愤怒，但转念一想，俄罗斯这次对待普鲁士的方式，与他在1793年对待奥地利的方式如出一辙，两者都属于背信弃义的行为。所以他别无选择，只能默默接受这样的条件。因此在1795年，他的领土增加了"新东普鲁士"，还有100万波兰人。

根据1793年和1795年的瓜分条约，霍亨索伦家族的领土几乎扩大了一倍，但政治力量的加强与地理区域的扩张远远不在一个等级。瓜分波兰的人消灭了波兰这个国家，但他们没有也不可能消灭波兰民族。这个民族在18世纪末有1400万人口，现在增加到了2400万人，其中350万是普鲁士国王的臣民。但是普鲁士从未成功地同化他们。无论是调和矛盾还是强迫他们归顺，无论采取哪种政策，普鲁士政府和波兰臣民之间只会越来越疏远。从表面上看，腓特烈·威廉二世取得了极大的成功，但除了吞并但泽和托伦之外，他在任何方面都没有让普鲁士王国变得更加伟大，甚至没有提升普鲁士王国的战略安全。

1797年腓特烈·威廉二世去世

第三次瓜分波兰两年后,腓特烈·威廉二世去世了。他既不是伟人,也不是伟大的统治者。他做了一些鼓励贸易的事情,但在宗教和教育方面,他是一个盲目的愚民主义者。在玫瑰十字会特别是其领导者沃尔纳的影响下,腓特烈·威廉二世坚持最狭隘的福音派正统,对书籍出版实行严格的审查制度,除了官方手册中规定的内容外,新教牧师不允许传授任何知识。他虽然坚持宗教正统,但没有阻止道德的堕落,更不可能避免政治上的衰败。虽然普鲁士获得了许多领土,但在欧洲经济领域,它失去了腓特烈大帝统治时期的地位。腓特烈·威廉二世在位的时间虽然不长,但已经足够把腓特烈大帝为普鲁士积累的声望和影响挥霍殆尽。说到狡猾的外交手段,腓特烈·威廉二世根本不是叶卡捷琳娜的对手。对他的军队来说,1792年至1795年的反法战争并没有带来新的荣誉,而《巴塞尔和约》虽然结束了战争,但有力证明了腓特烈·威廉二世是个背信弃义和优柔寡断的政治家。特赖奇克认为这个条约不仅臭名昭著,而且带来了灾难性的后果。普鲁士不得不先经历失败、屈辱和国家分裂的洗礼,才能重新赢得它在欧洲的地位和领导德意志人民为民族独立而斗争。

第六章

普鲁士濒于灭亡

The Unmaking of Prussia

腓特烈·威廉三世

"我们在腓特烈大帝的桂冠上睡着了。"露易丝王后在耶拿战役之后如是说,其他的一切都只是这句话的注解。

研究普鲁士的历史学家不会对1795年到1805年这十年花太多心思。这十年是霍亨索伦家族脸上最无光的十年,尽管坐上普鲁士王位的是普鲁士最友善的一位君主。1797年,二十七岁的腓特烈·威廉三世从父亲那里继承了王位。大家对这位新的国王都有很高的期待。"纯粹理性从天而降,降临到了普鲁士的王位上。"一位普鲁士人兴高采烈地说,而他说的也正是大家的心声。说到这位国王处理事情的能力,大家注定要失望了;但就他的个性来说,倒也不错。他是世界上最淳朴最真诚的绅士;他是最真诚的信徒,他是毫无瑕疵的君子;再没有一位普鲁士国王能像他一般一心一意地为自己的子民服务了。可他却没有一颗能和他的心意相称的头脑。意志薄弱,对未来感到迷茫的他,继承了前人的固执,但却没能继承他们的能力。

1793年,他与梅克伦堡-施特雷利茨卡尔大公之女露易丝结婚。露易丝美丽大方,不仅品性绝佳,更是聪慧过人,他们之间情谊深厚,如果勃兰登堡的家族传统允许她摄政的话,露易丝倒是可以弥补国王的一些缺陷。作为两位普鲁士君主的母亲，露易丝一直受到每一位善良的德意志人民的爱戴，不仅因为她勇敢地面对了1806年到1807年的那场浩劫，更因为她是第一位"统一的德意志皇帝"的母亲。① 然而就算是露易丝也敌不过国王那迟疑又固执的性格，更不用说国王身边还有亨利亲王和豪格维茨伯爵这群胆小怕事又无用的顾问了。

1797年11月—1799年3月的拉施塔特会议

上任不到一周，腓特烈·威廉三世就要处理一个关系到普鲁士和德意志命运的难题。正如我们已经知道的那样，法兰西共和国和德意志诸邦之间签订过很多条约，其中最重要的都是密约。普鲁士、奥地利和法兰西共和国都知道当时德意志帝国（神圣罗马帝国）国力衰弱，但是现在到了该兑现密约条款和落实细节的时候了。

1797年11月，各方在巴登的拉施塔特召开大会。在会议上，德意志皇帝意外地展现出了虚伪的一面——他要求会议"要本着身为贵族的良心和德意志人的坚韧意志来维护祖国的共同利益，各方应和皇帝一起，立足于帝国的统一和完整，追求公正而持久的和平"。只需要看一眼《坎坡·福尔米奥条约》里的秘密条款，我们就可以知道这一要求的荒谬。德意志帝国正是被它国内的这些恶心的邦国背叛了，这一点毋庸置疑，但有没有必要把德意志完完整整保留下来就比较难说了。

---

① 威廉一世出生于1797年，即他父亲即位那年。

虽然拉施塔特会议非常严肃，但是与会人员表现得非常轻率。按照常理，各国君主都应该卖力讨好作为胜利者的法兰西共和国：他们信奉的是自私的排他主义（地方割据影响德意志政治长达两百多年），自然要通过讨好法兰西共和国来保住自己的利益；但是看着自己所属帝国的领土被人夺走，还要用玩笑话来轻描淡写，这真的既不符合常理，也不符合逻辑。

当时的拉施塔特会议上充满了无尽的阴谋和讨论，但真正定下来的事情却很少。1797年年底，拿破仑也花了一周时间出席了大会，并就他的观察得出结论。德意志最大的两个诸侯国忌恨无度；奥普两国均把注意力集中于自己的领土和王朝利益；帝国利益遭到漠视；小国奉行排他主义而且有明显的亲法倾向——拿破仑没费什么心思便洞悉了这一切，并在不远的将来把他的见解运用到了自己的政策上。同时法国的使臣在拉施塔特会议上用绝对高超的技巧施展了强硬的手段。法国实际上是这次会议中唯一拥有全面优势的强国。1798年3月，几乎整个莱茵河左岸以及大约300万人口都被正式割让给了法国，这片土地被重组成四个部分，并在法国法律和行政系统中占有一席之地。

现在问题就变成了：失去了土地的诸侯，包括奥地利和普鲁士，要怎么从莱茵河右岸获得补偿。要获得这些补偿，只能通过世俗化或瓜分教会领地。但到了要确定细节的时候，德意志皇帝却退缩了，他的诚信和这种明哲保身的态度无不令人怀疑。

另外，法国也明显决心想让普奥反目，同时让一众小国与普奥反目。如今莱茵兰地区的归属已成定局，而除了莱茵兰之外，法国参加这个会议的唯一目的就是激化德意志诸侯相互间的矛盾。很快，大家就知道，达成的协议所带来的和平并不会持久。

1798年2月，法国侵略神圣罗马帝国并建立了罗马共和国；同年4月，法国建立了赫尔维蒂共和国。5月18日，拿破仑亲自带领远征军从土伦出发前去征服埃及，他这么做的结果便是各国形成了第二次反法同盟：由奥地利、俄罗斯、英国、那不勒斯、土耳其和葡萄牙组成联军，一起进攻法兰西共和国。

中立的普鲁士

在一众列强中，有一个国家在冷眼旁观。虽然这么做并不光彩，但是没有什么理由能让普鲁士放弃中立地位。光是为了把法军赶出荷兰，英国就花了很大的力气来诱使普鲁士参战，然而普鲁士纹丝不动，其自私和短视一定程度上造成了英俄联军1799年在荷兰的失利。小皮特本想取道汉诺威来进攻荷兰，但要这样做就一定要与普鲁士合作。而一向谈起荷兰就容易心动的普鲁士，这次却抵挡住了小皮特的奉承，结果整个计划变成了一场灾难。

第二次反法同盟战争

第二次反法同盟没什么值得关注的：势如破竹的英国海军使得拿破仑在埃及的胜利都成了泡影；奥军在上莱茵河取得的胜利以及苏沃洛夫在意大利的战略布局使得1799年那场战争让

人难忘；拿破仑抓准时机戏剧性地回到法国；雾月政变推翻了督政府；拿破仑建立了执政府；1800年的战争以拿破仑在马伦哥（6月14日）和莫罗在霍恩林登（12月3日）分别取得胜利而顺利告终——而普鲁士始终不以为意，不为所动。等到1800年底，普鲁士最大的敌人奥地利再一次被拿破仑制服，并于1801年2月被迫签订了《吕内维尔和约》。

《吕内维尔和约》是对《巴塞尔和约》和《坎坡·福尔米奥条约》的确认和补充。奥地利不仅承认了意大利北部的奇萨尔皮尼共和国，还承认了利古里亚（热那亚）、赫尔维蒂和巴达维亚共和国，同时还正式把莱茵兰地区割让给法国。自此，神圣罗马帝国失去了15万平方英里的领土和350万人口（占了整个帝国的七分之一），标志着这一中世纪的帝国正式走向灭亡。帝国诸侯通过议会代表要求确定领土再分配的细节问题，但考虑到帝国内部的矛盾实在太尖锐，相互协调无望，便请来法国和俄罗斯作为仲裁。整个过程实际上都在巴黎进行，因此在整个1801年，德意志诸侯和外交官们便成群结队地拥到巴黎，急迫地想给各自的国家争取到最好的条件。

曾有诙谐的文字如此描述那几个月里的巴黎：人们极尽所能去巴结法国的外交部长塔列朗和他的秘书马修；大腹便便的德意志诸侯陪着这位部长的小外甥女玩"捉迷藏"和"找拖鞋"的游戏；满脸严肃的德意志外交官抚摸着部长夫人的贵宾犬；到处有人施展无耻的阴谋和贿赂，直到再没有城市和教区可以哄骗收买为止。特赖奇克把这一境况形容为"一群苍蝇在祖国溃烂的伤口上盘旋"。

臣属法案

与此同时，拿破仑也在稳步推进着自己为法国重组德意志的任务。对他来说，领地的重新分配只有几条简单的原则：孤立奥地利，让奥地利受到惩罚；讨好普鲁士，让普鲁士获得补偿；而且最重要的是要壮大团结二等诸侯国，比如巴伐利亚、巴登和维滕贝格，让他们感激法国，确保他们的利益与法国一致，从而把他们拉拢到法国这一边。最终，再分配的细节在《帝国代表会议主要决议》（1803年2月25日）中确定下来，并被纳入所谓的《臣属法案》中。

《臣属法案》只涉及非世袭诸侯国，亦即教会领地和帝国自由城市，到后来，世袭诸侯国才被纳入进来。但1803年发生的转变可谓令人瞠目结舌。在1803年之前，神圣罗马帝国拥有差不多360个诸侯国，但是最后剩下不到一半。帝国自由城市由51个骤减至6个，分别为汉堡、不来梅、吕贝克，美因河畔的法兰克福、纽伦堡和奥格斯堡。过去神圣罗马帝国的边界终于消失不见，教会领地也只剩下1个。在这个过程，科隆和特里尔选侯国也消失了，剩下的1个教会选侯国——美因茨选侯国也划给了雷根斯堡。巴伐利亚放弃了莱茵河左岸4000平方英里的领土和58万人口，而在莱茵河右岸获得了6000平方英里的领土和大约85万人口，这些领土主要是来自于维尔茨堡、班贝格、弗赖辛、奥格斯堡和帕绍这些教会领地，结果巴伐利亚不仅领土得到了扩张，还摆脱了领土分散的局面，开始崭露头角。除此之外，巴伐利亚还得到了1座小修道院、12座大修道院和17个自由城市。巴登的情况也差不多，巴登大公晋升为选帝侯，并且作为莱茵河左岸领地的补偿获得了包括曼海姆和海德堡在内的17座城镇，并在莱茵河右岸获得了本来属于康斯坦茨、斯拜尔、史特拉斯堡主教领地以及10座修道院——他失去的人口只是这些新领地人口的十分之一。同样，维尔茨堡公爵和黑森-卡塞尔伯爵也晋升为选帝侯并获得了大片领地。奥地利只能眼睁睁地看着二等诸侯国壮大起来，而自己在德意志不仅寸土未得，还间接地失去了许多土地，其中很多土地都到了自己的强敌普鲁士手里，普鲁士的领土进一步扩大和巩固。

普鲁士的地位

这件事给普鲁士带来了相当可观的回报，而这些领地上的变化更是有着无法比拟的重要性。就领土而言，腓特烈·威廉三世没有完全得到自己想要的领土。他对维尔茨堡和班贝格教区心仪已久，就是为了在德意志中部扩大霍亨索伦家族的影响力；但拿破仑可不这么想，拿破仑希望普鲁士往东北方向发展，作为奥得河和维斯瓦河畔的强国来制衡多瑙河畔的强国奥地利。德意志中西部则留给法国的跟班们。因此普鲁士被迫放弃了莱茵河左岸一千多平方英里的土地及12.2万人口，而在右岸获得了近5000平方英里的土地及58万人口。这些新获得的领地包括了明斯特的城市和部分教区，希尔德斯海姆和帕德博恩的威斯特伐利亚教区，6座威斯特伐利亚修道院，5座自由城市，包括米尔豪森、诺德豪森、戈斯拉尔和埃尔福特以及美因茨主教的图林根领地。

比起巴伐利亚得到的土地，普鲁士得到的这些就显得有些微不足道了。但普鲁士获得的不只是这些,甚至可以说,在普鲁士获得的东西里面,重点根本不是领地、人口和收入。哈布斯堡家族失去的一切,几乎都会变成敌国的优势:宗教领主被排除出帝国议会;政治力量的重心从此从罗马天主教廷转移到新教;几乎所有帝国自由城市都被吞并;二等诸侯国纷纷崛起——所有这一切都对哈布斯堡家族的皇帝不利,并且假以时日,将会为霍亨索伦家族的壮大提供条件。

拿破仑当然没有预测到,更不希望这件事的发生。法国还必须割让给普鲁士一些土地,一是为了犒劳腓特烈·威廉三世乖乖保持中立,再就是在北方扶持霍亨索伦家族让他们和在南方的哈布斯堡家族势均力敌。在当时,没人也没可能预测到普鲁士会称霸德意志;更没人能想到,普鲁士是通过统一德意志、压制法国来取得并巩固自己的霸主地位的。

眼下拿破仑的任务是彻底分裂德意志帝国,守住法国在莱茵河的战线,确保莱茵河以外霍亨索伦家族可以抗衡哈布斯堡家族,但同时这两个家族又要受制于其他的二等诸侯国(这些国家当前和未来的地位都仰赖于法国)。拿破仑在1803年便完成了这一切。

但德意志的重组却仍没完成。《臣属法案》不仅没有满足,反而还勾起了诸侯的胃口。世俗化教会领土之后,下一步便是取消那些没有政治地位的组织。修道院和其他宗教组织、医院、大学都在这个过程中受到影响。再后来,改革运动者和想赚钱的人又找上了帝国的骑士,使得帝国骑士失去了他们长期占有的领地,也失去了他们可观的税金。不可否认,很多人虽然本身没有什么过错,却受到这个过程的影响;德意志很多独特而无害的方面都被无情地摧毁了。然而就整体而言，我们必须承认，由于权力的集中，人们的生活得到了明显的提升：税金变得更加平等稳定，甚至收得更少了；法律也变得更公平，不再像以前那般反复无常；经济也慢慢地好转起来。

汉诺威

自1801年到1805年，欧洲大陆列强与法国保持和平状态，除了头上增加了一顶英国王冠的汉诺威选帝侯。1802年，英国和拿破仑议和签订《亚眠和约》（具体的条款在这里不做赘述），但是1803年，两国再度开战，这一打就打了十多年。战火重燃之后，拿破仑的第一个目标便是英国在欧洲大陆的领土。

迄今为止，英国的战事还没有将英国国王在德意志的领地卷入进来，汉诺威的中立地位也得到各方尊重。在《巴塞尔和约》中，法国还特别就这一中立地位对普鲁士有过承诺。

然而，虽然有过这种承诺，如果拿破仑攻击汉诺威，普鲁士受到的影响将会比欧洲任何一个国家都大，包括英国。1756年，腓特烈大帝就是因为法国进攻汉诺威而与法国决裂，并在七年战争中站在了英国这边。如果说1756年汉诺威的中立对普鲁士至关重要的话，那么在《臣属法案》之后更是如此。现在的汉诺威把整个霍亨索伦家族的领土一分为二，没有一个普鲁士君主会放心看着外国军队进入汉诺威而不闻不问。

拿破仑也意识到普鲁士必然会担心，所以在和英国再次开战之前，他把杜洛克将军派往柏林告诫腓特烈·威廉三世，称他自己正在筹划汉诺威的占领问题。这对普鲁士的历史产生了重要影响。形势紧急,更需要迅速决断。如果施泰因在位,毫无疑问他很快会做出决定并且很快就会行动起来。那么一个像施泰因这样的爱国者在1803年又会选择怎么做呢?其实普鲁士眼前有且只有两条路可走:要不就清楚直白地告诉法国,如果法国进入汉诺威,这将会被视为法国开启战端的借口;要不就直接用普鲁士大军占领汉诺威。可即使只有眼前这两条路,腓特烈·威廉三世仍然下不了决心。他意志薄弱,目的不明确,既没有远见,也看不透局势,心里只想着让普鲁士保持中立。腓特烈·威廉三世把交战双方都接触了一遍:对英国方面,他给出的条件是立即让马耳他岛上的居民撤走——拿破仑在和英国谈判时也特别强调了这一点。这一提议被小皮特一口拒绝了。在被英国拒绝之后,腓特烈·威廉三世又去找拿破仑,承诺愿意为拿破仑撤出汉诺威支付任何他觉得合适的补偿金。可这一承诺既没有吸引到拿破仑,也没能改变拿破仑的计划。

1803年5月,法国的莫蒂埃将军率1.7万精兵占领了汉诺威,整个过程中基本没遇到政府或是当地居民的抵抗。倘若在军事上或政治上有人主持大局的话,汉诺威军队在人数上绝对有能力顽强抵抗法军的入侵。但在各个方面,无论是政治、经济还是领导才能上,这个选侯国都显得落后而虚弱。当地政府虽然不是开明政府,但也不至于压迫百姓,和英国的关系也不坏。在未来两年,由于法国带来的财政高压,汉诺威人民不仅会满足于英国的统治更会对其感到怀念。法国的占领虽然长达两年,但汉诺威从未被正式吞并。在拿破仑眼里,汉诺威是自己攻下的一个省份。很快大家就会知道,他不仅打算把汉诺威居民现有的财产全部拿走,他还打算耗尽当地一直以来拥有的资源。

1803年7月,法国派兵前往汉堡市的库克斯港,准备把经过易北河和威悉河进入德意志的英国货物拒之门外。英国随即威胁封锁这两条河。这就又涉及普鲁士的核心利益了,封锁两河势必会严重影响西里西亚的亚麻产业。可是腓特烈·威廉三世仍然作不了决断。相反,无论拿破仑费多少心思引诱他放弃中立,他都不为所动。德意志皇冠的提议可能根本并不具有吸引力,事实上也的确如此,毕竟当时正处于弗兰茨二世即将继承奥地利皇位、拿破仑即将登上法兰西皇帝宝座的关口。次年(1805),拿破仑又说要把汉诺威送给腓特烈·威廉三世,可是腓特烈·威廉三世仍然不为所动。但他最信赖的那几位顾问跟他想的不一样,不伦瑞克公爵和豪格维茨伯爵都希望普鲁士能接受这一提议。可是就算腓特烈·威廉三世在1801年占领了汉诺威六个月,他都没有与拿破仑开战,现在的1805年,他同样不想与英国开战。

他也不是没感觉到拿破仑的无礼。相反,当他知道昂基安公爵被处死(1804年3月20日)、英国大臣乔治·兰伯尔德爵士在汉堡被无耻地绑架(1804年11月)时,他还大吃一惊。拿破仑对友邦的统治者(就这件事而言,分别是巴登选帝侯和汉堡自由市参议院)权利和情感的无知傲慢在腓特烈·威廉三世心中留下了深刻的印象。连当时的奥地利驻柏林大使梅特涅也不失时机地点出了这一点。毫无疑问,正是这种种缘由导致了普鲁士政策的转变(这次政策转变筹谋已久,在不久之后便会由腓特烈·威廉三世宣布)。

第三次反法同盟

然而，最后让他下定决心的还是另外一群人。正如我们所知，英国自1803年就一直和法国战火不断。1805年，小皮特成功地与德意志皇帝弗兰茨二世、俄罗斯沙皇亚历山大一世以及瑞典国王古斯塔夫四世组成第三次反法同盟。在德意志诸邦中，巴伐利亚、巴登和维滕贝格站在了法国一边。在过去的两年，拿破仑一直屯兵布洛涅，以期踏上不列颠岛的土地。但随着海上大战进入白热化阶段，英国海军上将纳尔逊在特拉法尔加取得胜利（10月21日），拿破仑这一希望也从而化为泡影。然而，在特拉法尔加海战两个月之前，拿破仑就已经意识到他的精心谋划已经流产；英国的罗伯特·卡尔德爵士在菲尼斯特雷角外遭遇法国维伦纽夫海军上将（7月22日）的时候，就已经让拿破仑丧失了这次机会；拿破仑丝毫没有迟疑，他在布洛涅营地解散的消息传到敌营之前几乎就已经改变了计划。拿破仑率军前往多瑙河，驻扎于乌尔姆的奥地利将军马克则突然发现自己被包围了，10月20日，他被迫率军投降。通往维也纳的道路由此大开。11月13日，缪拉占领奥地利首都维也纳；12月2日，拿破仑亲自率军于奥斯特里茨给了奥俄联军致命一击。

普鲁士与第三次反法同盟战争

同时，腓特烈·威廉三世也终于下定决心介入此事。此前威逼利诱都不能使这位普鲁士国王有所行动：拿破仑说了要给他汉诺威；沙皇亚历山大一世也威胁腓特烈如果不让他的军队从西里西亚前往上多瑙河，他就会杀出一条血路；皮特也暗示过他，说比利时可能会落到普鲁士手里。面对这一切，腓特烈·威廉三世都不为所动。但1805年10月初，贝纳多特为了在最短时间内到达巴伐利亚，率军穿越了普鲁士的安斯巴赫（10月3日）。消息传到柏林，腓特烈·威廉三世大怒。他动员了他的军队；接受了小皮特的计划（也就是那个在1799年造成了灾难性后果的计划），允许英俄联军从汉诺威出发解放荷兰；最后还欣然同意让沙皇派兵穿越西里西亚。几周后（10月28日），沙皇本人抵达柏林和普鲁士国王会谈，受到热烈欢迎。

普鲁士与英国

几乎就在沙皇抵达普鲁士的同一时间，小皮特派出心腹哈罗比伯爵带着自己的条件赶往柏林。从小皮特让哈罗比伯爵带来的条件中，我们可以清楚地看到小皮特是多么重视与普鲁士的合作。除了每位在法国的普鲁士士兵都会获得每年12英镑的补助之外，小皮特还会帮普鲁士夺取奥属尼德兰，以及威斯特伐利亚地区介于比利时和普鲁士之间的所有德意志土地。小皮特还承诺，一旦全面停战，英国将会收复所有海外领土，但是马耳他和开普殖民地除外。

在哈罗比伯爵抵达柏林前，腓特烈·威廉三世已与沙皇在11月3日拟定好了《波茨坦条约》。根据该条约，如果拿破仑不能在四周内接受普鲁士提出的条件，普鲁士的18万大军将会加入反法阵营。普鲁士向拿破仑提出的条件包括：承认德意志、荷兰、瑞士、那不勒斯的独立；放弃意大利国王称号；把皮埃蒙特归还给撒丁国王，并以热那亚、帕尔马、皮亚琴察三地作为补偿；归还奥属威尼斯直到明乔河沿岸的领土。普鲁士还提出了参与对法作战的条件：英国割让汉诺威给普鲁士。这一条被写在《波茨坦条约》的秘密条款中，沙皇亚历山大一世极不情愿地同意了。

条款刚一确定，豪格维茨伯爵便立即前往法军总司令部，呈送给拿破仑的最后通牒。同时俄罗斯特使杜布里伯爵马上动身前往伦敦，劝说小皮特同意割让汉诺威。毋庸赘言，小皮特从未考虑过割让汉诺威给普鲁士，他能接受的可能只是普鲁士对汉诺威超长时间的租借权。

11月29日，豪格维茨伯爵抵达位于布隆的法军总司令部，马上见到了拿破仑，并开始和拿破仑进行拉锯式会谈。

拿破仑对普鲁士提出的条件毫无兴趣，但他没有给出任何肯定的回复，有意拖到当前的战局落定。随后法方对豪格维茨连哄带骗，做出的承诺也是含含糊糊，最后干脆把他送到维也纳，让他与塔列朗继续讨论相关事宜。塔列朗当然听命于拿破仑，豪格维茨在维也纳受到盛情款待，直到从摩拉维亚传来法军胜利的消息。奥斯特里茨大捷让拿破仑一举扭转了当时的困境，他口述了《普雷斯堡和约》以及《美泉宫和约》，派人分别送给奥地利和普鲁士。

《普雷斯堡和约》与《美泉宫和约》

在《坎坡·福尔米奥条约》里面，拿破仑对奥地利提出的条件并不苛刻，如果不能说优待的话，至少也体现了少见的仁慈；在后来的《吕内维尔和约》中也是如此；但在《普雷斯堡和约》中，情况则完全不同。奥地利受到了严厉的惩罚：被迫割让威尼西亚给意大利王国，并承认拿破仑为意大利国王；割让蒂罗尔、福拉尔贝格、几个主教辖区和小诸侯国给已经被拿破仑提升为王国的巴伐利亚；割让奥地利在德意志西部的外围省给符腾堡（同样被升为王国）和巴登。如此一来，奥地利失去了莱茵河，失去了亚得里亚海，失去了与瑞士以及意大利的联系，从而被降格为三流强国。相比之下，拿破仑向普鲁士提出的《美泉宫和约》虽然不那么苛刻，但是却更加屈辱。普鲁士被要求割让安斯巴赫给巴伐利亚，从拿破仑手中接手汉诺威，对英国船只和商人关闭德意志北部的港口。腓特烈·威廉三世对中立立场的顽固坚持最终让他损失惨重。

普英争端

强加给普鲁士侮辱性条约，拿破仑的目的当然还是迫使普鲁士从中立转为英国的敌对国。虽然英国对此条约表现得比较冷淡，但却令人不得不防。普鲁士对条约提出抗议，认为对汉诺威的占领只是暂时的。不过在英国方面，福克斯称普鲁士的行为是"结合了最卑鄙的奴性和最无耻的贪婪"。这种说法显然不仅仅是强烈谴责而已。虽然普鲁士占领了汉诺威，但是英国并没有把普鲁士上升到敌对国的程度，只是在英国的港口外面抢夺了400艘普鲁士商船，重创了普鲁士的外贸活动。

神圣罗马帝国的终结

同时，拿破仑完成了他从拉施塔特会议便开始谋划的事业，并进一步推行《臣属法案》的条款。这项工作完成了对神圣罗马帝国残余部分最后的肢解，以及在新查理曼的统治下对大部分德意志领土进行重建，让这位统治者成为名副其实的西部皇帝。为了达成最终的目标，拿破仑早在乌尔姆-奥斯特里茨大战前夕就已经开始准备。1805年秋季开始时，拿破仑和各个附庸国、巴伐利亚、巴登、符腾堡签订了一系列条约，这些国家同意派出数量可观的军队为法国而战。随后这支军队开始行进，按照军队统帅的说法，这次出兵的目的是"确保德意志帝国的独立"。神圣罗马帝国的官方机构雷根斯堡帝国议会不得不接受了这个说法，并且按照拿破仑预想的那样声明保持中立。根据南德意志报纸的报道，军队行进顺利，获得了"热烈的欢迎"。对于帝国议会，拿破仑非常蔑视，称它"比一间可怜的猴屋强不了多少"。但是帝国议会差不多一直在运行。"在雷根斯堡将不会有其他的议会"，拿破仑在1806年5月写给塔列朗的信中称，"因为雷根斯堡将会属于法兰西帝国"。《普雷斯堡和约》明确规定每个占据统治地位的诸侯国君主将享有"对其领土完全和不可分割的统治权"。这种安排"切断了三个王朝对神圣罗马帝国皇帝最后的依赖"。剩下的事情就是打造新的机构来约束这些诸侯国。在整个1806年夏天，拿破仑一直忙于这方面的工作。7月17日，《莱茵联邦条约》在巴黎签署。巴伐利亚和符腾堡国王、达尔贝格的查理、雷根斯堡的大主教和神圣罗马帝国的大法官、巴登选帝侯、贝格公爵、黑森-达姆施塔特的领主以及其他九个小诸侯国，明确表示退出德意志帝国，并接受拿破仑的保护。他们还向拿破仑保证提供6.3万人的军队作为支持。通过这种方式，拥有800万人口的广大地区变成了法兰西帝国的组成部分，拿破仑的军事力量大大增强。莱茵联邦军队由法国军官指挥，前线防御工事由法国工程师来构筑，外交政策听命于法国。在上述王国和诸侯国中，六个国王组成了国王议院，九名诸侯组成诸侯议院，两个议院共同组成莱茵联邦议会。

接下来，内部重建工作被提上日程，并且很快得以实现。联邦内的国家合并了大量的小诸侯国；很多地方性的限制政策和豁免条款被废除，从而加强了国家对地方的控制；行政变得更加有序统一，各地税率更为平等，税种分类更加明晰。

8月1日，拿破仑对雷根斯堡议会宣布，他"不再承认德意志宪法的存在，同时会承认当前德意志境内各君主对其邦国的完全和绝对的统治"。8月6日，德意志皇帝弗兰茨二世正式宣布放弃"神圣罗马帝国皇帝"的称号，这个名存实亡的古老帝国就这样黯然落下了帷幕。不过弗兰茨二世早就明智地预料到会有这一天，所以早在两年前就给自己弄了一个新的封号——奥地利皇帝，虽然不那么尊贵，但也算是有备无患。德意志的真正统治权转到了法国手里。拿破仑成了新查理曼，老查理曼的帝国从此消亡。正如西利教授所言，神圣罗马帝国的消亡只是标志着德意志革命实现过程的最后阶段罢了。在上述过程中，德意志政府实现了完全的世俗化，在这之前直到1803年，政府主要由教会控制；德意志境内的教会权力被消解了；原先"由许多参差不齐的小邦组成的复杂混合体"现在被合并成

"互相类似的一批中等大小国家"。

普鲁士的衰落

神圣罗马帝国消亡两个月后，拿破仑在耶拿战役重创普军。现在我们有必要回顾一下这次惨败的前因后果。奥斯特里茨之战后，尽管奥地利和拿破仑签订了和平条约，但是英国和俄罗斯仍然坚持同拿破仑作战。而普鲁士国内的战争氛围很快冷却下来，奥斯特里茨大战后，普鲁士对拿破仑的态度由防卫转为了祝贺。拿破仑认为普鲁士很有利用价值，于是接受了普鲁士的道贺，并指使普鲁士与英国开战。普鲁士也不敢违背拿破仑的指令。同时，在豪格维茨努力维持同法国的友好关系时，哈登贝格（当时与豪格维茨共理外交事务）继续和俄罗斯谈判。事实上，普鲁士奉行的是腓特烈·威廉三世惯用的"两面讨好"策略。当时拿破仑的态度虽然很轻慢，但还可容忍。拿破仑其时正忙着重组德意志，他认为普鲁士和英国一旦决裂，其他事务可以暂缓进行。拿破仑甚至还考虑对普鲁士施以安抚政策。1806年春，谈判开始，内容是组建一个在霍亨索伦家族统治之下的北德意志联邦。为了对抗南边的新奥地利帝国，这个新的北方联邦甚至可能被允许使用帝国称号。从后面的历史发展进程来看，这个想法挺有意义，但在当时，因为萨克森、黑森-卡塞尔和梅克伦堡的坚决反对，这个提议最终胎死腹中。

因此普鲁士和法国之间仍然矛盾重重。1806年8月6日，柏林接到消息，在英法和谈中，英国新任外交大臣提出的前提条件是把汉诺威归还英国,而拿破仑居然接受了。① 用塔列朗的话说,"汉诺威不会成为问题"。但是如果汉诺威不再是英法和谈的障碍,归还汉诺威就意味着英国和普鲁士开战。这是极有可能的。因为汉诺威是腓特烈·威廉三世用来掩盖他所承受的无数屈辱的最后一块遮羞布,而这个好不容易得来的地方就要归还英国,拿破仑事前居然没和普鲁士打一声招呼。这一记意外的羞辱暴击,很可能会成为压垮国王腓特烈·威廉三世的最后一根稻草。8月9日,腓特烈·威廉三世发布命令,开始动员年初被他愚蠢遣散的军队。谋求和平还是开战?普鲁士还在犹豫权衡之中。几周后,拿破仑的又一次无礼冒犯,最终让普法两国的战争正式开打。8月25日,因为出售宣传小册子《深受凌辱的德意志》,纽伦堡书商帕尔姆被法国处决。这次事件引发的后果在普鲁士持续发酵,10月1日,普鲁士对法国宣战。

| 耶拿战役之后

不过,仅仅三周之内,普鲁士这个曾经如日中天的军事专制政权就迅速被击垮了。此时距离腓特烈大帝去世才过去二十年。这二十年里,普鲁士的军队没有任何改进,可以说已经跟不上当时战争理论快速发展的时代节奏了。军队的组织、演习、战略战术等,都还是腓特烈大帝留下来的老一套。除了时

---

① 小皮特于1806年1月23日去世,福克斯和格伦维尔联合组成了"贤能内阁"。

间过去二十载以外，军官还是原来那一批，加上久未演练，能力早已退化。普鲁士步兵军团的七位将军，五位年龄超过七十岁；骑兵军团的将军中，只有两位在六十五岁以下。正如罗伯茨勋爵所指出的："普鲁士国内极少数有远见的人曾经意识到近在咫尺的危险，整个军事体系需要重建，才能焕发生机和活力。在耶拿战役发生前的几年里，曾经出现过很多改革方案，但是……什么都没有发生。"此中寓意，也许身处其中的人更能理解。"从耶拿战役的故事中……从普鲁士1806年的悲剧中，每个人都会意识到什么是……命运……如此急转直下，如此严重的危机，可能随时倾覆一个国家。这个国家曾经有过英雄主义的传奇过往，但是现在只有建立在虚幻基础上的安全。这个国家如同鸵鸟一般，它自私自利、无动于衷地藏在自己的世界里，拒绝正视一切危险，妄想只要一动不动便可苟且偷生。"

普鲁士军队狂妄自负，事实上却不堪一击。正如布吕歇尔将军所言："普鲁士的几个将军加一块也抵不过一个拿破仑。"普军在人数上的劣势不算太大。不伦瑞克公爵和霍恩洛厄亲王统率着14万大军（包括来自萨克森的2万援军）驻扎在萨勒河畔的耶拿附近。法军有20万之众，驻扎在美因河上游。10月10日，两军在萨尔费尔德发生了第一次遭遇战，普鲁士军队惨败。四天后，决战时刻来临。10月14日，拿破仑在耶拿给了霍恩洛厄亲王致命一击，同时达乌元帅在奥尔施泰特战役击溃了不伦瑞克公爵的军队。一次决战便让普鲁士军队土崩瓦解：不伦瑞克公爵严重受伤；2万士兵伤亡；200门大炮被缴获，大量士兵被俘。但更糟糕的还在后头。本来普鲁士还有很多严密驻防的军事要塞,如果下定决心坚决抵抗,即使不能击败法军,至少也可以无限期推迟拿破仑的进攻计划。但是这些堡垒一个接一个地向法军敞开了大门:10月25日,埃尔福特、哈雷、斯潘道投降;10月28日,霍恩洛厄亲王在位于什切青西部30英里的普伦茨劳率部投降;什切青也于次日陷落;虽然布吕歇尔殚精竭虑,想要挽狂澜于既倒,但也不幸于11月7日在吕贝克附近被俘。11月8日,在强固的马格德堡,2万名普军士兵向法国的次等军投降。在这之前的10月25日,达乌元帅已经率军攻陷柏林,其间没有遇到反抗。两天之后,拿破仑胜利地进入了普鲁士的首都柏林。

拿破仑进入柏林

进入柏林后,拿破仑还和以前一样,表现得像一个粗俗的征服者。他亲手亵渎了位于波茨坦的腓特烈大帝墓,派人把腓特烈大帝的剑和围巾送回巴黎荣军院;他在皇后露易丝的宫殿墙壁上涂抹了猥亵的侮辱性文字;他下令拆掉了罗斯巴赫战场上的纪念碑;他把勃兰登堡门上的胜利雕像掠回巴黎,并下令像赶牲口一样把普鲁士士兵驱赶到菩提树大街游行示众——供市民们观看嘲笑。不过,拿破仑并没有把全部精力投入在上面这些行为中。他于11月21日在柏林发布了著名的《柏林敕令》,正式确立了大陆封锁政策,妄图把英国踩在脚下。

接下来,拿破仑开始处置普鲁士的盟友们。他对萨克森的处理相当仁慈,这也为之后1813年萨克森对拿破仑的回报埋下了伏笔。萨克森选帝侯被升格为国王,但是萨克森和其他几个境内的小诸侯国也被打包并入莱茵联邦。黑森-卡塞尔和不伦瑞克被合并到由拿破仑的弟弟热罗姆·波拿巴担任国王的威斯特伐利亚王国。

东普鲁士战争

但是，在维斯瓦河畔，俄罗斯军队仍然坚守在战场上，普鲁士王室带着残余的普军向俄军方向撤去。与此同时，腓特烈·威廉三世有复兴普鲁士精神的迹象。11月21日，腓特烈·威廉三世拒绝了豪格维茨伯爵有关签署一项和平协议的建议，并将伯爵解职。这项和平协议完全由拿破仑拟定，内容包括普鲁士剩余要塞全部投降、普鲁士军队撤到东普鲁士、腓特烈·威廉三世作为法国的附庸与俄罗斯作战。腓特烈·威廉三世之所以敢于拒绝拿破仑，主要是受到施泰因和哈登贝格坚决抵抗的鼓舞，认为这是一个好的兆头。之后战争继续进行。

作为勃兰登堡的新主人，拿破仑率军挺进波兰，在那里，他受到热烈欢迎。拿破仑承诺给予波兰独立，但前提是要波兰人出兵3万。"我想看看你们是不是有资格成为一个国家。"结果证明，拿破仑似乎并不满意波兰人的表现，因为在之后的《提尔西特和约》中，普鲁士占领的波兰领土被割让给了俄罗斯。12月18日，拿破仑进入华沙，他希望法军能在那里休整三个月。但是，在几周内，他不得不又一次上了战场。2月7日在埃劳，本尼格森率领的俄军遏制了拿破仑的进攻势头。埃劳战役后，拿破仑试图引诱普鲁士缔结一个单独的和约，但在哈登贝格的建议下，腓特烈·威廉三世拒绝了拿破仑的提议。相反，通过4月26日签订的《巴滕施泰因条约》，腓特烈·威廉三世巩固了与俄罗斯的联盟，并且努力寻求来自奥地利、英国、北欧诸国的进一步援助。不过在5月24日，拥有坚固防御的但泽堡投降。6月14日，拿破仑在弗里德兰重创普军。几天后，俄罗斯请求休战，拿破仑同意了。因为拿破仑已经很快决定了他的下一步行动计划。毕竟，拿破仑的真正敌人不是俄罗斯，也非普鲁士。普鲁士只是意外被打垮而已。如果沙皇亚历山大一世愿意和拿破仑联手，那么法国可以和俄罗斯一起瓜分世界。

《提尔西特和约》

为了确保绝对保密，拿破仑和沙皇的见面地点选在了停靠在尼曼河中间的一个木筏上，两人在搭起的帐篷中进行了秘密会晤。腓特烈·威廉三世被迫在岸边等候，不知道艰难困苦的普鲁士会有什么样的命运。拿破仑和亚历山大一世决定化敌为友，并很快敲定了相关的交易。维斯瓦河被划定为俄罗斯的西部边界，俄罗斯承认莱茵联邦、拿破仑统治下的那不勒斯王国、荷兰、威斯特伐利亚；但泽成为自由城市；拿破仑还提议将普鲁士所占的波兰领土送给沙皇，沙皇将同时成为波兰国王，但是精明的亚历山大一世婉拒了拿破仑的这个提议。于是，普鲁士在第二次和第三次瓜分波兰行动中所获得的全部领土变成了华沙大公国，划给了萨克森王国。

《提尔西特和约》的大部分内容都是公开的，但是其秘密条款则更为重要。秘密条款包括俄罗斯把爱奥尼亚群岛割让给法国，同时规定，如果英国在11月1日前拒绝法国提出的条件，那么俄罗斯应和法国并肩作战，共同对抗英国。作为回报，俄罗斯可以从瑞典手中获得芬兰，从土耳其手中获得摩尔多瓦和瓦拉几亚。瑞典、丹麦、葡萄牙都将被迫与英国作战。

7月9日，拿破仑与普鲁士单独缔结了和约，和约内容充分反映了普鲁士所遭受的莫大屈辱。拿破仑原本的想法是把霍亨索伦家族的领地从欧洲地图上彻底抹去，然后把维斯瓦河作为法兰西帝国和俄罗斯帝国的界河。然而，出于对新盟友俄罗斯的提防，他最后同意给普鲁士保留一块领地。普鲁士失去了易北河以西的所有领土，这些领土被并入威斯特伐利亚王国。1772年以来普鲁士吞并的波兰领土则被划给了萨克森王国；普鲁士还要赔偿一笔巨款，在赔款付清之前，法军会一直驻扎在普鲁士；普鲁士还被迫承认拿破仑在德意志和其他地方的各个附庸国，拿破仑还要求普鲁士关闭所有港口的对英贸易。一年之后，普鲁士的军队被削减到只剩下4.2万人。

《提尔西特和约》签订之后，普鲁士的国运陷入了最低谷：人口从近1000万降到了不到500万；普鲁士士兵人数减少了五分之四；普鲁士的国家声望一落千丈。不久之前还能和奥地利分庭抗礼的普鲁士，现在沦落到了德意志二流强国的地步。

普鲁士衰落的原因

普鲁士的衰落是如此的迅速，可以说面临的是灭顶之灾，其原因究竟为何？部分原因在前文中已经交代得比较清楚，但还是有必要在这里再次做个简短的总结。

正如我们多次指出的，普鲁士自然资源极度贫乏。这个国家没有清晰的或者易守难攻的边界；这里土壤贫瘠，气候恶劣；这里海岸线短促，缺乏天然良港，仿佛是笨拙的造物主制造出的一件劣质品。先天不足之下，普鲁士之所以能够崛起，应归功于一个又一个杰出的统治者。历代君主们前赴后继、一以贯之、不断坚持精心选择的国家发展策略，发誓要在欧洲中部、在最贫困的物质基础上打造出一个可以左右欧洲政治格局的大国。为达到此目标，普鲁士举全国之力，把所有的人口和经济资源投入到军事上。普鲁士的整个行政系统都围绕维持军事效率来设计。财政和商业贸易也服务于同样目的。正如米拉波所言："战争是普鲁士的民族产业。"为了保持普鲁士的持续强盛，有两件事情是最基本的：一连串能力杰出并且精力充沛的统治者，以及一台高效而精确运行的战争机器。然而，在腓特烈大帝去世后的二十年里，这两个最重要的基本条件慢慢消失了。普鲁士的国王和重臣们皆是一群能力中下之人，普鲁士的军队骄横跋扈，战斗力急速下降。

普鲁士在1806年急速衰落，以上即为主要原因。但除此之外，还有别的原因。就国家层面而言，为了达成目标，集中大量资源于某一方面，是一个不错的策略，对个体也是如此。亚里士多德曾说过："绝大多数此类军事专制国家的安全只限于战争期间，一旦这些国家通过吞并别国成为帝国，就不可避免地会衰落；就像一把武器，在和平时期长久不用，必然会失去锋芒；对这种情况，立法者应该承担责任，因为立法者从来没有教授过士兵们在和平时期该如何生活……尽管穷兵黩武一般而言是一件荣耀的事，但这并不是一个国家所追求的最高目的，只是一种手段罢了。"

在签订1795年的和平条约后，普鲁士军队便逐渐失去了锋芒。军队如此，其他方面亦如此。普鲁士的行政系统依赖于统治者本人高效的身体力行。腓特烈·威廉二世行事隐秘，纵情酒色；腓特烈·威廉三世虽然品性正直，但却愚蠢笨拙；两位君主身旁都缺乏得力的肱股之臣帮助他们补足短板。加之普鲁士的外交僵硬笨拙，一贯奉行自私自利的政策，因此1806年的普鲁士被各国所孤立，可谓是罪有应得。普鲁士的统治者缺乏远见，优柔寡断，小心翼翼地保持中立长达十年之久。最后，当真正的考验来临时，普鲁士环顾四周，发现自己一个朋友也没有。1806年到1807年间，普鲁士经历了炼狱般的岁月，而它只能独吞苦果，无人施以怜悯，无人伸手相助。然而，一败涂地之后，经过苦难的磨炼，普鲁士浴火重生，再次站了起来，并变得更加团结强盛。普鲁士的复兴应归功于几位杰出的领导人物，他们的故事会在下一章里讲述。

第七章

普鲁士的复兴

The Remaking of Prussia

普鲁士的改革

《提尔西特和约》不仅标志着普鲁士坠落至低谷,也标志着复兴的开始。1807年至1810年间,一群开明的政治家进行了一系列改革,彻底改变了普鲁士,就像制宪会议改变了法国一样。

施泰因

在这群政治家里最伟大的要数海因里希·弗里德里希·卡尔·冯·施泰因男爵。① 施泰因于1757年出生在拿骚,在他五十岁的时候,普鲁士到了危急存亡的重要关头。1807年8月,普鲁士国王任命他为首相,当时他已经在国家部门工作和学习了很长时间,可谓经验丰富。

他生来就是一名帝国骑士,是帝国的忠实臣民,他的父母一定要让他在帝国的宫廷里占有一席之地。他在哥廷根大学接受教育,研读法理学和政治学。因为哥廷根大学的重点专业是

---

① 关于施泰因的生平事迹请参考J. R. 西利爵士的三卷本传记《施泰因的生平和时代》,剑桥大学出版社,1878年。

英国政治制度，所以施泰因也专门做过这方面的研究。毕业之后，施泰因不愿意从事法律职业，反而十分欣赏"独一无二的腓特烈大帝"，而且很喜欢他的个性和政策，于是决定在1780年进入普鲁士的公务员体系，随后被分配到矿业部。

1785年，他作为普鲁士特使被派往美因茨、茨魏布吕肯和达姆施塔特，以争取这些宫廷对诸侯联盟的支持。1787年，政府提出让他担任海牙和彼得堡大使，还准备引导这个三十岁的年轻人从事外交工作，但这两个提议都被他拒绝了。二十年来，施泰因一直在威斯特伐利亚战争与领地议会工作，直到最后成为议会主席。1804年，他成为普鲁士国务大臣，专门掌管消费税、关税、制造业和贸易等事务，实际上掌管普鲁士的财政大权。

然而从施泰因在1806年写的备忘录中可以清楚地看出，他虽然已经身居高位，但仍未达到自己的预期。[1] 通过研究施泰因这份备忘录，我们可以了解普鲁士崩溃的原因。施泰因尤其反对内阁大臣作为国王的亲信对国王施加至高无上的影响，在国王和国务大臣之间进行干预。这份备忘录在1806年初就写好了，在耶拿战役大败之后，施泰因在11月29日被要求担任外交部的职务，但他没有接受。国王非常生气地跟施泰因说他是一个"乖张、傲慢、固执和不听话的官员"。

1807年1月3日，这位乖张傲慢的官员辞职了。但在7月份，拿破仑坚持要哈登贝格辞职，并推荐施泰因作为哈登贝格的继任者。哈登伯格本人非常赞同拿破仑的提议，布吕歇尔和

---

[1] 参见J. R. 西利：《施泰因的生平和时代》第1卷，第267页。剑桥大学出版社，1878年。

尼布尔也表示由衷的支持。1807年8月，在签订《提尔西特和约》的几周之后，施泰因终于同意扛起这个压在一位政治家肩上最沉重的担子。

沙恩霍斯特和格奈泽瑙

在详细讨论施泰因的任务和工作之前，我们要先谈谈他的两位同事。当时普鲁士军队的重组工作主要由沙恩霍斯特和格奈泽瑙两人完成。

格尔哈德·约翰·达维德·冯·沙恩霍斯特比施泰因大两岁。沙恩霍斯特出生于汉诺威，曾在汉诺威军队中服役，参与过1793年到1794年的战役，但在不伦瑞克公爵的要求下，他于1801年进入普鲁士军队。作为一名著名的军事著作家，他成了柏林军事学院的教授。他参加过耶拿战役，也曾担任莱斯托克将军的参谋长，协助莱斯托克在埃劳战役指挥普鲁士的分遣队。在签订和约之后，他成了施泰因内阁的军政首脑。

奥古斯特·奈哈特·冯·格奈泽瑙是沙恩霍斯特的亲密助手。他1760年出生于萨克森，在埃尔福特接受教育，后来为德意志皇帝效力，参加了1778年的巴伐利亚王位继承战争。他曾经加入英国雇佣的德意志雇佣兵军团与美洲殖民地人民战斗，返回后于1785年加入了普鲁士军队。1793年至1795年间，他在波兰服役，并在萨尔费尔德受了轻伤；在耶拿战役里，在大多数同僚反对的情况下，他指挥一个步兵旅，在普军撤退之后保卫科尔贝格。格奈泽瑙的壮举为他赢得了布吕歇尔的友谊和钦佩，1807年他被任命为沙恩霍斯特军事委员会成员，协助重组普鲁士军队。后来他在莱比锡会战中成为高级指挥官,并在滑铁卢战役中担任布吕歇尔的参谋长。布吕歇尔之所以能有如此名望,很大程度上要归功于格奈泽瑙在战略和战术方面的卓越见识。格奈泽瑙在1831年去世,最终获得了陆军元帅的军衔。

洪堡

普鲁士的军队和学校一直紧密结合在一起,军事的成功离不开学校的教育。格奈泽瑙和沙恩霍斯特为军事改革所做的贡献来源于卡尔·威廉·冯·洪堡男爵(1767—1835)为教育所做的贡献,他是著名旅行家亚历山大·冯·洪堡的哥哥,也是一位杰出的政治家和学者。格奈泽瑙、沙恩霍斯特、洪堡(只有他是普鲁士人),还有著名的历史学家尼布尔和冯·哈登贝格亲王等人要完成19世纪最杰出的政治成就——他们要肩负起复兴普鲁士的重任。

费希特

罗伯特·莫里尔爵士阐述了他们的目标:"自从腓特烈大帝死后,国家机器日渐腐烂,现在已经支离破碎,所以必须用一个国家机器的有机整体取而代之。"施泰因也写明了他们执行这项艰难任务时的指导精神:"我们首先要唤醒人民的道德情操、宗教信仰、爱国精神等基本观念,崇尚勇气、自信和牺牲精神,鼓励大家一起让普鲁士独立于外国的影响和重拾国家荣誉。"在呼吁"道德情操、宗教信仰和爱国精神"的过程中，施泰因和他的同事们主要借鉴了德意志伟大哲学家约翰·戈特利布·费希特（1762—1814）的重要学说。

　　费希特曾经是耶拿的哲学教授，他于1799年来到柏林并定期举办公开讲座。在1804年到1805年的冬天，他的讲座主题是"当代的特征"。这些讲座都贯彻一个令人震惊的论点：一个国家如果要不断增强自身的力量，就不得不逐步取消所有的特权，建立人人平等的权利，这样，国家才能享有真正的权利。也只有这样，才能保证全体公民无一例外地将自己的剩余力量用于实现国家的目的……我们确实渴望自由，我们也应该渴望自由，但只有保证服从法律，我们才能获得自由。学过洪堡的政治哲学并且认为1791年洪堡的《论国家作用的限度》就是最高政治智慧的人们，一定会觉得这是一个多么奇特的悖论。当然，洪堡的政治理论和18世纪德意志的排他主义实践是完全一致的。对德意志人民和洪堡来说，建立至高无上的国家是不可能的事情，更不用说统一且至高无上的国家了。"伏尔泰说，法国拥有陆地，英国拥有海洋，而德意志只有思想的天空。在他那个时代，这是对德意志的正确评价。拿破仑侵略时期的德意志有一个特点：德意志的伟人要么像歌德那样对那个时代的剧烈动荡漠不关心，要么像贝多芬那样从法国大革命的思想汲取灵感，但是没有被爱国主义精神所感动。当时德意志的理想是艺术和文化，而不是爱国主义。它的主要力量不是来源于政治效率或军事领导，而是康德的《纯粹理性批判》、贝多芬的《第九交响曲》和歌德的《浮士德》。"

　　费希特的学说标志着德意志从18世纪特殊的个人主义转变为19世纪的中央集权专制和全权国家。从哲学的角度看，1805

年的系列讲座确实令人震惊，但从政治角度看，1807年的系列讲座更是充满了勇气。从1807年12月13日到1808年3月20日，费希特每周日晚上都会在科学院大厅发表著名的《告德意志国民书》演讲。当时的环境动荡不安，对这位演讲者来说更是相当危险：法国驻军仍然占领着柏林；法国间谍混入了演讲大厅，站到了费希特面前；国王、王室成员和中央政府被逐出了首都；这位学者要独自面对闯入普鲁士的法国统治者。费希特在这个关键时刻发表的演讲，我们一定要重视。西利将这一系列演讲称为"揭示并解释现代欧洲巨变的预言和典范"。

那么这一系列演讲的重点是什么？看看演讲题目我们就能略知一二。这些讲座的对象不是普鲁士人民，而是德意志人民。费希特区分了民族和国家，区分了更高尚的爱国主义和"全体公民对于宪法和法律的忠诚"。他提出问题："有什么东西可以让每一个人（不管他是否同意）把自己的一切（包括生命）置于危险之中，而且如果有必要还能迫使他这么做？让人付出一切的不是公民的义务或忠诚感，而是更高尚的爱国主义，也就是把自己的国家视为永恒的国度；高尚的人乐于为国家献身，而卑微的人……也不得不为国献身。"费希特表示民族性超越了领土范围："国家最初的、真正自然的边界无疑是人民精神的边界。"所以说每个国家都有自己独特的品质或民族精神，我们必须极其谨慎地维护这种民族精神。具体要怎么维护？费希特借用亚里士多德的话给出了答案："唯一的办法是通过国家教育体系。"

所以这一系列讲座大部分都是关于教育的内容。教育必须具有全国性，它必须由国家出资提供；教育必须像兵役一样具有强制性。在方法论上，费希特主要赞成裴斯泰洛齐最近阐述的教育方法。教育必须既包含教育文化，也包含实用技能的指导；但最重要的是国家必须通过教育向人民灌输爱国主义精神，而且从最广泛的意义上说，教育必须为政治目的服务。费希特说："我希望能让一部分德意志人相信，除了教育之外没什么能把我们从苦难中解救出来。"至于费希特的学说如何在洪堡的教育改革中结出果实，我们将在后面看到。

施泰因的成果

费希特的影响没有局限在教育领域，而是贯穿了整场改革。对于这场改革，施泰因有着不可磨灭的影响。但这些改革不能全部归功于施泰因，甚至不能全部归功于他的这些同僚。正如西利所言，改革的灵感大多来自于国王本人，然而实施起来实乃形势所迫，普鲁士当时只能在改革和灭亡中二选一。

财政

摆在施泰因面前的最紧要的问题就是财政危机。普鲁士一直以来就是个穷困的国家，现在要在收入和人口几乎减半的情况下，不仅要支付高达1.2亿法郎的战争赔款，还要维持一支15万人的军队，困难非常大。为了支付战争赔款，施泰因以王室领地作保贷了7000万法郎，并从商人和银行家那里用承兑票券借来了剩下的5000万法郎。在税收方面，当时并没有一个中央税务系统，下面的几个省都是独立收税，但施泰因诱使东西普鲁士以及立陶宛接受了收入税，并在西里西亚、波美拉尼亚和边区建立了财产税制度。不久（1809年11月）出台了一项更重要的举措，施泰因卖掉了一直以来作为国家收入来源的王室领地。

但眼下的情况光有财政改革是不够的。

这台管理机器须由上至下彻底改造，国家的经济基础须彻底改革，社会体系本身也须彻底重建。

普鲁士现在维持的仍是一个封建的社会和经济结构，有着大批的农奴。森严的阶级体系把人们分成了不同的阶级并控制了土地的所有权，农业发展也受到制约。没钱耕种的地主不能卖掉自己的土地，有钱的资本家也不能买。

《解放赦令》

1807年10月9日的《解放赦令》就是为了解决这些问题而颁布的。所有的个人劳役，亦即作为农奴的身份，都被废止。"自1810年圣马丁节开始，"赦令称，"所有人都是自由人。"而土地从此也是"自由"的。普鲁士开始实行完全自由的土地交易。在这之前，土地都被阶级体系牢牢束缚着，唯有贵族能拥有贵族土地，唯有市民能拥有民用土地，而唯有农民能拥有耕地。而在赦令颁布之后，这一区别就不存在了。人与人之间，以及职业和职业之间的阶级之分也随之消散。从此，贵族也可以参与交易，农民和市民也可以选择对方的职业。普鲁士不仅没有把劳动力锁在当地上，还赋予劳动力以流动性。城镇和乡村之间的人为间隔也被拆除。土地不再必须代代相传，废除了土地分割的所有限制，但同时又采取了谨慎而巧妙的预防措施避免农民的土地被占有。

这项工作始于施泰因，但却由哈登贝格完成。施泰因使农民获得自由，但他们仍然要向地主缴纳固定的税金和免役税。而通过1811年《农耕法》，哈登贝格废除了一地二主的制度，使得农民成为财产所有人，而不再只是土地的公簿保有人。农民可以将他所有土地的三分之一归还给地主以免除所有费用，而对剩下三分之二的土地拥有完全的所有权。

施泰因从杜尔哥和亚当·斯密那里学来的"自由"不仅用在了土地上，还废除了贸易工会和各种垄断公司的专属特权。同样，他还全力整改了政府和管理体系中的诸多恶习。

市政改革

通过1808年的《市政法令》，施泰因开始大刀阔斧改革地方政府。城镇再也不受封建地主和中央政府的控制，而是由市民委员会进行管理。这一改革尤为重要。"耶拿一役，"达尔曼写道，"不过是内部各阶层人民矛盾的显露……与只会建城堡的亨利王相比，施泰因男爵为普鲁士的救赎打下了基础，他更是德意志城市的建造者。"

管理体系改革

如果此时施泰因的工作没被打断的话，他无疑会把这套理论推广到农村公社中去，并最终通过建立一个正式的议会制度来完成这一管理体制改革。他做了大量的工作，以在中央管理体系中建立秩序。腓特烈大帝建立的那一套完全依赖于君主个人意志和精神的体系，如我们所见，已经彻底停转了。现在，国务会议将取代这一机器。国务会议由各部门首脑组成，相互合作，并由国王领导，直接对国王负责。国务会议五个职能部门的划分和组织也经过了精心的设计。尽管施泰因的改革影响深远，但到1808年11月被拿破仑叫停的时候，改革只进行到一半。拿破仑决定性的介入，从某种角度来说，正是施泰因工作价值的最好证明。他还有很多事情要做，但那却是在另一个领域了。随后三年的时间里，他完全陷入沉寂。当他重新出山时，已是沙皇亚历山大一世的非正式顾问。我们将会看到，在他担任沙皇顾问期间，他对德意志的贡献比起他担任普鲁士首相时毫不逊色。

军队改革

普鲁士的改革并非只局限于社会、经济和管理体系。沙恩霍斯特和格奈泽瑙进行的军队重组也同样重要。经过耶拿一役，人们已经对过去建立在阶级体系之上的军队系统失去了信心。除此之外，拿破仑也逼着普鲁士的军队进行改组。1808年，他下令普鲁士军队减员至4.2万人。这正好是个改革的机会。因为常备军人数存在限制，所以每位公民都必须接受训练并学会使用武器。常备军人数严格限制在4.2万人，但民兵在穿上军装服过短暂的兵役后就会转为预备役；后备军成立，虽然直到1813年才正式组织了国土保卫战，建立了全国总动员机制。同时，正规军内部也进行了一些改革：年老、能力不足者被清退；阶级限制被废除，转而采用一套更好的晋升系统，军功至少在某种程度上成了晋升的标准；整个军队在训练、战术、枪支弹药上都有所改良。

教育

长期以来，军队都是普鲁士教育体系的一部分。亚里士多德曾评价斯巴达，"教育系统和大多数的法律都是为战争服务的"。这一评价同样适用于普鲁士。但也不可否认，正是信念的一致性保证了德意志内部体系的完整性和一致性。一个德意志男孩学到的第一课便是他生下来就是为了保护祖国。因此，军队的组织和教育其实融为了一体。"相交相融，"M. E. 萨德勒博士写道，"你如果想探究德意志军队的影响，你就要去研究德意志教育的影响，因为这两者的影响相交相融。德意志的教育给军队带来科学。德意志的军队使教育注重组织纪律。军队和教育的纪律是并行的。"

因此，普鲁士很容易地便完成了从沙恩霍斯特和格奈泽瑙到费希特和洪堡的过渡。后者于1809年开始执掌宗教与公共教育部门。早在1716年，普鲁士便开始在小学阶段施行义务教育，但教育方法非常不健全。费希特的《告德意志国民书》演讲则极大地鼓舞了教育改革。普鲁士派出一支非正式委员会拜访裴斯泰洛齐位于依弗东的教育机构。随后，普鲁士于哥尼斯堡开设了一所师范学校，教授裴斯泰洛齐的教学方法，由仰慕裴斯泰洛齐的C. A. 策勒尔管理这所学校。这种全新的教育方法经由哥尼斯堡推广到普鲁士各处，裴斯泰洛齐的教育方法从那时开始至今都影响着德意志的小学教育。

但仅仅对小学进行改革并未使洪堡感到满足。普鲁士开始推行技术教育（须以健全的师范教育为基础）；文理中学则提供以古典教育为主的中等教育；高中和大学中间设立了毕业考试；最后，还设立了柏林大学。《提尔西特和约》剥夺了普鲁士顶尖的哈雷大学，而在仅存的几所大学里，哥尼斯堡大学太偏远，奥得河畔的法兰克福大学条件又太差。后来在1809年决定在首都以亨利亲王的宫殿为总部设立一所新的大学，每年拨款15万塔勒用于办学。考虑到当时普鲁士的地位，这一举动可谓壮举。洪堡从德意志各处找来了杰出的教授和学者：费希特教授哲学，施莱尔马赫教授神学，萨维尼教授法学，尼布尔教授历史，伍尔夫教授考古学。再没有一所现代大学能有如此雄厚的师资力量了。柏林大学设立一年后，布雷劳斯大学也进行重组（1811），兼并了当时古老但缺乏资金的法兰克福大学。

受到新思想影响的并非只有教育机构。1808年，道德同盟在哥尼斯堡成立，该同盟的目标是"唤醒道德、宗教、严肃思想和公共精神"。很快，大量的追随者应声而起，在普鲁士和西里西亚的许多城镇都设立了同盟的分支机构。因为和共济会有几分联系，他们的行事均以爱国为目标，但在实际操作上却有些模棱两可。道德同盟实际上可以看作当时人民情绪的风向标，一方面受到拿破仑的暴虐影响，而另一方面则是被施泰因、哈登贝格、沙恩霍斯特等人感染。

正是这群人在政治、管理、经济、军事和教育等方面改造了普鲁士，使普鲁士焕然一新。最重要的是，这一改革给普鲁士人民带来了新的精神，虽然这一精神有时会改变，有几次甚至差点断绝消失,却激起了1813年到1814年那场大战,并最终在1871年使得普鲁士完成了德意志的统一。

欧洲的冲突

在未来一两年,普鲁士都不会密切参与欧洲的事务,因此关于《提尔西特和约》和拿破仑入侵普鲁士(1812)之间的那段历史,我们可以一笔带过。

在那些年,人们愈发清楚地看到,真正的矛盾其实在英法两国之间,而《提尔西特和约》则是一个直指英国的阴谋。当时任职于英国外交部的坎宁很快便认清了这一点,并迅速地夺取了丹麦的舰队,挫败了这一计划。不幸的是,这一行动涉及英国舰队对丹麦首都哥本哈根的炮轰,使得英丹两国的矛盾加深。然而,英国的这一做法非常有效,在波罗的海失败之后,拿破仑随后把目光转向了塔霍河。葡萄牙当时是欧洲大陆唯一一个还对英国保持着友善中立的强国。但在《提尔西特和约》签订之后,拿破仑决心不再让任何欧洲国家保持中立。因此,他命令葡萄牙紧随大陆封锁政策,并让葡萄牙宣布和英国开展贸易战。由于葡萄牙迟迟没有表态跟随,朱诺将军率军跨过比达索阿河,逼迫葡国王室逃亡。一天之后,朱诺将军进入里斯本并宣布"布拉干萨王朝下台"。幸亏在英国舰队的保护之下,布拉干萨王朝的主要成员已经出发前往巴西。

半岛战争

进攻葡萄牙成为后来半岛战争的导火索。1808年，拿破仑陷入了和西班牙人民的对抗之中。他以为把波旁家族的国王赶下台后，就能轻而易举地让哥哥约瑟夫·波拿巴坐上西班牙的王位。但在伊比利亚半岛，他却遇到了新情况。至今为止，他对付的国王和大臣们未必能和自己的人民同心同德。可在西班牙，他第一次遇到了一个民族——虽然有几分松散，但仍然是一个民族。

拿破仑的这次遭遇不仅对眼下的局势产生了重大影响，而且就算是说打开了欧洲历史的新篇章也不为过。

这次遭遇导致拿破仑不得不推迟其瓜分土耳其和消灭普鲁士的计划，使得奥地利投入到1809年那场大战，刺激并推动了普鲁士的民族复兴，更重要的是，使得英国有机会在这场欧洲大战中扮演重要角色。英国上下，无论政府还是人民，都对这个机会满心欢喜。坎宁称："一个强国已经成了全欧洲的公敌，反对它的国家中有一些已经公开宣战，还有一些虽然明面上和和气气，但暗地里已经开始行动。对这些国家，我们将遵循一个原则，那就是任何决心对抗这个公敌的欧洲国家都会是我们的盟友。"

英国民间也同样强调了这一点。"这是第一次，"谢里登说，"英国能有机会大胆站出来拯救这个世界。拿破仑之所以能够势如破竹，正是因为他的敌人都是一些没有尊严的国王、没有脑子的大臣、没有爱国心的民众；他还没遇到过一个上下一心来反抗他的民族。如今正是勇敢地站起来拯救欧洲的时候。"

六年间（1808—1814），英国始终坚守这一原则，因此半岛上的反抗之火也一直没有停息。

1809年的大战

西班牙事件马上在德意志产生了反响。1809年对于奥地利来说是"伟大的一年"。奥斯特里茨战役之后，奥地利就一直等着找机会复仇，并紧锣密鼓地做着准备。卡尔大公和施塔迪翁伯爵领导了重整奥地利军队的任务。1809年4月6日，奥皇向人民发出了鼓动人心的呼吁。一周后，奥地利对法国宣战。卡尔大公率领一路大军进攻巴伐利亚，但在一周后被拿破仑击退，撤回维也纳；斐迪南大公率领第二路军队进攻华沙；约翰大公率领的第三路大军使得蒂罗尔当地的起义加剧，随后大军前往意大利。虽然蒂罗尔的农民英勇奋战，但拿破仑的军队仍然所向披靡，5月13日，他又一次攻入奥地利首都维也纳。但拿破仑自己的处境也谈不上安全，可以说在未来的两个月他一直处于非常危险的境地。假如奥地利那些大公之中真的有大将之才，拿破仑不应该能够全身而退。当时，持续两天的阿斯珀恩-埃斯灵会战（5月21日到22日），让法军遭受重创，损失达2.7万人。这是迄今为止拿破仑受到的最大打击，整个欧洲也为之精神一振。

德意志北部的起义

阿斯珀恩-埃斯灵会战法军大败的消息使得普鲁士的人们

欣喜若狂，西利认为，如果英国没把兵力浪费在瓦尔赫伦岛上，而是在5月登陆德意志北部，整个德意志都会揭竿而起。但尽管如此，阿斯珀恩-埃斯灵会战带来的群情激荡还是在一系列热情洋溢但零零散散的起义中耗尽了，而且这些起义都没取得什么成果。4月，普鲁士军官冯·多恩伯格男爵在黑森领导了一场大起义，当地人都极为痛恨国王热罗姆的统治。这场起义遭到了血腥镇压，但多恩伯格本人却设法逃到了波西米亚。后来又有人试着偷袭马格德堡的法军军营，但也没有取得成功。5月，冯·希尔少校凭着极大的勇气领导了又一场起义，但也功败垂成。他击退了马格德堡守军，占领了马格德堡的一座小城堡，一路杀到海岸附近，希望可以联络上英国舰队，最后在5月28日成功占领梅克伦堡。但三天之后，希尔的部队被击败，他本人也英勇战死。在此之后，不伦瑞克的腓特烈·威廉公爵又领导了第三次起义，他在波西米亚召集了一支志愿军，攻入萨克森，占领德累斯顿，并迫使热罗姆麾下的威斯特伐利亚和萨克森军队撤退。他和他的"黑色军团"最后成功穿越敌区到达威悉河河口，登上了英国的军舰。在这之后，一支4万人的英军在海军舰队的护送之下登陆瓦尔赫伦岛（4月30日），试图占领安特卫普。虽然卡斯尔雷勋爵的这一计划是极好的，但到了查塔姆勋爵和理查德·斯特拉汉爵士真的落实执行的时候，则变成了一场灾难。远征军在刚开始行动的时候就因为疾病而大幅减员，到了9月，远征军被召回国。

同时，拿破仑在阿斯珀恩又重占上风，在7月5日到7月6日的瓦格拉姆战役中获得了决定性的胜利，并在7月12日迫使奥地利接受了《兹奈姆停战协定》。3个月后（10月10日），双方在维也纳签订了《维也纳和约》。和约给奥地利带来了重大损失,之所以如此,在很大程度上是因为威灵顿在塔拉韦拉一役后没能继续推进,以及英方在瓦尔赫伦岛的重大损失。根据《维也纳和约》,哈布斯堡家族的领地被进一步瓜分:加利西亚被俄罗斯和华沙大公国瓜分;的里雅斯特、克罗地亚、克拉尼斯卡和卡林西亚("伊利里亚省")的大部分地区被并入法国;蒂罗尔和福拉尔贝格与萨尔茨堡和奥地利部分本土区域并入巴伐利亚。哈布斯堡家族不仅损失了450万人口,还要支付340万法郎的战争赔款,并裁军至15万,还要保证严格遵守大陆封锁政策。此外,哈布斯堡家族还将玛丽·安托瓦内特的侄女,女大公玛丽·露易丝嫁给拿破仑。拿破仑与约瑟芬于1809年底离婚,并在1810年4月1日与玛丽·露易丝完婚。

法俄反目

拿破仑与奥地利联姻对未来产生了很大的影响——沙皇亚历山大一世自此与他疏远。《提尔西特和约》在提尔西特签订,其内容又在埃尔福特得到了确认。1808年10月,拿破仑还为沙皇和莱茵联邦的附庸国国王们举行了为期两周的盛宴,但最后还是没能完全落实和约的内容:芬兰仍然在瑞典手中;多瑙河畔的小国仍然是"奥斯曼帝国"的一部分。

除此之外,其他的事情也使得沙皇愈发不安。拿破仑最后的王牌是他的大陆封锁政策,这个政策一方面对英国造成了重大的损失,另一方面也会把中立国和盟国化为废墟。为了维持这一政策,拿破仑只能继续占领更多的领土:教皇国被并入意大利；路易·拿破仑的荷兰、汉堡以及其他参与汉萨同盟的城市、奥尔登堡公国、热罗姆威斯特伐利亚王国一半的领土、贝格大公国的部分领土都被并入法兰西帝国，目的就是要维护大陆封锁体系。

亚历山大一世不仅觉得拿破仑与奥地利的联姻是对自己的冒犯，还对拿破仑占领了自己妹夫的奥尔登堡公国感到气愤，他还对拿破仑在波兰的策略有所怀疑。如今他觉得要么放弃领土继续执行拿破仑的大陆封锁政策，要不就放弃和拿破仑的同盟关系。1810年后，俄法关系迅速恶化。"我注定会因为一些想象不到的理由和俄罗斯开战。"拿破仑在1810年这样对梅特涅说。在未来两年，拿破仑竭尽全力孤立俄罗斯，但没能完全成功。1812年，亚历山大为了保护自己的侧翼，分别和土耳其以及瑞典达成了协议。那么普鲁士又会站在哪一边呢？

普鲁士的政策

如果说连俄罗斯都因为拿破仑帝国在德意志北部的扩张而受到威胁，那么普鲁士受到的威胁就更加严重，但普鲁士所受到的羞辱还没有结束。1810年初，拿破仑要求普鲁士马上交出剩余的赔款。"普鲁士国王要不就给钱，要不就把西里西亚交给我。"

就是在这种紧急情况下，哈登贝格临危受命。但就在这位大臣上任不久，国王和整个帝国就因为王后露易丝去世而陷入了一片哀痛之中。她美丽仁慈，深受百姓爱戴，在逆境中表现出惊人勇气，成了普鲁士臣民们的学习榜样。

哈登贝格重新上任，主要是为了避免拿破仑通过索取赔款进一步瓜分普鲁士，但他的工作其实涵盖了几个方面。他在土地方面的改革我们已经提到过了，这里有必要提一下他的财政措施。当时普鲁士情况紧急，必须强制性地用王室领地和宗教财产作抵押获得贷款，同时还设立了新的印花税、收入税和专利税，取消豁免土地税，并发布规定来规范战争期间各省各农业社的债务问题，并在中央和地方成立代表集会。

但在这么一个紧要的关头，国内改革再怎么重要也不会是普鲁士大臣们关注的首要问题。法国和普鲁士的矛盾突显，就算普鲁士要采取中立立场，情况也不会允许。那么选择哪一方才是最符合普鲁士利益呢？

普鲁士的困境

要回答这个问题不是一件简单的事情。加入拿破仑就意味着要让法军在普鲁士境内自由行动，也就意味着彻底和沙皇反目。而正是因为沙皇在1807年的介入，普鲁士才摆脱了被彻底消灭的命运。除此之外，与拿破仑结盟也意味着如果拿破仑落败，普鲁士将会成为沙皇的敌人。而加入沙皇则意味着普鲁士会马上招来拿破仑猛烈的报复。对于一位负责任的大臣而言，再没有比这更难地选择了。

虽然知道选哪边更能维护自己的荣誉，但就算是一个爱国者，面对服从拿破仑所带来的风险，可能也会拿不定主意。于是在1811年整整一年里，谈判都未曾停歇。最后在1812年2月24日，普鲁士终于和法国签订了协议，这件事才尘埃落定。普鲁士允许法国大军自由通行，并派出2万人参与攻守行动，再另外派出2万人负责军营军务。普鲁士允许法国征用面包、肉类和饲料（具体细节待定）并会严格遵守大陆封锁政策。而拿破仑方面仅承诺让如今已经四分五裂的普鲁士王国维持原状。

这份协议"使得腓特烈大帝的臣民要听从拿破仑的指使，去攻击欧洲仅存的独立和民族主义"，让普鲁士遭遇迄今为止最大的羞辱，爱国党人陷入绝望；沙恩霍斯特和格奈泽瑙辞职；普鲁士几位最优秀的军官也转投俄军；被驱逐流放的施泰因也谴责普鲁士国王背信弃义。

在此之后，拿破仑的左翼就安全了；右翼也受到奥地利的保护。拿破仑对待普鲁士表现得十分轻蔑（可以说这是普鲁士应得的待遇），但对奥地利却没有这样苛刻。奥地利签订的条款也不像普鲁士的那样耻辱，奥地利只需派出3万兵力来协防，而且是由奥地利的将军自己带领；作为回报，奥地利还获得了加利西亚。

| **莫斯科战役**

莫斯科战役的具体细节不是我们关注的重点。1812年6月24日，拿破仑率68万大军跨过尼曼河；9月14日，他已抵达莫斯科了；10月19日，法军仓皇撤退；12月5日，拿破仑抛弃大军全速返回巴黎；12月13日，拿破仑衣衫褴褛、杂乱无章的10万残兵重新跨过尼曼河，疲惫地退回莱比锡。

莫斯科战役的结果

拿破仑在俄罗斯战败对总体形势（特别是普鲁士的形势）有什么影响？拿破仑的地位虽然遭到动摇，但还没到无可挽回的地步。奥地利展现出高超的博弈技巧并拒绝加入敌国阵营；莱茵联邦的君主们仍然支持他们的守护者和领袖；法国也仍然忠于拿破仑，而且在三个月内给他提供了新的军队。但沙皇犹豫不决，不知道是要通过占领波兰向普鲁士复仇，还是领导普鲁士爱国者们发起一场解放德意志和欧洲的运动。那么普鲁士的态度是什么呢？

作为主人的拿破仑战败，可怜的腓特烈·威廉三世不知道该怎么办。在这个关键时刻，软弱的腓特烈·威廉三世已经靠不住了，幸好冯·施泰因男爵和约克将军做了决定，这两人凭借明智的判断和不屈不挠的意志为普鲁士和德意志开辟了未来。

施泰因与约克

此时施泰因已被流放了将近四年，但是在1812年夏天拿破仑开始进攻俄罗斯的时候，沙皇"非常迫切地"邀请施泰因到俄罗斯并听取他的建议。施泰因很快接受了这一邀请，这是现代普鲁士和近代德意志历史上的转折点，正是因为施泰因说服沙皇采取了关键的行动，才能引发德意志解放战争。施泰因在一边鼓励沙皇，约克将军在另一边威逼普鲁士国王。

汉斯·大卫·路德维格·冯·约克伯爵曾经是一名粗野的普鲁士士兵，在腓特烈大帝的军校里受训。他在1794年的波兰战争和1806年的战争中脱颖而出。1812年,他被任命指挥隶属于法国麦克唐纳军团的普鲁士辅助部队,在法军向莫斯科挺进时,约克受命留下来占领库尔兰。拿破仑战败撤退后,俄罗斯指挥官在里加向约克提出了缔结条约的建议。约克立场坚定,但不确定普鲁士政府的政策,于是他自己负责,走出了关键的一步。1812年12月30日,他与沙皇缔结了《陶罗根协定》。根据这个协定,约克的特遣队暂时保持中立,并允许俄罗斯军队占领克莱佩达和哥尼斯堡之间的领土。

腓特烈·威廉三世得知此事后,否决了协定并下令逮捕约克。这位勇敢的战士毫不畏惧,坚守岗位。"我捧着一颗流血的心,冲破了命令的束缚,我为自己而战。普鲁士军队想和法国开战,普鲁士人民也这么想,国王自己也这么想,可惜国王没有自由的意志,所以军队必须解放他的意志。我很快会带着5万人去柏林。在那里我要对国王说:'陛下,我带着您的军队,提着我的白头来见您了;我愿意把脑袋放在国王的脚下,但我约克拒绝接受法国元帅缪拉的审判和谴责。'"

腓特烈·威廉三世只能向法国道歉,他没有别的选择。幸运的是,普鲁士国王把他的权力交给了施泰因和约克,他们两人实际上接管了政府。施泰因召集东普鲁士的土地领主在哥尼斯堡会面,开放了普鲁士的港口,否定了大陆封锁体系,最后还组织全国的后备军并进行全国总动员,发动了一场反对拿破仑的民族战争。

普鲁士的土地领主们在1813年2月5日会面,与此同时,俄罗斯军队已经在1月13日越过了尼曼河;腓特烈·威廉三世从柏林逃到布雷斯劳,并在2月28日签订了《卡利希条约》,俄罗斯和普鲁士的同盟关系正式得到确认。根据这个条约，普鲁士几乎要把在第二次和第三次瓜分波兰时得到的全部领土交给俄罗斯，而沙皇则承诺坚持战斗，直到普鲁士的领土和人口恢复到《提尔西特和约》签订之前的水平。

解放战争

3月17日，腓特烈·威廉三世向法国宣战，德意志民族解放战争开始。关于这场战争的历史，我们必须明确区分两个阶段。第一阶段的解放战争按照约克和施泰因的指导开展，时间上延续到6月4日普拉斯维茨休战；第二阶段的解放战争由梅特涅的外交主导，时间上从8月12日奥地利加入战争开始，一直延续到1814年3月31日俄普联军进入巴黎。

从1813年初开始，拿破仑就把他的全部精力投入到新军队的组建和装备上。到4月25日他在埃尔福特完成组建时，他已经领导着一支大约20万人的大军。与此同时，俄普联军趁机占领了德累斯顿；但是在5月2日，拿破仑在吕岑袭击了他们，并把他们赶回了易北河；5月14日，拿破仑重新占领了萨克森的首都德累斯顿。一周之后（5月20日—5月21日），俄普联军和拿破仑再次在施普雷河的包岑打响战役。这是一场激烈的战斗，联军直到第二天结束才被迫撤退，他们按部就班地回到了西里西亚。

正是在包岑战役之后，拿破仑犯下了他军事生涯中最大的错误。他急于加强骑兵，把意大利军队带到莱巴赫以震慑奥地利，并且尽可能与沙皇单方面达成和解。因此在6月4日，拿破仑提出了为期七周的休战。俄普联军欣然接受了这个提议，这就是众所周知的普拉斯维茨休战。

运用外交手段的机会来了，梅特涅绝不会放过这个机会。梅特涅的目标是恢复欧洲的均势。他不想过分增强俄罗斯或普鲁士的力量，也不想把拿破仑赶下法国王位。因此奥地利向拿破仑提出调解，并通过6月27日的《莱辛巴赫条约》告诉法国：如果拿破仑拒绝奥地利提出的条件，那么奥地利就会加入俄普联军，共同对抗法国。奥地利向拿破仑提出的条件对法国非常有利，拿破仑可以保留法国王位、莱茵河边境和莱茵联邦的领袖地位，但是他必须把伊利里亚各省归还给奥地利，还要归还1807年和1810年剥夺的普鲁士和北德意志各邦领土。但是拿破仑没有在规定的日期前接受条款，于是战端再开。奥地利在8月12日向法国宣战，开启了解放战争的第二阶段。

1813年8月12日—1814年3月31日

拿破仑现在指挥大约70万兵力。面对拿破仑的大军，反法联军准备了50万兵力，外加35万的后备军。卡尔·冯·施瓦岑贝格亲王在波西米亚率领25万大军，主要由奥地利军队组成，施瓦岑贝格驻扎在反法联军总司令部，似乎能占据一定的优势。布吕歇尔在西里西亚指挥由普鲁士军队和俄罗斯军队组成的10万大军。瑞典王储贝纳多特指挥由俄罗斯军队、普鲁士军队和瑞典军队组成的约12万大军，驻扎在勃兰登堡。普鲁士人厉兵秣马，特遣队的总兵力在年底前就达到了30万人。

拿破仑在三条战线发动进攻。在西里西亚战线，法国人被打得丢盔弃甲。8月27日，布吕歇尔在卡茨巴赫战役大败麦克唐纳元帅，并且在经历各种小规模战斗后把法国人逐出了西里西亚。在勃兰登堡战线，虽然指挥官贝纳多特不管不顾，但毕洛夫还是击退了乌迪诺对柏林的进攻，在8月21日把法国人赶回了易北河对岸，而且在9月6日的德里维兹战役中击溃了内伊元帅的军队。最后就是波西米亚战线，那里驻守着施瓦岑贝格的军队。施瓦岑贝格只要稍加努力就能轻松占领德累斯顿，但他的拖延给了拿破仑反击的时间。8月26日至8月27日，拿破仑大败奥地利军队，这也是他在德意志土地上取得的最后一次胜利。联军逐渐集中在莱比锡平原，并在那里打响了最后的战役。这场战役规模巨大，双方共计有将近50万军队参加；从10月16日至10月19日，战斗持续了整整四天。最后，拿破仑的军队还是失败了。反法联军伤亡达到5.4万人，好不容易才取得了胜利；拿破仑损失了4万士兵、260门大炮，3万人被俘。

拿破仑带领着一众残兵败将从莱比锡出发，准备撤回莱茵河。如果联军指挥官的能力够强的话，拿破仑永远到不了目的地。10月29日至31日，一支巴伐利亚军队在哈瑙附近阻击拿破仑的军队，但拿破仑成功挡住了攻击；在11月2日，拿破仑带着9万人在美因茨渡过了莱茵河。

经过这场战争，拿破仑在德意志建立的帝国轰然崩塌。除了萨克森国王外，莱茵联邦附庸的诸侯都很快与联军达成了协议。9月签订的《托普里茨条约》保证了他们的独立地位。10月签订的《里德条约》保证巴伐利亚国王的统治权不会被削弱，他还能保留通过拿破仑获得的所有领土，但不包括蒂罗尔和因河畔的奥地利领土。热罗姆国王逃离威斯特伐利亚，而那些被剥夺权力的君主，包括荷兰省督、奥兰治的威廉都恢复了王位。

反法联军进入法国

如果是布吕歇尔指挥，联军肯定会跨过莱茵河追击拿破仑的残兵败将，沙皇亚历山大一世和布吕歇尔想法一致。英国的威灵顿公爵越过了比利牛斯山，现在已经在法国的土地上建立起牢固的根据地，扩大了英国的影响力。但是天生胆小怕事的腓特烈·威廉三世在这时候退缩了，贝纳多特不想看到自己的祖国被外国人掠夺，而奥地利则急于平衡法国和俄罗斯，于是反法联军在法兰克福向拿破仑提出条件，而且是非常慷慨的条件。法国要放弃征服意大利、西班牙以及莱茵河两侧的德意志领土，撤回到法国的"地理国界"（莱茵河、阿尔卑斯山和比利牛斯山脉）之内。根据这一安排，比利时、萨伏依和莱茵河以西的德意志各省将得以保留。

没想到在莱比锡战役之后，拿破仑居然还能得到这么好的和平条款，就算路易十四看到都会感到惊喜。但令人不可思议的是，拿破仑还在犹豫要不要接受这些条款。于是反法联军在12月1日撤回了提议，并派遣40万大军，不到年底就打到了法国。拿破仑最聪明的战略就是利用长达九周的战役推迟了敌人进攻巴黎的时间。在这段时间里，拿破仑曾经有两次机会实现和平，并且保住法国在1791年得到的领土和他自己的王位。在查提隆开展的谈判一直持续到2月，拿破仑试图通过外交手段对反法联盟进行挑拨离间，但卡斯尔雷挫败了他的阴谋，并且在3月1日促成各国签订《肖蒙条约》。英国、俄罗斯、奥地利、普鲁士四国承诺反对单独谈判，并缔结一个为期二十年的联盟，每个国家提供15万军队对法作战。而在整个冬天，布吕歇尔领导的西里西亚军队一直在战场上奋勇杀敌。2月1日，布吕歇尔在拉罗蒂埃战役赢得了决定性的胜利，虽然两周后在蒙米来尔附近惨败，但3月9日他在拉昂又一次逆转战局，打败了拿破仑的军队。虽然布吕歇尔因病暂停了对拿破仑的追击，但现在已经没什么能阻挡反法联军的前进了。经过零星的郊区战斗之后，巴黎终于在3月30日投降了。3月31日，反法联军胜利进入法国首都。

拿破仑被他自己的元老院废黜，带着一大笔养老金被流放到厄尔巴岛。路易十八被召回，并于5月30日签署了《第一次巴黎和约》。鉴于这个和约条款对法国格外慷慨，我们无须过多关注。我们要关注的是秋天召开的维也纳会议，因为其中讨论的问题关乎德意志的未来。

第八章

维也纳会议

The Congress of Vienna

维也纳会议

维也纳会议是欧洲历史上伟大的里程碑。1814年5月至1815年11月期间签订了至少49项单独条约,可见维也纳会议的外交活动涉及范围之广。然而,我们必须把注意力集中在对普鲁士发展有直接影响的那部分条约之上。

除土耳其外,所有欧洲国家都派代表出席了维也纳会议。奥地利皇帝、俄罗斯沙皇、普鲁士国王、巴伐利亚国王和符腾堡国王都亲自出席会议。沙皇按照莫斯科公国的做法从各地带来了一群顾问,其中包括施泰因、涅谢尔罗迭、卡波季斯第亚斯、查尔托雷斯基和波佐·迪·博尔戈。代表普鲁士的是哈登贝格和威廉·冯·洪堡,代表英国的是卡斯尔雷,代表奥地利的是梅特涅。塔列朗虽然没有正式参加维也纳会议,但他也身在维也纳,时刻保持高度警惕和敏锐的目光,用他的绝顶聪明为法国谋求利益,这一点我们将在后面看到。

在需要解决的诸多问题中,我们最为关心的是波兰的未来、萨克森的命运、普鲁士的重建,为德意志制定新宪法。尽管阿尔萨斯和洛林对德意志也十分重要,但这些问题要留到在巴黎决定。

波兰

参与维也纳会议的人有很多，但可能只有两位把波兰视为明确的目标，其中之一是沙皇亚历山大一世，另一位是塔列朗。沙皇决心统一和恢复波兰王国，以弥补叶卡捷琳娜和腓特烈大帝的罪行，但要补偿波兰就必须牺牲当年叶卡捷琳娜的盟友。奥地利将失去加利西亚，普鲁士将放弃南普鲁士和新东普鲁士，而沙皇本人将成为新生波兰的第一任国王。沙皇夸夸其谈，滔滔不绝地讲述着自由统一和民族观念，而他身边的人居然都肃然起敬，认认真真地听着沙皇的话，这着实让人感到惊奇。亚历山大一世崇尚神秘、慷慨热情而又精于算计，他的理想主义促进了波兰的复兴，同时他又胸怀大志，心里默默发出感慨，这是实现俄罗斯梦想的绝佳机会。然而他不会弄虚作假，而是实实在在地指挥着无数军营。正如亚历山大一世的近臣描述的那样："拥有60万大军的我们不需要太多谈判。"因此沙皇夺取了华沙大公国，将其重建为"国会"波兰王国，还从瑞典人手中得到了芬兰。

普属波兰

克拉科夫市及其周边地区被宣布成为"自由、独立和严格中立的城市，并且受到奥地利、俄罗斯和普鲁士保护"。奥地利收复了部分加利西亚。普鲁士收复了但泽和托伦这两个伟大要塞，以及位于奥得河和维斯瓦河之间的波森省，并将西里西亚与东普鲁士连接起来。

《维也纳条约》的《最后议定书》规定："俄罗斯、奥地利和普鲁士统治的波兰人应该拥有自己代表权和国家机构，俄奥普三国政府应根据政治重要性做出考虑，判断是否应该赐予他们代表权和国家机构并对其进行管理。"腓特烈·威廉三世坚持这一约定，并于1815年向普鲁士的波兰籍国民发布了一份诏书，承诺尊重他们的教会、语言和国籍，制定宪法，并尽可能雇用波兰人担任公职。后面我们将会看到这些承诺实际兑现了多少。

萨克森问题

虽然普鲁士得到了但泽、托伦和波森，但这不能被视为对《卡利希条约》的履行。特别是考虑到普鲁士曾经将安斯巴赫和拜罗伊特割让给巴伐利亚，将希尔德斯海姆、东弗里斯兰，还有林根和艾希斯菲尔德的部分地区割让给汉诺威，那么普鲁士要从哪里得到补偿？萨克森注定要成为牺牲品。因为萨克森国王一直支持拿破仑到最后，他根本没有权利要求反法同盟考虑给予赔偿。不过萨克森得到了贵人相助，因为绝顶聪明的塔列朗在萨克森问题中发现了机遇，在同盟国之间播下了不和的种子，这种不和谐几乎导致普俄两国与法英奥三国重新开战，但是战争最终还是避免了。普鲁士只能得到较小的一半的萨克森（萨克森北部）以及80万居民，即使再得到下波美拉尼亚（新波美拉尼亚），补偿仍然不够。普鲁士最终在德意志西部找到了合适的补偿。

威斯特伐利亚与莱茵兰

1815年普鲁士最重要的收获是莱茵河两岸的大省，包括威斯特伐利亚、克利夫斯、科隆、亚琛、波恩、科布伦茨和特里尔。霍亨索伦家族得到的这些新领地不仅仅具有地理意义，还具有经济、宗教和文化上的意义。在地理上，普鲁士可以直接与法国接壤，成为莱茵河中游的守护者，从某种意义上讲也是西德意志的保护者。虽然黑森和汉诺威的领地隔开了莱茵省和普鲁士，但正由于这个原因，普鲁士在1866年的吞并行为才具有合理性。这些新领地上的居民主要是天主教徒，在文化背景上与普鲁士人和勃兰登堡人截然不同。莱茵兰二十年来一直是法国不可分割的一部分，它吸收了法国的革命学说，也知道拿破仑体系的价值，这一切都传到了普鲁士。而威斯特伐利亚给普鲁士带来了优越的条件，仅仅是埃森、埃尔伯费尔德、杜塞尔多夫和杜伊斯堡就有许多重要的工业和经济资源。

奥地利

如果要理解普鲁士变迁的全部意义，我们必须了解当时奥地利帝国地位发生的变化。在哈布斯堡家族的眼里，他们并不比霍亨索伦家族幸运。他们失去了奥属尼德兰（他们一直认为这是个讨厌的累赘），但获得或收复了加利西亚、萨尔茨堡、蒂罗尔、福拉尔贝格、伊利里亚省、威尼西亚和伦巴第。伴随领土变化的民族变化也不能忽视。哈布斯堡家族失去了弗拉芒人，得到了意大利人。霍亨索伦家族用斯拉夫人换得了德意志人。

如今还有两个问题需要考虑：其一是阿尔萨斯-洛林地区的问题，其二是适用于作为一个整体的德意志未来的宪法。两者都不易解决，两者都是德意志问题，而非普鲁士的问题。但我们可以预料到，普鲁士对两者都特别感兴趣。

| 阿尔萨斯-洛林问题

洛林的三大主教辖区于1553年割让给了法国，这得到了1648年《威斯特伐利亚和约》的确认。这个和约还规定德意志帝国要把阿尔萨斯的管辖权割让给法国，不过该规定略显模糊，似乎有所保留。1681年路易十四吞并了斯特拉斯堡，此举不仅嘲讽了法律流程，还澄清了《威斯特伐利亚和约》的模糊之处。1735年的《维也纳条约》承诺将洛林公国的剩余部分移交给法国，并于1766年兑现了承诺。基于以上历史事实，德意志人自然要据理力争。他们辩称阿尔萨斯-洛林地区最初是德意志领地，只是后来被法国以武力和欺诈手段吞并了。在1815年，德意志人找到了收复失地的好机会。不可否认，法国确实利用这些省份作为"进入德意志的后门"，目的是强化排他主义倾向，从而维持德意志内部分裂和软弱无能的状态。

哈登贝格坚持认为，普鲁士不应该忽视任何"收复失地"的机会。

这一论点不能被轻易忽视，但它没有得到认同，因为威灵顿公爵做了简单直截又非常实际的推理。威灵顿公爵认为这不是历史传统的问题，也不是语言或人种关系的问题。他直截了当地问了两个问题：（1）大家反对的是什么？（2）大家一直在争取什么？他的回答同样直截：大家反对的不是法国，而是武装革命的信条。大家一直在为欧洲的和平而战。如果要实现和平，我们就必须让一个合法的家族统治法国，重建稳定的法国政府。但在法国人看来，即使是有合法的王朝，也不能补偿领土上的损失。如果法国失去了阿尔萨斯-洛林，几年后欧洲必将再次开战。威灵顿说服了大家，这也许是个性的力量，也许是雄辩的力量。于是哈登贝格空手而归，此后半个世纪的时间里，阿尔萨斯-洛林一直由法国控制。

百日王朝

在各方达成协议之前，战火重新燃起，维也纳的外交博弈被粗暴地打断了。3月6日，维也纳收到消息，厌倦了流放生活的拿破仑在2月26日逃出了厄尔巴岛。3月1日，他在昂蒂布附近登陆，然后前往格勒诺布尔，从那里前往里昂，并于3月20日进入巴黎。

联军立即确认了《肖蒙条约》，拒绝会见拿破仑的使者，宣布拿破仑为逃犯并立即为新的战争做好准备。他们将从三个方面侵入法国：在威灵顿和布吕歇尔的指挥下，英国军队和普鲁士军队将从荷兰进军；俄罗斯军队和奥地利军队则分别从莱茵河的中游和上游进军。

滑铁卢战役

三个月来，拿破仑不断努力组建一支新的军队。6月14

日，他率领12.5万人出现在桑布尔河西岸，与他对阵的是威灵顿和布吕歇尔。威灵顿在布鲁塞尔指挥一支由英国人、荷兰人和德意志人组成的混合部队，兵力达到10.5万人。他的战线从根特一直延伸到蒙斯。布吕歇尔将大本营设在那慕尔，他指挥的部队主要由普鲁士人组成，但也有一部分来自新莱茵省，总兵力达到11.7万人。普鲁士军队的战线从列日一直延伸到沙勒罗瓦。拿破仑打算集中攻打联军战线的薄弱环节，在盟军之中打出一个缺口，然后将它们各个击破。他于6月15日进入比利时，在同一天袭击了普鲁士军队的最右翼，在夜幕降临时占领了沙勒罗瓦和桑布尔河上的桥梁。布吕歇尔急忙去支援右翼部队并驻扎在林尼。威灵顿的一部分部队驻扎在布鲁塞尔的卡特勒布拉。6月16日，内伊奉命将英国军队赶出卡特勒布拉，然后在林尼进攻布吕歇尔的右翼部队。与此同时，拿破仑本人将向林尼进军。但在卡特勒布拉，内伊发现战斗并不顺利，他非但没有清除英军，反而让自己的队伍遭到了沉重打击。他没有足够的兵力攻击林尼。但另一方面，威灵顿也无法支援布吕歇尔。

布吕歇尔

正因为威灵顿未能支援布吕歇尔，普鲁士才能在滑铁卢战役中成为历史的传奇。6月16日一早，威灵顿骑马过来与布吕歇尔商议，并承诺如果威灵顿自己没受到攻击就会援助普军。有人断言如果没有威灵顿的承诺，布吕歇尔也不会在林尼战斗，但这种说法毫无根据。因为布吕歇尔知道威灵顿的承诺是有条件的，所以没有应允他的承诺。另一方面，虽然布吕歇尔顽强抵抗，但拿破仑的进攻卓有成效，布吕歇尔被迫撤退。

他这次撤退的策略正是战役的转折点。林尼战役后，拿破仑莫名其妙地失去了敌人的位置。他以为布吕歇尔会撤退到列日，于是派格鲁希带着3万人追击布吕歇尔。但格鲁希完全没有找到布吕歇尔，因为布吕歇尔并没有向东撤退到列日，而是往北撤退到瓦夫尔以便与威灵顿保持联系。6月17日，拿破仑慢慢吞吞地沿着布鲁塞尔大路前进。到了6月18日，他的军队在滑铁卢遭到了威灵顿的截击。

滑铁卢

这是一场决定性的战役，威灵顿独力坚持了五个小时，不断抵抗法国的进攻。威灵顿认为普军会来增援，于是采用了这样的战术。普军确实来增援了，但直到下午6点才算是真正赶到，到这个时候，反法同盟实际上已经打赢了滑铁卢这场伟大的战役。普鲁士骑兵虽然没有争得头功，但也为盟军做出了巨大的贡献。他们把拿破仑的失败变成了彻底的失败。数字就能说明问题：普军损失了6000人，威灵顿损失了1.3万人，拿破仑则损失了3万人和所有的枪支大炮。战争结束了，联军获得决战胜利的关键因素有两个：其一是布吕歇尔在瓦夫尔的战略性撤退，其二是威灵顿在滑铁卢的战术。滑铁卢战役开辟了通往巴黎的道路，盟军在7月7日再次进入法国首都。

6月22日，拿破仑正式退位，想让自己的儿子小罗马国王继位。7月15日，他在罗什福尔向英国海军上将霍瑟姆投降，随后被流放到圣赫勒拿岛，并于1821年在岛上去世。

11月20日的《第二次巴黎和约》

反法同盟重新进入巴黎两天后，路易十八也回到了法国首都。经过四个月的谈判，他们在11月20日签订了《第二次巴黎和约》。法国获准保留阿尔萨斯-洛林，但被剥夺了萨伏依的大部分领土和1814年获得的其他领土，包括菲利普维尔、马尔堡、萨尔路易和兰道等堡垒。法国北部和东部边境以及18个堡垒将被联军15万人占领五年；法国还要支付7亿法郎的赔款，并将1814年从联军那里掠夺来的艺术珍宝和战利品（普鲁士的战利品除外）归还联军。在同一天，四个大国庄严地确认了《肖蒙条约》，这是他们在1814年3月10日签署并在1815年3月25日在维也纳续签的条约。由于拿破仑的干预，条约中的一些内容不得不延期执行。修改后的条约构成了各国协商的基础，并在今后四年中控制着欧洲的命运。在两个月前（9月14日），沙皇亚历山大已经让盟友奥地利和普鲁士在向全世界宣布的著名文件《神圣同盟》上签字。《神圣同盟》和11月20日签署的《四国同盟》都具有前瞻性意义，之后我们还要回顾这两份文件。

维也纳会议的《最后议定书》

即使在拿破仑回归和战火重燃的情况下，在维也纳的外交官们仍然坚持谈判并且完成了任务。在6月8日，各国签署了

《德意志邦联法案》。在6月9日，也就是在林尼战役和卡特勒布拉战役的前一周，维也纳会议正式通过《最后议定书》，漫长的外交工作终于告一段落。

维也纳会议的工作在历史上受到了最严厉的批评。大部分的批评指出，外交家们过于蒙昧，怀揣反动目的，忽视法国大革命所解放出来的强大新生力量，为了实现君主利益而牺牲人民的利益，无视民族原则，藐视自由原则；他们把挪威交给瑞典，把威尼斯交给奥地利，把热那亚交给撒丁王国，将波兰置于俄罗斯的掌控之下，把比利时置于荷兰掌控之下。这种批评的话说得轻巧，也很难反驳，但我们必须承认，外交官们的任务并不轻松。他们不得不在原有的条件下，用当时仅有的科学和技术重建欧洲破碎的国家体系，更不用说他们的双手还被最近签署的众多条约所束缚。后世的人们具有批判的眼光和开明的思想，即便不赞同这种安排也是可以理解的。维也纳会议应该在多大程度上受到批判，我们将在下面的章节进行说明。但这里有一个不争的事实——维也纳会议标志着霍亨索伦家族的命运和普鲁士的发展进入了一个具有超越意义的阶段。

关于德意志的决议

维也纳大会的主要任务是重建德意志。过去八年来，德意志一直群龙无首，而且没有自己的宪法。在德意志境内虽然有众多的邦国，但却没有德意志国家。《第一次巴黎和约》第六条规定"德意志各邦应相互独立，并统一于联邦联盟之中"。因此维也纳会议的首要职责之一是落实《巴黎和约》的一般宣言。维也纳会议为此任命了一个由奥地利、普鲁士、汉诺威、巴伐利亚和符腾堡全权代表组成的委员会。施泰因本想将后面两个属于莱茵联邦的国家排除在外，但没有成功。

遭遇阻碍

从10月14日到11月16日，委员会举行了不下13次会议，但都没有达成协议。各国遇到的主要障碍是什么？我们已经讲过领土调整中遇到的困难。那么剩下的就是德意志构成的问题，这仍然是一个无比严重的问题。可供选择的方案有六个：（1）在奥地利支配下复兴德意志帝国的某些形态；（2）在普鲁士支配下复兴德意志帝国的某些形态；（3）实行松散的邦联制；（4）组成一个真正的联邦国家；（5）划分为两个联邦国家，分别由普鲁士和奥地利领导；（6）各领地的诸侯和自由市完全独立。即便不考虑《巴黎和约》的具体规定，也不会有人选择最后一个方案。

德意志要想在欧洲国家体系中占有一席之地，那就必须建立某种形式的联盟，不管这种联盟多么松散。但如果要实现真正的统一，各国似乎要面对无法解决的问题：第一个也是最难解决的问题就是奥地利和普鲁士两个头等大国的地位。两国有着不同的民族和政治，它们都包含了不属于旧德意志帝国的省份；两国相互嫉妒，相互斗争，这几乎已经固化为一种传统。第二个问题也不容易解决，那就是次等国家的地位。这些国家无论是君主还是百姓都已经养成了向法国看齐的习惯。虽然莱茵联邦在外交政策和兵役方面可能有很多问题，但它几乎没有影响到联邦内各个君主对国民的绝对统治权。巴伐利亚、符腾堡、萨克森、黑森、巴登等国的君主没有一丝一毫放弃统治权的意思。如果说奥地利和普鲁士是互相嫉妒的话，那么这些次等国就是嫉妒这两个大国。

在德意志统一的道路上还有一个障碍，那就是欧洲作为一个整体也要参与讨论和作出决议。但是没有一个欧洲大国对德意志的内部政治有深入理解，也没有一个大国支持德意志爱国者的理想。俄罗斯和法国都不希望1813年和1814年提出的"统一的德意志国家"变成现实。对于法国来说，割让莱茵河边的领土是暂时的办法，虽然很不情愿，但也不得不这么做。但如果德意志统一成为现实，那么德意志就能把西边各省的那些渐渐法国化的人口吸引过去，这显然会妨碍甚至阻止法国实现扩张的目标，法兰西的梦想可能无法实现了。

施泰因的观点

在维也纳的所有政治家中，没有一个人如施泰因那样焦急地关注德意志的未来。他曾在1807年复兴了普鲁士，在1813年拯救了腓特烈·威廉三世，为德意志从拿破仑的枷锁中解放出来做出了卓有成效的贡献。施泰因不是德意志制宪委员会的成员，但他公开表达了自己的观点。他在1814年11月5日给沙皇的信中说："德意志应该享有政治和公民自由，统治者的权力应该受到限制，禁止滥用权力。在战场上奋勇杀敌、在教会和国家中都享有卓越地位的古老贵族，不应受制于任性和专制的统治者，也不应被这些统治者身后的法国雅各宾派官僚集团所控制，这一切都符合盟国所信奉的正义和自由原则……所有人的权利都应得到确认和保障，德意志不能再是一个由压迫者和被压迫者组成的庞大集合体。"

施泰因作为开明的国内改革者写下了这封信，他急于为几个国家的国民争取适度的宪政和个人自由。他一直关注这些国家相互之间的关系，包括实现德意志民族利益和实现德意志统一这些问题。但他意识到这些事情都不能一蹴而就，而是要缓慢而谨慎地进行。因此他赞成首先将德意志分成北德意志和南德意志，然后分别在普鲁士和奥地利的统治下组成两个强大的联邦国家。

奥地利的观点

对这种划分，奥地利皇帝和梅特涅都强烈反对。他们也不希望奥地利以任何形式复兴单一的德意志帝国或恢复德意志皇位。梅特涅希望通过其他方式恢复哈布斯堡家族在德意志的影响力。奥地利也许能继承拿破仑在德意志建立的帝国，让以前对拿破仑马首是瞻的德意志君主们效忠奥地利，赞扬这些君主的能力，确保他们的专制权力，帮助他们对付自己的国民，然后挫败普鲁士在德意志的计划。假如奥地利已经不再有"德意志"的爱国主义，而是纯粹追求巩固自己的王朝地位，那这无疑是一个精妙的想法。而此时的奥地利确实为了实现这个想法，不遗余力地在德意志宪法方案中减少德意志统一的内容，赞成由独立和平等的诸侯国组成的松散邦联。

当时梅特涅得到了很多帮助：小国诸侯崇尚的排他主义和

专制主义思想，而最近缔结的一系列条约也十分有利。正如我们之前看到的那样，1813年9月9日签订的《托普里茨条约》保证了莱茵联邦中各成员完全独立的权利；10月8日签订的《里德条约》保证了巴伐利亚的独立权，而11月3日签订的《富尔达条约》也给予符腾堡州类似的保证。

梅特涅和哈登贝格商定的《德意志宪法》（草案）成了德意志制宪委员会审议的基础，其中清楚地说明了这一问题的复杂性。这部宪法构建了一个德意志邦联，但不包括哈布斯堡家族和霍亨索伦家族统治的大部分领地。奥地利只允许萨尔茨堡、蒂罗尔、福拉尔贝格、贝希特斯加登和莱茵河上游地区加入邦联；而普鲁士则只允许易北河以西的领土加入邦联。德意志邦联的领土将被划分为大大小小的圈子，每个圈子选出一个总督进行管理，这位总督是当地最重要的诸侯。在法兰克福举行的邦联议会将由三议院组成：（1）由奥地利皇帝（主席）和普鲁士国王（理事）组成的上议院；（2）由各个圈子的总督组成的中议院；（3）由诸侯和土地领主组成的下议院。最后，臣民的一些基本权利（如人身自由等）将得到保障。

这份草案的一些内容将会再次出现在最终通过的方案里。对施泰因来说，这是一份特别令他反感的方案。为了建立一个真正的联邦国家，他又提出了复兴旧帝国的想法。施泰因实在是没办法了才会提出这个建议，但不管是奥地利还是普鲁士，都不会认真考虑这个方案。经过再三斟酌，梅特涅一直争取的折中方案终于获得了通过。1815年6月8日，各方在《德意志邦联法案》上签字盖章，刚好可以加入维也纳会议在6月9日签订的《最后议定书》。因此，德意志宪法正式置于签署国的保障之下。

德意志邦联

德意志邦联将由39个主权国家[①]和自由市（包括吕贝克、不来梅、法兰克福和汉堡）组成。德意志邦联中最有权势的成员大多是非德意志国家。奥地利和普鲁士只有属于旧帝国的那部分领土（包括西里西亚）才在邦联的领土之内，英国因汉诺威王国而加入进来，丹麦因为荷尔斯泰因公国加入进来，荷兰王国因为林堡和卢森堡加入进来。成立德意志邦联的目标是"维护德意志内部和外部安全，保证德意志各国独立和不可侵犯"。所有成员都承诺"保卫整个德意志以及邦联的每个成员不受任何攻击，并相互保证每个成员的全部财产"。他们"既不向对方开战，也不以暴力手段夺取领地，而是向邦联议会提出争取领地的要求，由委员会或公正的法院进行裁决"。只要不危及整个邦联或任何一个国家的安全，邦联成员可以保留结盟的权利；他们也同意，在邦联战争中不应单方面进行谈判、决定休战或实现和平。所有成员都应享有平等的权利，所有成员都要用同样的标准约束自己，使邦联的法案不受侵犯。

属于邦联的问题将由奥地利在法兰克福主持的邦联议会解决，其中涉及两种程序：（1）通过内部会议裁定；（2）通过全体会议裁定。如果是通过内部会议裁定，总共可以投17票：奥地利、普鲁士、汉诺威、巴伐利亚、萨克森、符腾堡、巴登、黑森选侯国（黑森-卡塞尔）、黑森大公国（黑森-达姆施塔特）、荷尔斯泰因和卢森堡可以各投1票；剩下的28个国家

[①] 《德意志邦联法》中只出现了38个，黑森-洪堡也在9月被纳入其中。

分成6个地区元老院，每个地区元老院都可以投1票，4个自由城组成1个地区元老院。内部会议根据简单多数进行表决，缺席者可派出代表投票。如果是全体会议，总共可以投69票。投票权大致按人口分配，需要2/3的多数通过才能进行裁决。通过或修订基本法（每个成员的权利）以及处理宗教事务都需要全票通过才能执行。从理论上说，议会拥有相当广泛的权力。它有权宣布战争与实现和平、维护邦联军队、派遣和接待外交代表（外国定期派遣大使驻法兰克福，但德意志邦联从未在外国王室设立常驻代表团）、与外国列强签署条约、裁决成员国之间的争端，以及管理它们的商业关系。但议会之下没有行政官员，只能通过"邦联行政机关"的烦琐程序来执行其命令。最后，《德意志邦联法案》规定每个成员国都要采用代议制的组织形式。

德意志邦联的评价

1815年形成的德意志邦联被认为是一个有机整体，但它几乎拥有我们能够想象到的所有缺陷。作为防范外部危险的规定，它几乎起不到任何作用。作为国内政府的治理框架，它也无法令人满意。一方面，立法机构由各主权国家的全权代表组成，根据各自政府的指示进行表决，在做出重要决定时必须获得一致同意——这几乎是不可能实现的结果。德意志邦联没有真正的行政机关，而司法机关也没有制裁措施。另一方面，德意志邦联沦为了反动派和保守派实现目的的工具。"它适合用于维护众多君主所谓的内部秩序。"如果一个小国想缓和国民的革命热情,或者一个大国急于控制另一个大国的自由主义倾向,还有什么办法比向邦联议会告状更有效呢?

整个协议其实象征着梅特涅原则的胜利。它创造了一个德意志统一的假象,让奥地利能够利用邦联主席的地位阻挠小国的宪政改革。它没能让德意志统一起来,也无法让普鲁士或更小的国家对奥地利有任何实质性的制衡。除了能体现梅特涅的原则,德意志邦联就只剩下缺点了。它没有对施泰因的"雅各宾主义"做出任何让步,它产生的目的是扼杀一切由解放战争唤起的自由主义或民族主义希望。

1815年协议的性质

这就是1815年各方最后达成的协议。无论是从排他的自由主义者,还是从泛德民族主义者的角度来看,这在当时看来是一个乏善可陈且不尽如人意的协议,也不利于未来的发展。从某种意义上说,它可能还有点像积极的保守主义。许多年来,旧帝国不过是考古学上的遗存,但它至少是德意志人统一的象征。即使从现实政治的角度看,我们也不可轻视象征的重要性。德意志邦联取代了旧帝国,但它跟旧帝国相比不但没有进步,反而助长了混乱,引起了事端。它不但没有实现德意志人民的共同利益和愿望,还沦为保守派统治者施行暴政和镇压人民的有力工具。

德意志前途黯淡,大国君主的态度也无法让人放心,他们完全不顾德意志的利益。普鲁士更在乎维斯瓦河而不是莱茵河;奥地利不在乎阿尔萨斯或洛林,更不会把比利时放在眼里，但它对达尔马提亚、威尼斯和伦巴第发生的一切都很关心，还时刻关注着意大利各国诸侯的未来。除了极少数例外，小国君主也只有自私和狭隘的追求。他们大声疾呼："不要干涉我们，我们作为曾经的莱茵联邦成员享有绝对的统治权。我们不会为了实现德意志统一或者国民的自由而做出让步，也不会放弃任何权力。"

所以我们只能把目光转向同时代的人。透过现象看本质，我们还能看到希望。拿破仑为德意志所做的事情远比他想的要多，也远比当时德意志人所能体会到的要多，仅仅是将主权国家的数量从300个削减到39个，就是明显的历史进步。1803年中央集权的发展，消灭了小诸侯国，集中了权力，统一了各邦，这毫无疑问能改善治理，实现广大德意志人民的福祉。但它的意义不止于此。事实证明这是19世纪德意志发展的必经阶段，德意志正是在这段时间从奥地利统治下无足轻重的诸侯国集团一跃成为普鲁士支配下的伟大联邦国家。

第九章

复辟与反动

Restoration and Reaction

德意志的反动时期

在推翻拿破仑之后的这个时期,德意志到处是政治反动运动,这丝毫不让人意外。过去二十年来的变化之大,变化速度之快,必然会让人迷惑不解。欧洲人都渴望得到一点喘息的机会。除了西班牙,没有哪个国家会出现像德意志这样大胆的反动运动。不管是整个德意志邦联,还是邦联内部的大部分国家都出现了反动运动。在巴伐利亚、巴登和汉诺威等少数几个国家,君主们效仿路易十八颁布宪章,宣布给全民以宪法的权利。但除了萨克森-魏玛公国,德意志邦联境内没有任何一个地方能看到富有生气的政治生活。

在普鲁士

根据惯例,普鲁士会毫不例外地发生反动运动。施泰因坚信的自由主义从来都没有得到国王的认同。哈登贝格仍然是普鲁士首相,但他的精力已经越来越差,国王越来越受到梅特涅的影响,像维特根斯坦亲王这样的人也努力在柏林复制梅特涅在维也纳会议上推行的原则。

普鲁士与德意志邦联

普鲁士并不在乎新的德意志联邦。那些受到施泰因的民族热情鼓舞的人，自然会认为德意志邦联是政治上的倒退。正如我们将要看到的那样，普鲁士的官僚机构有更重要的事情要做，不值得把时间浪费在法兰克福。普鲁士国王看透了梅特涅的原则，很快就开始把邦联议会看作压制自由主义倾向的一个便利的工具。普鲁士为邦联所做的最大贡献就是努力组织一支属于联邦的军队，但这个计划遭到了小国的坚决抵制，这些小国既不想在欧洲舞台上大展拳脚，也不希望看到普鲁士或奥地利得到强大的武器。普鲁士坚信军队对提高邦联效率至关重要，却发现自己遭到了激烈的反对，只能选择背弃德意志邦联。通过允许不同国家的国民自由流动，普鲁士成功抵制了建立一种普遍的德意志公民身份的提议，它还拒绝接受通过仲裁来解决国与国之间政治争端的原则。普鲁士最终决定自行其是，不接受维也纳会议制定的那一套原则。

内政

普鲁士在国内有充分的空间来发挥自己的力量。摆在普鲁士面前的第一个也是最紧迫的任务是如何让霍亨索伦家族统一管理在1815年得到的八个省。普鲁士人、波美拉尼亚人、萨克森人、波森的波兰人、勃兰登堡的德意志人和莱茵兰被法国化的德意志人之间几乎没有凝聚力。如何让他们成为统一的政治体？

自由主义者提出的办法是建立中央代表大会，也就是在柏林建立国家立法机构或议会。自由主义者对普鲁士国王的承诺充满信心。1815年5月22日,腓特烈·威廉三世颁布了一项法令,宣布普鲁士应该设立"人民代议制"。普鲁士将重组现有的省级领地,并在没有省级领地的地方建立省级领地,再通过两次选举建立中央代表大会。我们无从得知这种体制是否有效;不管是成功还是失败,它都未曾有过机会证明。但人们很可能会提出质疑——这几个省的政治发展水平是否足够先进,更重要的是它们之间是否有足够的凝聚力和团结精神,从而能够让普鲁士通过选举的方式建立一个真正的中央立法机构?

而且此时的社会思潮正朝着另一个方向发展:不是趋向英国模式的自由主义,而是趋向浪漫主义;不是趋向现代主义,而是趋向中世纪主义。这种趋势表现在艺术、宗教、文学,特别是政治之中,建立一个全新的议会相当于挑战这种主流趋势。但还有一种权宜之计可以完全符合这种趋势。不是所有的省级领地都是按照同一个计划设立的,它们都没有很大的权力,但却代表着过去的传统。这给改革者和浪漫主义者、自由主义者和保守主义者找到了折中的空间。虽然在西里西亚和威斯特伐利亚一些省份,附庸的诸侯或帝国男爵形成了独立的土地领主阶层,但一般来说,普鲁士有三种土地领主:(1)骑士和教会土地的领主(或庄园主);(2)城市领主;(3)农村联盟的领主。

土地领主的职能受到严格限制;他们对税收有一定的控制力,但对立法的控制力较弱,对行政管理没有任何控制力。他们用的是过时的程序,他们办事还是基于中世纪的制度和贵族的制度。

但这些土地领主有一个优点：他们代表着普鲁士本土而非外来的体系；即使他们现在没有什么用处，但仍然代表着过去的传统。

普鲁士重组这些省级领土能否当成履行了"人民代议制"的承诺，不管是过去还是现在都存在争议，这个问题可能会引起英籍普鲁士历史评论家的极大关注。但在普鲁士的形成和现代德意志帝国的发展史中，代议制很少甚至根本没有发挥过作用。即便代议制有起到作用，它能否带来更令人满意的结果，这是另一个值得讨论的主题。但这与我们当前的讨论无关。普鲁士的发展根基不是立法，而是行政；不是政治家，而是官僚和士兵。

行政改革

虽然现在我们讨论的是普鲁士的反动时期，但在这个时期里，普鲁士的行政体制以极高的效率抵消了反动运动带来的政治影响。罗伯特·莫里尔爵士写道："正因为有等级明确和效率极高的行政体制，普鲁士才能在1815年至1848年的反动浪潮中顺利推行施泰因和哈登贝格的改革。如果在描述普鲁士国家机器的时候没有提到行政体制的重要性，那绝对失之偏颇。"

莫里尔爵士这位坚定的英国自由主义者对普鲁士给予了高度评价，而普鲁士当之无愧。为了让中央政府集中权力，1817年普鲁士成立了国务委员会，由世袭诸侯、军队长官、大臣以及部长组成。普鲁士推行了司法改革，简化了国家机器，不仅维护了公正，还取得了令人满意的结果。国家对物质资源的开发也给予了极大的关注。从这一点来看，普鲁士刚得到的莱茵河诸省具有巨大的潜力和重要性，但它们的财富还没有被发掘出来，而且只有很少一部分可用于维持中央政府。同时普鲁士背负着沉重的债务；国家支出大于年收入；贸易水平落后；制造商缺乏资金和项目，与英国的竞争者相比可谓毫无进展。最重要的是，普鲁士的财政制度非常落后，阻碍了整个工商业的发展。柏林的开明官员一直在考虑这些问题。行政部门厉行节约，小心翼翼地树立公信。霍夫曼设计了一种新的间接税制度，最终引发了一场伟大的革命，改变了普鲁士几个省的财政关系，以及普鲁士与其他德意志国家的财政关系。但在诸多部门之中，只有教育部展现了最大的改革热情。

我们已经提到过洪堡在教育方面的工作。精力充沛的阿尔腾斯泰因继承了洪堡的衣钵，于1817年成为普鲁士公共教育部长。阿尔腾斯泰因建立了教师培训学院，还有德意志最早的皇家学校，并重组了大学教育体系，以适应新的普鲁士的领土布局。他在普鲁士莱茵兰的波恩建立了一所新的大学，让萨克森历史悠久的维滕贝格大学与哈雷大学合并；还把严重衰落的奥得河畔法兰克福大学搬迁到布雷斯劳。

学生联盟

普鲁士的教育热情在维也纳受到极大的质疑，但这不无道理。因为正是在大学里，德意志的自由主义找到了它最肥沃的土壤，特别是在这一时期的耶拿大学，那里的学生发起了一场意义重大的运动。他们决心建立一个将个人生活的最高理想与伟大的爱国目标相结合的协会，他们的口号是贯彻冷静、忠贞和德意志统一。关于这个协会的起源和目的，冯·西贝尔做了如此描述：

从战争中归来的年轻英雄满怀义愤在大学里大肆宣扬爱国精神，通过建立德意志学生联盟代表所有的大学生，他们试图把统一、正义和自由的精神灌输给所有德意志的知识青年。学生联盟在很大程度上怀有过于理想的抱负，他们不指望推翻现状，而是把希望寄托在年轻一代人的启蒙。通过提倡道德和爱国精神，他们希望未来可以实现德意志统一的伟大目标。可以肯定的是，他们对当时的德意志缺乏清楚的认识，所以这只是他们不切实际的幻想。这种热情在一些群体中上升到狂热的程度，他们甚至准备好拿起刀剑和匕首诛杀暴君。但这些狂热分子从未在整个社会中为他们的事业争取到大量追随者。

学生联盟从耶拿大学迅速向外传播，不到两年时间就在16所大学站稳了脚跟。1817年，学生们决定设立一个伟大的爱国节日，用来纪念他们在耶拿大学发起的运动，同时加强协会的凝聚力。这一年适逢宗教改革三百周年，所以学生们选择了宗教改革之城艾森纳赫作会集会地点；他们还把集会日期定在了10月18日至19日，这同时也是莱比锡战役纪念日。两大德意志运动的精神就这样巧妙地结合在了一起。这次集会在艾森纳赫的瓦特堡举行，这其实是大学生中很常见的活动。他们在集会上做礼拜、布道和为少数被选中的人举行圣餐庆典；大多数人会聆听耶拿大学教授的爱国演讲；还有盛大的宴会、大量的饮品、大学生演讲、祝酒和篝火晚会。篝火边上洋溢着大学生们的热情；有人会讲些胡言乱语，场面十分混乱。在瓦特堡，大家肯定会谈起路德的榜样,他们还会把各种军国主义的象征(比如一根导火线和一根下士的手杖),一份拿破仑法典以及各种书籍、论文和文件,也许还有《德意志邦联法案》,还有剧作家科策布(他被怀疑是沙皇的秘密使者)写的书,投入篝火之中。

对于这次集会的重要性,不同人有不同的看法。这件事轻则是一群无知的大学生无意间引发的运动,重则是德意志知识分子革命动乱的征兆。梅特涅对此非常重视,至少他表现出了重视的样子。他在亚琛议会上抓住这次机会,向各国君主(特别是亚历山大一世)表达了自己的担忧。

瓦特堡节

梅特涅感到担忧也非全无道理。不管是意志坚强还是意志薄弱的人,都很容易被学生联盟这种运动吸引住。瓦特堡节之后出现了零星的犯罪案件。1819年3月23日,科策布在曼海姆被一个叫卡尔·桑德的大学生给谋杀了。桑德是一个从未犯案的神学系学生,但他意志薄弱,认为自己代表全能的上帝,必须为德意志铲除科策布。几个月后,一个名叫洛宁的医科学生试图杀害拿骚的大臣艾贝尔。由于某种原因,艾贝尔招致了进步人士的反感。对于德意志的自由主义事业而言,没有什么比这些学生的疯狂罪行更具有毁灭性了。哈登贝格甚至宣称普鲁士要"分崩离析"了。阿诺特和韦尔克兄弟的教授职务被暂停;格雷斯的论文《莱茵河的水银》曾被查禁,他不得不逃亡法国;就连施泰因和格奈泽瑙也不得不忍受警方监控的侮辱。

卡尔斯巴德会议

对梅特涅来说，学生联盟的奢侈铺张和愚蠢行为给他带来了天赐良机。1819年7月，他在托普里茨会见了普鲁士国王，在征得国王的同意后，他在8月召集德意志各大国的大臣在卡尔斯巴德会晤。

八国政府代表在卡尔斯巴德通过了决议，并在9月提交给法兰克福的议会审批。在惴惴不安的各国君主面前，梅特涅生动地描绘出一幅可怕的德意志图景：最近的事件很有代表性，在德意志中心酝酿着一个可怕的阴谋，各国只有立即采取联合行动才能将其粉碎。各国丝毫没有迟疑，立即采取行动，正式颁布了此前在卡尔斯巴德起草的决议。《卡尔斯巴德决议》规定：整个德意志教育体系都要受到警察的监督；禁止参与政治俱乐部或者会议；媒体要受到严格的审查，没有相应的许可不得出版少于20页的小册子；邦联内所有成员国政府在必要时要通过军事管制来执行这些法令；还要在美因茨成立委员会，密切关注民主精神的各种表现形式。

此时的梅特涅已经背离了在维也纳确认的不干涉他国原则。正如小国所担心的那样，邦联议会开始篡夺各国君主的职能。冯·西贝尔尖锐地指出，奥地利皇帝弗朗茨二世虽然不再是德意志皇帝，但却被梅特涅推举成为"德意志警察系统全能的首脑"并拥有相应的所有权力。

梅特涅本可以更进一步，但法兰克福颁布的《卡尔斯巴德决议》并没有得到小国的普遍认可。符腾堡国王对梅特涅的傲慢挑战做出了回应，进一步给予国民宪法自由，并把自己置于

"纯粹德意志联盟"的领导地位,以抵抗奥地利和普鲁士对德意志自由的侵犯。

面对这种独立示威事件,梅特涅退缩了。1820年5月24日通过的《维也纳最后议定书》象征着他的妥协。这份议定书虽然更新了《卡尔斯巴德决议》,但保证了德意志小国的独立权。不过在四年后(1824),最初限定为期五年的《卡尔斯巴德决议》得到重新颁布并且永久有效,梅特涅终于胜利了。

神圣同盟

梅特涅取得胜利,德意志反动力量兴起,这些都与欧洲局势有着千丝万缕的联系。在签署《第二次巴黎和约》之前,沙皇亚历山大一世就已经获得了奥地利和普鲁士的支持,成功说服他们加入著名的神圣同盟。但近代欧洲历史上很少有组织能像神圣同盟这样遭到极大的误解或严重的歪曲。根据沙皇的构想,神圣同盟将为全世界带来和平与正义。我们可能会质疑沙皇不够谨慎甚至不够理智,但他的动机确实很单纯,这是无法否认的。神圣同盟招来的恶名其实更应该归咎于1815年11月创建的四国同盟。这个四国同盟的缔约国包括英国、俄罗斯、奥地利和普鲁士,1818年又增加了法国,最终变成了五国同盟。在1822年五国同盟被卡斯尔雷和坎宁的行动打破之前,梅特涅在欧洲和在德意志一直拥有无可比拟的影响力。俄罗斯的亚历山大一世和普鲁士的腓特烈·威廉三世也越来越被梅特涅的大师气魄所征服。

梅特涅的力量来源于清晰的视野、目标的直接、方法的简单。他坚信革命是一种致命的疾病，而且在二十五年来一直在侵蚀着欧洲的命脉，而他的使命就是要根治这个疾病。梅特涅很快就征服了意志薄弱、智力有限的腓特烈·威廉三世，但要说服亚历山大一世接受他的观点是一项更困难的任务。但是到了1818年，梅特涅还是成功了。自由主义在艾森纳赫兴起，这件事有助于改变沙皇的态度，而科策布的谋杀事件更是让沙皇彻底认同了梅特涅的观点。在这段时间里，四国在亚琛会面，他们续签了此前在巴黎缔结的条约，但有着完全不同的目的。在1815年，法国只是欧洲外交事务中的威胁力量。但到了1818年，法国大革命已经成为蛊惑人心的思想和欧洲普遍存在的问题。

因此，欧洲外交对普鲁士和德意志国内的历史做出了反应。到1818年，梅特涅已经完全掌控了普鲁士和德意志。在离开亚琛之前，他向腓特烈·威廉三世和哈登伯格下达了命令。普鲁士可以设立省级议会，但是不能有中央选举的立法机构。然而迫在眉睫的危险来自三个方面：不受控制的媒体、新的文理中学，还有最具威胁性的大学。梅特涅说，革命者深感自己无法实现目标，于是打算教育下一代，让他们发动革命，所以必须要用最严格的手段监控教育体系。卡尔斯巴德会议的历史已经表明，各国都会默默遵守梅特涅的指示。

当时通过的法令不仅说明了普鲁士影响力不断衰落，还是梅特涅独裁的象征和标志。

但欧洲局势暗潮汹涌，注定要把奥地利推出德意志体系，建立更牢固、更持久的普鲁士支配权。梅特涅通过巧妙的手段创造出一个革命的幽灵，不仅把普鲁士统治者吓得胆战心惊，还劫持他们的政治思想。但就在这个时候,普鲁士的财政家们正努力制订一个统一的德意志财政计划。

德意志关税同盟

在19世纪上半叶,德意志不管在经济上还是在商业上都是西欧最落后的国家,而德意志工业最落后的国家就是普鲁士。整个普鲁士都还没有摆脱农业社会阶段,出口的主要是原材料,矿物几乎完全没有加工过,制造业产品仍然由家庭劳工使用手织机和纺车生产。普鲁士的财政计划反映并突出了普鲁士政治发展的特殊性。在一些省份(特别是莱茵兰)有接近自由贸易的环境,但其他省份的关税设置得非常高。全国没有统一的关税,各地总共有67种不同的关税,涉及至少3800种商品。另外,普鲁士领土包含至少13个"飞地",这些飞地的边界加起来长达8000公里,涉及28个不同的国家,可以想象征收关税工作的难度。

1818年5月28日的关税法

1818年5月28日颁布的关税法是让普鲁士领地走向统一和建立秩序的第一步。这个最初的创新要归功于普鲁士高级财政顾问卡尔·格奥尔格·马森。马森是亚当·斯密的忠实信徒,但他制定政策时首先要满足普鲁士的直接要求。这些要求包括:增加新的收入来源、消除过时的财政壁垒、发展贸易和建立保护措施,以抵抗外国竞争者的先进产品。根据1818年的

《关税改革法案》，所有原材料进口免除关税，进口工业产品征收10%的平均关税（属于从量税而不是从价税），进口"殖民地产品"征收20%的关税，最重要的是，所有普鲁士国内各地的关税都被废除了。因此普鲁士首次成了一个经济和商业单位，其对外关税是欧洲大陆最自由的，在某些方面甚至比英国更自由。

虽然关税改革在这个时候只影响到普鲁士，但在接下来的一年（1819），它的影响力越来越大，让德意志朝着关税同盟迈进了一小步。时任普鲁士财政部长莫茨邀请施瓦茨堡-桑德斯豪森（散布在普鲁士领土周围的"飞地"之一）签订了关税条约。施瓦茨堡-桑德斯豪森将其关税管理权移交给普鲁士，以换取完全自由的商业往来和一定比例的对外关税收入。这种关税条约并非孤例，1822年，魏玛、哥达、梅克伦堡-施维林、绍姆堡-利珀、鲁多尔施塔特和班贝格纷纷效仿施瓦茨堡-桑德斯豪森，与普鲁士签订关税条约。

德意志其他地区很快就理解了这种条约的重要性。1819年，巴登著名的经济学家内本尼乌斯出版了一本小册子，提倡德意志开展更广泛的关税改革实验。同年，德意志南部的制造商代表敦促德意志邦联议会采取行动。然而邦联议会更希望看到普鲁士开历史倒车，而不是帮助整个德意志取得进步。1820年至1828年间，德意志南方各国之间频繁进行谈判，但直到1828年才有结果。巴伐利亚和符腾堡组成了一个同盟，随后一两个较小的邻国加入了这个同盟。普鲁士的关税体系与德意志南方各国的关税体系有一个明显的区别：普鲁士强调各地加入统一的税收安排，德意志南方同盟强调内部成员享受平等的待遇。东普鲁士很快学到了这种做法，并于1828年2月与黑森-达姆施塔特缔结关税条约，其中的条款与南方各国之间的条约相似：各成员国拥有财政权力，它们在决策方面有平等的发言权，并且根据人口分配关税收入。

这时候整个德意志邦联（除了一个重要国家）都意识到普鲁士发起的政策具有很大的好处。现在的问题是整个联邦到底要建立一个关税同盟，还是两个或者几个？1828年9月，萨克森、黑森-卡塞尔、汉诺威、不伦瑞克、汉堡、不来梅、法兰克福和几个图林根公国之间形成了第三个关税同盟，各成员承诺在六年内不参与任何其他关税同盟。普鲁士和德意志还算幸运，因为萨克森主导的关税同盟由于缺乏组织而失败了。1829年普鲁士与巴伐利亚-符腾堡关税组织签订条约，这两个关税同盟虽然没有合并，但将变得越来越一致，条约还规定双方对彼此减免关税和举行年度会议。与此同时，萨克森关税同盟逐渐解体：图林根各国在1830年离开了这个同盟，黑森-卡塞尔和萨克森也分别在1831年和1833年加入了普鲁士的关税同盟。

在1833年，德意志北方和南方的关税同盟根据1829年签订的条约成立了一个完整的关税同盟，于是在德意志大部分地区，一个真正的德意志关税同盟出现了。

这个同盟包含了17个国家，总人口达到2600万，其构成十分复杂。它将成立一个代表所有成员国的年度大会或关税议会，以确定整个关税同盟的政策；没有成员的一致同意不得做出任何改变；成员国之间享受完全自由的贸易；同盟境内将实行统一的关税，净收益将按人口比例分配；生产制造中所需的所有原材料和半成品进口免征关税；对于"殖民地产品"征收的关税仅用于获取财政收入的目的，甚至对工业制成品也只征收适度的关税。

巴登在1835年加入关税同盟，法兰克福自由市在1836年进入，一些较小的邦在1836年至1841年间加入关税同盟。这个同盟现在已经不满足于内部自由贸易，试图与外国列强展开缔结商业条约的谈判。早在1831年，荷兰就同意对经由莱茵河运输的关税同盟国货物暂停征收高额通行费。德意志关税同盟在1841年与英国签订了互惠条约，在1844年与比利时签订了类似的条约。

弗里德里希·李斯特

到目前为止，普鲁士的关税改革都是受到亚当·斯密的影响，但到了40年代，另一种影响开始成为主流，那就是弗里德里希·李斯特于1841年出版的著作《政治经济学的国民体系》。

李斯特这一著作给财政和经济学说所带来的影响，只有亚当·斯密能与之相提并论。亚当·斯密为工业革命提供了哲学上的解释，为小皮特、赫斯基森、皮尔和格莱斯顿的自由贸易政策奠定了思想基础。而李斯特则是填补了重商主义的不足，为建设统一德意志的政策奠定了思想基础。两个体系同样都是为了促进国家的经济发展，但相比之下，亚当·斯密和他身后的追随者都会建议甚至强调，如果你追求财富，那么你不仅会得到财富，还能得到其他东西，而李斯特则坚持以国家统一和国家实力为主要目标。李斯特表示如果实现了国家统一和国家实力的发展，那么物质的繁荣也自然而然会实现。英国完全有实力推行自由贸易，让其他国家推行自由贸易政策，明显符合英国的利益，关于这两点，李斯特没有否认。他写道："如果有哪个国家通过保护性关税和通航限制来发展自己的生产和运输能力，进而使得其他国家不能与之自由竞争，那么这个国家不可能成为一个伟大的国家；它只会让别的国家知道自由贸易的好处，到最后只能叹息自己犯了大错，没有看到自由贸易的价值。"但德意志毕竟不是英国，至少德意志事实上并非一个国家，但它必须成为一个国家。在李斯特眼里，贸易保护主义便是最好的工具。

"建立在德意志保护体系之上的是整个德意志民族的生存、独立和未来发展。唯有共同的繁荣才能让民族精神生根发芽、开花结果；只有物质利益的一致才能产生精神力量，而从物质利益和精神力量，又诞生出民族的力量。"

我们发现李斯特突然又成了一名狂热的民族主义者和坚定的贸易保护主义者。他的著作无论从政治上还是经济上都极具吸引力，很快就对爱国者们和德意志关税同盟的官员们产生了深刻的影响。

在1841年后的那几年里[1]，自由贸易主义者和贸易保护主义者连番展开了激烈辩论。其中自由贸易主义者拥有大批的支持者。农业仍是普鲁士的主要产业：时至1850年，2/3的德意志人口都从事着与土地相关的行业[2]；直到1859年，谷物的出口量远超进口量，而工业制成品仅占出口量的1/7。农民几乎

---

[1] 鲍灵博士（后来的约翰爵士）那份著名的《德意志关税同盟报告》写于1840年。
[2] 1915年只有1/3。

毫无例外都支持自由贸易；汉萨同盟城市里的托运人和商人，以及法兰克福的银行家和萨克森的纺织工人也都支持自由贸易。而在另一由大多数南方城市组成的阵营，巴伐利亚、巴登和符腾堡的纺织工人尤其支持贸易保护主义，他们慢慢占了上风。到了1850年，除了生产原材料以外的所有产品的关税都得到了大幅度的提升。

奥地利与德意志关税同盟

如今关税同盟发展惊人，但在早期，奥地利却不以为然。梅特涅对贸易不甚上心，只是谴责了普鲁士及其做法。但自从采取了贸易保护主义之后，奥地利的情况更加严峻。1848年以后，施瓦岑贝格坐上了梅特涅的位子，奥地利决心要加入关税同盟，但却一次次地被普鲁士拒之门外。但1841年那些协议规定的十二年期限也快到了。欲加入同盟而不得的奥地利现在要费尽心思破坏这一同盟。为了不让奥地利得逞，普鲁士拉近了自己附近那些坚持自由的贸易国家的关系。于是汉诺威和奥尔登堡以极佳的条件于1852年加入关税同盟。而在1853年初，普鲁士又与奥地利又签订了协议。这一协议将奥地利加入同盟的一切事宜延后到1860年，但同时德意志关税同盟和奥地利（以及奥地利的意大利诸省）之间推行互惠关税减免政策。1853年，各国又续签关税同盟协议。

德意志关税同盟在普鲁士和德意志历史上的重要性已经到了无可复加的地步。单纯就经济而言，关税同盟的影响已经不需要我们过多叙述。德意志首次成为一个财政贸易整体，迅速建立起了交通运输体系，修建了道路和铁路。对外贸易也有了极大地扩张。1834年到1842年间，德意志进出口额翻了一番，关税收入从1200万塔勒上升至2100万塔勒，资本积累进程从此开始。1853年到1857年间，德意志至少筹得了2000万英镑来建筑铁路，还开设了一批新银行，资本规模达3000万英镑。如果说把这一切成就都归功于关税同盟，那当然是不合适的，但我们也不可否认，关税同盟的重要性正在进一步突显。

而其影响也不仅是推动了德意志的经济发展。

"关税同盟使得德意志民族情感脱离了单纯的希望和幻想，转化为积极的物质利益……德意志人民普遍认为，关税同盟是诸邦德意志化的第一步。这一同盟极大地破除了疏远和敌意造成的障碍。通过实现贸易和商业的共同利益，关税同盟为德意志民族的政治统一铺平了道路。"

1840年，鲍灵博士在他给帕麦斯顿公爵的《报告》中如此写道。回顾这一进程，我们可以看到，鲍灵博士的预言居然都在关税同盟里面一一得到了实现。而且，这一同盟通过相互的经济利益联合了德意志各国，让各国归于普鲁士的领导之下，还让它们慢慢习惯了把奥地利排除在德意志体系之外。

除了关税同盟，普鲁士1815年到1848年间这段历史并没有什么值得陈述的内容，主要还是压制和反动的事件，关于这一点我们之前已经提到过。

| 1830年的法国革命

法国七月革命的爆发、查理十世的下台，还有资产阶级君主制的诞生在德意志激起了剧烈反响。奥地利和普鲁士倒没受什么影响，但在许多次等国家里却爆发了一些动乱，其中最臭名昭著的不伦瑞克统治者卡尔公爵被罢黜，直到他的继任者修订了宪法之后，动乱才得以停息。在哥廷根、卡塞尔、德累斯顿和莱比锡的动乱同样以修宪告终。在自由主义盛行的南方地区也有一些骚动，但是却没有上升到暴力革命的行动。实际上，1830年的德意志运动虽然有激进的倾向，但却丝毫没有反抗君主制的样子。

然而，临近法国的一些国家却面临着另外一种危险，那就是巴黎爆发的革命可能使得欧洲战火重燃。比利时、波兰和意大利都可能成为导火索。

有鉴于此，德意志南方各国都觉得有必要动员起来，而且由于他们对奥地利主导的邦联议会并不信任，这些国家请求普鲁士独立于议会来领导这一军事同盟。这对霍亨索伦家族而言是一个特殊的机遇。整个德意志里面，已经有颇多国家在财政上已经处在普鲁士的领导之下，如果在关税同盟之外，普鲁士还能主持一个军事同盟，那么普鲁士将在德意志的政治统一上取得长足的进展。

然而腓特烈·威廉三世没能迅速做出决断，也没有利用好这个机会。他拒绝在没有梅特涅同意的情况下采取行动。梅特涅一直等到1831年3月，等到他已经控制住意大利起义之后才做出答复。梅特涅故技重施，用欧洲和德意志的革命力量恐吓腓特烈·威廉三世。他说欧洲唯一的希望便是东部三大强国组成同盟，而德意志唯一的希望便是普鲁士和奥地利组成同盟共同对抗无政府主义和革命。腓特烈·威廉三世立即同意了梅特涅的观点，于是在这两个强国的带领下，邦联议会又开展了一场与人民自由（特别是媒体自由）为敌的战争。

梅特涅的这一场完全无缘无故的压迫，反而造成了他担心的危险局面。

1832年5月，数名激进记者在帕拉丁领地的汉巴赫组织了一场示威活动。活动过程中发表了几份关于德意志统一、自由以及自由民族命运共同体的雄论，参与活动的人喝了许多啤酒，现场一片热血沸腾。弗雷德亲王从慕尼黑带着4000兵马赶过来镇压帕拉丁的革命，却看不到任何失控的场面。

但对于梅特涅来说，这样一场示威活动就已经足够了。在他的指挥下，法兰克福邦联议会紧急制定实施了一系列新的《卡尔斯巴德决议》：各国议会的权力被大幅削减；政治俱乐部和会议被禁；各国宪法的制定完全由邦联议会控制，新闻媒体也受到更严密的监控。

1833年4月，曾有人谋划对法兰克福联邦议会发动袭击，但计划流产了。但这场所谓的"革命"却遭到当地部队的镇压，参与者也很快被捕入狱。这次行动本身并不重要，唯一的意义是它表明梅特涅的反动镇压政策引起了许多的民怨。这一政策实际上才是真的在人民心中埋下了革命的种子，毕竟他们本来只是渴望宪政改革，而不是革命。

动荡不安的情绪处处可见，改革精神表现在许多方面：在艺术、文学、自然和道德科学这些当时获得急速发展的领域，在柏林新出现的历史学派——这个学派由于利奥波德·冯·兰克、魏茨、吉泽布雷希特和冯·西贝尔的作品而广为人知，但主要还是在两次神学运动中，这两次运动同时出现但相互对立。其中一个奉行理性主义，以施特劳斯——其作品包括出版于1834年至1835年间的《耶稣传》、克里斯蒂安·鲍尔，以及图宾根学派其他成员的作品为代表。

神学矛盾

图宾根学派运动之所以会出现，很大程度上是因为腓特烈·威廉三世为了庆祝宗教改革三百周年（1817）而想合并路德教和加尔文教。腓特烈·威廉三世的本意虽然是好的，但他处事过于笨拙。他本来想通过引入新的礼拜仪式，从而为两派合并打下基础，没想到这反而突显了两派的差异，还引发了冲突。

更严重的是，巴伐利亚、威斯特伐利亚和莱茵普鲁士三地还爆发了教皇至上主义运动。废除教会选侯国之后，凭着宽松的教义和简单的讲学，耶稣会看到而且抓住了自己发展的机会。如今天主教会摆脱了亲王主教的管控，终于能为那些奔波于边境地区、从德意志逃往法国，又从法国逃往普鲁士的百姓带来宗教地抚慰了。因为深受人民爱戴，天主教势力开始在莱茵兰和普属波兰挑战普鲁士王国，还在跨宗教婚姻这种棘手的问题向普鲁士王国发难。到1837年，矛盾已经极其尖锐，政府不得不关押科林大主教并罢黜博森大主教。但这些主教背后不仅有人民，还有慕尼黑和维也纳一些高层的支持。因此冲突一直持续，直到腓特烈·威廉三世去世。

汉诺威脱离英国

正当腓特烈·威廉三世与普属波兰和莱茵兰的天主教会纠缠的时候,他在汉诺威的妹夫也正遭到改革派的强烈反对。英国国王威廉四世刚刚去世(1837),英国与汉诺威的个人联系就随之解除,汉诺威的王位因此传给了乔治三世第五子,坎伯兰公爵欧内斯特·奥古斯都。而就像他父亲那样,登上王位的奥古斯都也想成为一个"绝对的国王"。他首个法令便是废除议会制宪法。这一做法在法律上和政策上都毫无依据,因此招来了激烈的反对,反对者主要是哥廷根大学那些进步的自由主义教授。其中七位名声显赫的教授,包括格维努斯、埃瓦尔德、达尔曼以及格林兄弟突然被解除职位,其中三位还被驱逐出境。当欧内斯特·奥古斯都正要颁布新宪法的时候,土地领主们纷纷向邦联议会发起抗议。大多数的次等国家都对这一抗议表示支持,但在奥地利和普鲁士的施压下,邦联议会最后还是拒绝干涉此事。汉诺威人也因此不得不接受这部由欧内斯特·奥古斯都按自己心意制定的新宪法:议会只得私下举行;立法机关仅能提供顾问服务,不能过问行政;王室土地将被视为国王私产。

腓特烈·威廉三世在汉诺威事件上的做法进一步让德意志自由派失望。即便是他们中最温和的那些人也不得不意识到,1815年的《德意志邦联宪法》不会带来什么好东西。无论是对自由主义者还是对民族主义者而言,这都是一场明明白白、彻彻底底的失败。德意志自由主义者也因此开始探究能否把保守的德意志邦联换成民选立法机关,使其代表德意志全体人民的意志,并使执行机关对其负责。

腓特烈·威廉三世去世

1840年,腓特烈·威廉三世在统治普鲁士四十三年后去世,享年七十岁。他的去世为建立民选立法机关扫除了一大障碍。对于他的去世,普鲁士人民真心感到悲痛。他们尊敬的腓特烈·威廉三世一直是个虔诚谦虚、善良诚实的人,而且这位国王还和他们一起度过了许许多多艰难的日子。他不算聪明,性格又怯弱,但我们也要记住,在他执政后半段的时间里,无论是普鲁士的内部环境还是外部地位,都得到了极大的改善。得益于施泰因的土地和行政改革、格奈泽瑙和沙恩霍斯特的军队重组,以及费希特、冯·洪堡、尼布尔以及阿尔腾斯泰因的教育改革,特别是马森和莫茨推行的财政改革,普鲁士如今焕然一新。

不仅如此,新的普鲁士还为新的德意志打下了基础。关税同盟带来了无以复加的凝聚力,这个体系还可以无限扩张。正如我们所知的,德意志南方各国正想着怎么把这一体系运用到德意志的军队重组上面去。既然这一体系可以满足德意志的军事和经济需要,为什么不把它运用到宪法上去呢?在取得德意志的贸易霸权之后,普鲁士是否已经准备好取得德意志政治霸权?我们将在未来八年的历史中见分晓。

▶ 第十章

▶ 1848年革命

▶ The Revolution of 1848

1840—1861年在位的腓特烈·威廉四世

在普鲁士崛起的过程中，历任国王占据了重要位置。国王腓特烈·威廉四世的继位则是一个特别重要的事件。在历史的关键时刻，普鲁士迎来了一位具有非凡品质的国王。可以毫不夸张地说，1848年至1849年是近代德意志各方面的转折点。腓特烈·威廉四世即位后，有一个问题浮现在人们脑海中：新国王将以何种方式承担对人类命运如此重要的责任？这个问题非常重要，其结果将影响普鲁士、德意志，以及欧洲的未来。

新国王的品格

腓特烈·威廉四世基本上是一位典型的霍亨索伦家族男子，但在一个重要方面，他属于家族中的例外。我们首先讲一下他例外的方面。腓特烈·威廉四世不是一位军人，他缺乏军人的外表，即使在年轻时，他也是一个走路蹒跚、做事拖沓、身体臃肿的人。除了军事方面才能欠缺，在其他方面他却具有足够的天赋。他才思敏捷，意志坚定，性格合群，引人注目。无论是知识渊博的学者还是头脑简单的愚夫，腓特烈·威廉四世都可以和他们谈笑风生。很多杰出人士,比如化学家本生、亚历山大·冯·洪堡,雕塑家劳赫以及历史学家兰克,等等,都承认腓特烈·威廉四世具有迷人的风度和令人无法抗拒的谈吐。他天赋非凡、多才多艺,是一位杰出的雄辩家、一位天才的画家,还是一位感觉敏锐的音乐家。

然而,腓特烈·威廉四世的政治判断力却远远不能与他的聪明才智相提并论。他的政治判断前后矛盾,无法一以贯之,他所持的观点在自由主义和保守主义之间剧烈地来回摇摆。从根本而言,他既不是一位保守主义者,也不是一位自由主义者。他的保守只局限在某些狭窄的领域,这些领域里他对自己所持的观点极其顽固,一门心思要为自己所谓的理想献身。他的信仰结合了新教主义和浪漫主义,并发自内心的虔诚笃信。他的宗教信条主要是君权神授,仍然局限于神灵感召的观念。正如冯·西贝尔所言:"对他来说,国王的冠冕周围似乎环绕着一层神秘的光辉。"怀着浪漫的想法,腓特烈·威廉四世坚持神圣罗马帝国的理念。他从来没能完全地把神圣罗马帝国的皇冠同奥地利的哈布斯堡皇室分离看待。那个王冠虽然是哈布斯堡家族窃取的,却戴了如此之久。腓特烈·威廉四世惧怕革命,也恐惧革命的发源地法国。但他绝不是一位暴君,他全心全意渴望为国民获取利益,他试图在赋予人民权利的同时,仍然可以维持王国的稳定和秩序。不过在他心里有一项最根本的原则:人民的权利必须被解读为是君主所赋予的,君主是所有权利的唯一来源,是所有国民利益的唯一赏赐者。如果要组建议会,议会的权威必须来自君主而不是人民。议会中的大臣们只不过是君主个人利益的代言人。

以上就是腓特烈·威廉四世所坚持的信条。在这样一个历史的关键时刻，他所决定的不仅仅是普鲁士人民，还有全体德意志人民的政治命运。伴随着一系列"辞藻浮华的、语言上崇高伟大但政治上毫无意义的演说"，腓特烈·威廉四世开始了其具有个人特色的统治。当东普鲁士的土地领主们在哥尼斯堡向国王宣誓效忠时，他们满怀希望但不合时宜地提醒国王：国王的父亲当初曾经承诺会制定一部新的宪法。腓特烈·威廉四世马上表明他无意为之，但他承诺会承认现有的和自己未来册封的地方土地领主。他允许土地领主们每两年举行一次大会，会上可自由辩论，并就会议议程向他做出报告。他欢迎各种批评，并扩大了媒体自由，尽管他私下里非常讨厌这些东西。即位之后，腓特烈·威廉四世采取了一些看起来会扩大政治宽容的行动：他释放了一批在押的政治活动家，恢复了阿诺特在波恩大学的教授职位，任命达尔曼为大学校长，任命格林兄弟在柏林任职。但是对英国式的议会立宪法的要求，腓特烈·威廉四世却显示出坚定不移的一面。

不过，"立宪主义者们"在1842年还是取得了一点进展。为了赢得一项支持铁路发展的贷款，腓特烈·威廉四世从各地土地领主中召集代表，组成了一个委员会，但是代表们拒绝接受此项委任。他们声称：只有国家的经济发展严重受阻，必须以某种形式获得资金时，他们才支持国王的决定。此次事件显然已经超出八个地方议会的范畴，毕竟这些地方议会的利益和关切点各不相同。很明显，当下形势需要的是一个以某种形式组成的中央联合式议会。1847年2月，国王颁布了有关中央议会的决定。所有地方土地领主将在柏林召开大会。该会议被称为联合议会或国民大会。议会分为两院：一个议院由诸侯和土地领主组成——类似于英国的上议院；另一个议院成员则是由低级贵族、市民和农民组成。议员代表各地区的诉求，可以对国王的行政措施提出建议。议员负责批准新的税收类别和贷款项目，在立法上具有审议权但无提案权。国民大会设立常务委员会，由八位成员组成，每年就财政事务召开例会。除此之外，会议的召集受到国王的绝对控制。

即使做了这些规定，威廉亲王（国王的弟弟，王位的假定继承人）仍然强烈反对建立议会。虽然亲王最终还是极不情愿地勉强同意了，但是他满怀担忧地警告道："随着法令的宣布，旧的普鲁士已经寿终正寝，一个新的普鲁士将会出现。希望新的国家能像曾经的普鲁士一样，变得伟大和光荣。"

联合议会

亲王的警告有些言之过早，因为国王没有一点支持民主的倾向。正如他在御座上发表的演讲中所称："在这个世界上，没有任何权力可以让我把国王和人民的天然关系转为传统的宪政关系。我永远不会允许用一张肮脏的羊皮纸隔开万能的上帝和这片土地，我不会允许用宪法规定的条例来统治我们，不会允许用宪法代替古老神圣的君民纽带。"

尽管国王身边的人们无条件地忠诚于王室，但在政治上却坚持和他唱反调。反对者以莱茵兰地区深受法国影响的激进主义者为首，要求国王正式承认他们的"权利"。他们特别反对代理他们财政事务的八人常务委员会，并且要求国民大会每年召开一次例会。国王承诺在1851年再次召开大会,但是拒绝做出任何进一步的妥协。大会代表们则通过拒绝国王的两个提案来表达愤怒,其中一个提案是通过发放国家贷款建设东普鲁士铁路,另一个是救济自耕农。两个提案皆是顺应潮流之举,但是大会代表坚持认为,国王应该先解决他们的抱怨,然后他们再提供支持。双方各持己见,短暂的会期过后,联合议会就被解散了。在此过程中,并没有出现特别突出的领导人物。而在那些极力维护国王尊严的代表中,有一位年轻的普鲁士容克贵族,此人注定将在随后二十年的欧洲政坛上扬名立万,他就是奥托·冯·俾斯麦。

在德意志的各个地方,无论是保守派和激进派,都热切地关注着普鲁士的改革试验。联合议会的解散意味着自上而下的改革尝试再次失败,同时这也是对革命爆发的又一次推波助澜。

小邦国中的骚乱

革命的导火索似乎已经点燃,革命爆发已经进入倒计时。1830年到1848年间,在大部分二等邦国中,或多或少都有持续的骚乱出现。在不同的邦国中,动乱的原因各不相同:在汉诺威是因为国王恩斯特·奥古斯特的政变,在萨克森是因为新工业主义,在符腾堡是因为经济衰退,在巴伐利亚则是因为国王路德维希一世和舞女劳拉·蒙特斯的桃色事件。动乱的主要目标有两个:(1)在几个国家里,人们要求实现宪政和个人自由;(2)人们要求德意志成为一个整体,实现德意志国家的统一。在议会最近有关汉诺威所采取的行动中,人们再次发现，当前议会除了制造麻烦，基本上毫无用处。为了反对奥地利和普鲁士联合起来支持专制，小国们徒劳地烦恼起来，于是迅速产生了这样一种想法：为了自由主义和民族主义的利益，必须为整个德意志制定一部基于民主原则的新宪法。

来自国外的影响

这段时间里，德意志民主主义者受国外影响，迸发出巨大的热情。从瑞士、美国、波兰、特别是法国，无数的宣传小册子涌入德意志。同时也不乏个人宣传。因为巴登和巴伐利亚的帕拉丁和外国接壤，自然更容易受到法国和瑞士共和派的影响。很多从法国和瑞士逃过来的政治流亡者在这些邦国得到了庇护。波兰的流亡者则有所不同，自从1831年波兰起义失败后，他们分散逃往欧洲各地，因此对德意志共和观念的形成影响甚微。对于流亡的波兰人来说，莱比锡成了他们的大本营，波兰流亡者在那里秘密策划，试图颠覆把他们逐出家园的三大帝国：俄罗斯、普鲁士和奥地利。"正如在巴黎有路易·勃朗，在莱比锡有罗伯特·布卢姆，波兰人希望通过借助俄罗斯、普鲁士和奥地利君主制的失败和垮台来达到波兰独立建国的目的，这成为波兰共和派的信条和基本出发点。"

巴登

在德意志地区，共和派的大本营在西南部的帕拉丁和巴登。关于巴登，值得关注的是一份共和运动的设计方案，该方案于1848年被呈送给统治各国的君主们。该运动的倡导者有两位，一位是议会代表弗里德里希·赫克，另一位是新闻工作者斯特鲁夫。这两位共和运动领导者可以说迥然不同。"赫克是一位鲁莽的、满怀理想的学生。他的政治观念受到席勒的影响，因为有志于引发革命运动并心怀崇高的理想，所以投身革命之中。斯特鲁夫则是一位埋头书斋的教条主义者。赫克身材高大、健壮、魁梧，声音洪亮……而斯特鲁夫身材矮小、精神不振（他的朋友们说他是'一位素食主义者'）、面颊粗糙、双眼无神。赫克的魅力和巨大勇气与斯特鲁夫的审慎、革命教条相得益彰。"

1847年9月，在上述两人的领导下，在巴登的奥芬堡召开了一次会议，而且在会议上草拟了一份改革方案。该方案的内容包括：废除1819年和1832年的保守法令；实施全面宗教宽容；出版自由；陪审审判；在各个邦国建立真正的代表制大会；为整个邦联建立一个中央代表大会；把官僚制官员替换为"人民政府"；废除特权；改善劳资关系，实行累进所得税。就当时而言，该方案有点马克思主义民主的意味，但在共和制方面体现得并不十分明显。从共和方面来说，后来提出的两个要求更有意义。其一是将民兵改为常备军，其二是军队不应该宣誓效忠于国王，而应该忠于宪法。

奥芬堡会议结束一个月后，在黑彭海姆又召开了一次大会。黑彭海姆代表大会的性质和奥芬堡会议有很大区别，出席人士主要是积极响应改革的立宪主义者。他们在大会上讨论了多种改革方案，但在秋天过去后，大家的意见慢慢集中，都倾向于建立一个与邦联议会并存的全德意志议会。达成一致意见是非常切合时宜的,因为当时革命的危机将一触即发。

革命之年

1848年2月24日,巴黎的一次枪击案最终引发了七月王朝的倒台,革命浪潮席卷整个欧洲。法国又一次变成了共和国。德意志是否也将步其后尘?

要回答这个问题,我们将以下两种运动分开研究,这样有助于厘清问题的本质:(1)在几个邦国内发生的效仿法国革命的运动,其目的是扩大宪政自由和个人自由;(2)为了统一所有德意志的国家而进行的民众运动。我们主要关注第二点,第一点可以暂时放在一边。

小邦国中的民众运动

2月27日,巴黎革命的消息传到了德意志。很快就开始有大量请愿书递交到几个邦国的统治者手上,其中绝大部分都要求对奥芬堡改革方案中的主要内容不做重大改动的情况下做出让步。面对汹涌激昂的民意,几个邦国的统治者自行决定妥协。巴伐利亚国王路德维希一世宣布退位,由王储马克西米利安二世继位。马克西米利安二世马上组建了一个由自由主义者掌管的政府。萨克森、汉诺威、不伦瑞克、黑森-卡塞尔、魏玛、法兰克福等国很快承认了巴登方案的大部分内容,也因此避免了大规模的流血事件。但巴登和黑森-达姆施塔特则是例外。在巴登,一群共和主义者遭遇武力镇压。在黑森-达姆施塔特，军队和民众发生了几次冲突。不过，这两个地方的情况并不是很严重。

哈布斯堡帝国

相比之下，哈布斯堡帝国领土上发生的事件却非常严重。1848年，这个本就松散的帝国似乎即将解体。在一段时间内，德意志人、意大利人、斯拉夫人、匈牙利人同时发动了起义。3月13日，维也纳爆发了起义。起义势头迅猛，执政的梅特涅不得不宣布辞职，逃亡英国。奥地利皇帝斐迪南一世答应了起义者的所有要求，并识时务地避居因斯布鲁克。维也纳落入了国民卫队和临时组建的学生军手中。

在意大利，革命的洪流一直都在暗涌，直到梅特涅的垮台给革命发出了明确的信号。米兰人民在3月起义，赶走了奥地利帝国的官僚们，建立了伦巴第共和国。

威尼斯紧随其后。撒丁王国国王卡洛·阿尔贝托自称北意大利国家独立运动的领袖，宣布对奥地利作战。但是意大利军队无法和有丰富作战经验的拉德茨基麾下的军队相比。1848年7月24日，阿尔贝托在库斯托扎战役中大败，然后于1849年3月23日在诺瓦拉被彻底打垮。之后在丹尼尔·马宁领导下，威尼斯继续坚持抵抗到8月。但在1849年秋天，北意大利又一次被奥地利帝国占领。

与意大利相比，波西米亚的捷克人起义则很轻松便被镇压下去。1848年6月，在布拉格召开了一次泛斯拉夫代表大会，与会代表来自捷克、摩拉维亚、波兰、斯洛伐克、塞尔维亚、克罗地亚。经过讨论，参会人士决定发动起义，但温迪施格雷茨亲王很快控制了整座城市。到6月底，波西米亚独立运动宣告失败。布拉格局势稳定后，温迪施格雷茨腾出手来，带着军队向维也纳挺进。因为在10月份，维也纳再次掀起起义高潮。面对职业军官麾下训练有素的军队，维也纳人同捷克以及意大利人一样毫无还手之力。到10月31日，温迪施格雷茨彻底控制了维也纳。

匈牙利的起义仍在持续。羸弱的皇帝斐迪南一世花了很大力气对付马札尔人。12月2日，斐迪南一世退位，皇位由他的侄子弗兰茨·约瑟夫一世继承。弗兰茨·约瑟夫时年十八岁，直到目前（1915）仍是奥匈帝国皇帝。匈牙利人立刻声明拒绝新皇帝的统治，于是战争开始了。1849年2月2日，马札尔人在卡波尔瑙遭遇重挫，匈牙利宪政被推翻，匈牙利被并入奥地利帝国。之后，拉约什·科苏特宣布匈牙利独立。年轻的皇帝弗兰茨·约瑟夫一世向沙皇尼古拉一世发出私人请求，请求俄罗斯支持哈布斯堡的正统统治。俄罗斯派出了20万大军，匈牙利革命被残暴镇压下去，匈牙利王国降格为一个附庸国。科苏特被迫像梅特涅一样流亡英国。

发生在哈布斯堡帝国境内的各种起义，对德意志的国家统一运动影响深远，但是这方面的事情我们之后再予以说明，因为我们的关注点还是这段时间里的普鲁士。

普鲁士

腓特烈·威廉四世的统治本就不甚稳固，"三月革命"

的爆发让他彻底乱了方寸。3月初,他得知了莱茵兰、西里西亚、东普鲁士发生严重骚乱的消息。在柏林至少形成了三个派别:第一派想要实现法国式的革命,这一派本来人数极少,但是在不久前一大群波兰人和莱茵兰人涌入柏林后,其实力大增。第二派是立宪派,他们人多势众,急于要求兑现腓特烈·威廉三世许下的承诺,建立一个覆盖全普鲁士的中央代议制议会,并在整个德意志建立一个类似的机构。第三派以国王本人为代表,这一派同立宪派一样呼吁改革,但同时也非常担心改革会破坏普鲁士传统的封建制度,并会阻碍各地区土地领主的自然发展,他们认为德意志的改革应该从联邦议会向前自然推进,不应该危及哈布斯堡家族在德意志经济中的传统地位。"愿上帝保佑我,粉碎任何想要把奥地利从邦联中驱逐出去的企图。如果德意志版图上缺少了的里雅斯特、蒂罗尔以及荣耀的奥地利大公国,那是要比一张没有鼻子的脸还要难看。"1847年11月,国王向他的亲信冯·拉多维茨上校如是说。

到1848年3月,国王仍然保持原来的看法,但此时局势已不再由他掌控。

三月革命

从3月初开始,柏林的革命热情日益高涨,出现了很多盛大的集会和激昂的演讲。外国无政府主义者大量涌入柏林,为即将到来的革命煽风点火。民众和警察之间发生了零星冲突,街上出现了一些罕见的街垒。对于民众的敌对态度,国王腓特烈·威廉四世情绪低沉，不知所措，只能无奈地做出妥协。3月17日，腓特烈·威廉四世签署了一项法令，废除了普鲁士的媒体审查制度，称将于4月2日召开联合议会，并声明支持巴登的立宪方案。

受到胜利的鼓舞，民众们纷纷聚集到王宫广场，甚至冲入王宫之内。国王腓特烈·威廉四世惊恐万状，瑟瑟发抖。保卫国王的军队由冯·普里特维茨将军指挥，他是一位英俊果敢的军人，但是惊慌失措的腓特烈·威廉四世却只能向军队胡乱下令。普里特维茨没有命令士兵开枪，只是指挥军队赶走了王宫内部和附近的民众。但是一次意外的走火事件激怒了民众，他们开始攻击军队，士兵们不得不开枪还击，现场顿时血流一片。腓特烈·威廉四世在镇压和妥协之间犹豫不决，他一方面怜惜自己的民众，另一方面则顾及自身的安危和尊严。随后他发布了一个充满感情色彩的公告："我是柏林人。"并向民众保证，如果暴乱参与者拆掉街垒，他就会下令撤回军队。在当时情势下，国王不得不争取获得民众支持。3月21日，腓特烈·威廉四世无奈地参加了游行，护送那些在街头冲突中死去民众的遗体。同一天，他发布了第二份公告，声称德意志君主和人民必须更加紧密地团结在一起，追随一个领导者，除此之外没有其他方法可以解决当前的危机，而他非常愿意担负起领导责任，同时宣布让普鲁士并入大德意志。作为普鲁士并入德意志的象征，腓特烈·威廉四世举行了一次沿街游行，衣服上装饰着代表德意志民族主义的颜色：黑色、红色、金色。

同样在这一天，腓特烈·威廉四世召集了一个国民制宪大会，并向大会提交了一些提案，以便从法理上确认巴登立宪方案。

在3月22日，国王又谨慎地让威廉亲王乔装出走英国，因为这位亲王在最近发生的一系列事件中无辜地背上了不少骂名。在柏林，腓特烈·威廉四世为那些骚乱中牺牲的烈士举行了隆重而庄严的葬礼。国王亲自出席，表达了对逝者的缅怀和敬意。至此，普鲁士的民主派取得了全面胜利。

国民制宪大会

两个月后，国民大会于5月22日召开。会议中辩论激烈，并一直持续到年底。在此过程中，柏林越来越向着无政府主义状态转变。无论是大会本身、立宪制下任命的各位大臣，还是从优秀市民中招募的城市守卫者，都无法维持柏林的秩序。国王本人则避居波茨坦。由于奥地利革命被镇压，他也受到激励，慢慢重拾信心，在11月2日解除了各位"宪政"大臣的职务——他也从来没有信任过这些大臣。撤销大臣后，腓特烈·威廉四世任命勃兰登堡伯爵来填补各位大臣留下的权力空缺。勃兰登堡伯爵是腓特烈·威廉二世的私生子，也是一位杰出的军人。不久之后，国王任命奥托·冯·曼陀菲尔作为伯爵的副手。曼陀菲尔是一位典型的官僚。在整个1848年的革命与混乱中，军队始终坚定不移地效忠王室。

国王任命勃兰登堡伯爵具有重要意义，此举表明他已经痛下决心，决不能依靠文件和宪法治国，而只能依赖武力。11月9日，国民大会被强制休会，并且按照要求两周之后在勃兰登堡重新召开。代表们拒绝服从决定，他们认为不经大会同意，国王无权转移、暂停或者解散大会，并且通过了一项对新内阁的不信任投票。然而，代表们的抗议注定是徒劳的。在弗兰格尔将军的率领下，普鲁士军队用武力执行了国王的命令，并在柏林实行了军事戒严。12月5日，国民大会最终被解散。同一天，国王通过敕令的形式颁布了一个新宪章。

普鲁士宪法

普鲁士于1849年初进行了选举，并于2月26日召开了内阁会议。内阁成员做的第一件事是审议通过之前在12月5日颁布的敕令，以便让此次会议具有合法性。接下来的工作是根据国王先前的承诺继续修改宪法。新宪法应"包含一个全国性的代表大会，与会代表应由自由选举选出，并被赋予所有权力"。在修改宪法的过程中，再次出现了前一年夏天的争议，然后国王又一次解散了国民大会。国民大会解散后，国王亲自拟定了两个重要的宪法修正案。根据修正案，国王取消了投票表决，并引入了三级选举制，以取代之前基于成年男子选举权的单一选举方法。三级选举制构成了普鲁士选举法的基本框架，一直到现在仍然有效。因为反对这些修正案，极端民主党人拒绝参与随后的选举。也正因为这些人的退出，1849年8月再次召开大会时才能毫无阻碍地通过了宪法的修订工作。1850年1月31日，国王颁布了这部新宪法。

直至目前（1917），1850年宪法在普鲁士仍然有效。因此，该宪法的条款值得我们关注。整部宪法的先决条件是承认国王具有至高权力。国王有权任命大臣，并有权否决立法。国王永久享有王室年俸，有权册封贵族头衔。行政事务被授权给国务部，国务部由九个主要行政部门的首脑组成。普鲁士的内阁与英国不同，各个大臣实际上并不对立法机构负责，而是向国王汇报。各部门之间极少有权力交叉和相互合作的情况。大臣们可以在任意一个议院发言，无论是不是议院的成员。除了设置国务部外，还设置了国务委员会或枢密院，不过这些机构都不太重要。相比之下，一个非常重要的机构是审计署。该机构直接对国王负责，成员的地位和职责类似于法官。审计署的工作包括对国库收入和支出进行详细审查，然后向立法机构报告。

立法机构（议会）实行两院制。贵族院包括大约365个席位，其中115位是世袭成员，包括各位诸侯家族的首脑、并入普鲁士的前诸侯国君主，以及世袭的贵族议员；大约200人来自官方和教会人士；其余人员由国王提名，终身任职，其中一部分人来自大学和主要城市，另一些则根据国王意愿而定。平民院包括433位成员，这些成员是基于普选原则，通过一种两级选举程序选举出来。虽然当时的选举权号称是"普遍"的，但它"既不平等又非直接选举"。整个国家被分成各个大区，每个大区选出1~3位议员。这些议员由选举人投票选出，选举人本身也是投票选出来的，这种选举方式体现了普鲁士宪法的独特之处。每个选举大区又被分成多个初级选区，在每个初级选区中，每250名居民中可以产生一位选举人。这些有资格的选举人又被分为三个等级（这正是这套制度的独特之处）。每个等级中的国民拥有该地区1/3的可纳税财产，从初级选区分配的选举人名额里，每个等级再分别选出1/3的选举人。然后这些选举人再召开会议，以绝对多数票的方式选出最终的议会代表。因此财产和票数共同决定了代表权。在当时的城市和地方选举中，这种选举方式非常流行。

尽管在书面上议会具有充分的立法权，但在实践中会有很多顾虑，而且国王提交的修正案也会带来很多约束。议会对行政事务的控制力不强。议会可以询问大臣，但是大臣无须回应。议会可以向国王提起申诉，但国王可以根据自己的意愿决定回应与否。这部宪法颁布后，直到现在一直没有进行过大的实质性修订。得益于这部宪法的颁布，整个普鲁士在1848年到1849年的运动，应当说一直在按部就班地推进。这个过程受到了普属波兰流亡者暴动的影响，也受到普鲁士与丹麦战争的影响，但最重要的是，立宪过程受到大德意志地区国民运动的影响。下面我们就要谈及这场运动。

德意志民族运动

德意志民族运动由两种运动交织而成：其一是宪政运动，其二是国家统一运动。这里我们把它们分别开来，只是便于更清晰地论述。进步派人士在黑彭海姆的大会上认定"当前最强大的力量、德意志民族最强大的力量，已经变成最危险的武器，掌握在与'合法性和秩序'为敌的人手中"。于是腓特烈·威廉四世在1847年11月提议议会应采取行动，把当前的邦联升级为一个紧密联系的联邦国家，并建立新型的政府机构、军队、经济和司法体系。但腓特烈·威廉四世能否实现自己的愿望，力压奥地利皇帝出任新国家的首脑，仍是未知数。因为在他采取行动为自己的梦想添砖加瓦之前,民族运动的领导权已旁落于他人之手。

普鲁士发生革命的消息很快传遍了整个德意志地区。黑森-达姆施塔特公国大臣海因里希·冯·加格恩建议公国政府应及早行动,推动在整个大德意志地区建立专业化的行政机构和中央议会。加格恩后来也因为担任法兰克福议会的主席而声名鹊起。1848年3月5日,他与50位激进派领导人在海德堡会面。与会人士大部分来自西南各国,他们任命了一个七人委员会。委员会将在法兰克福召集所有人举行会议,而这些人将成为国家的立法者。

法兰克福预备议会

大约600人响应号召,他们来到法兰克福,于3月31日召开会议。在这次大会上,绝大多数代表是南德意志人。来自黑森-达姆斯塔特的代表有84人,巴登72人,普鲁士141人,奥地利仅2人。

赫克、斯特鲁夫还有他们的拥趸急于宣布成立一个德意志共和国。这个共和国包括整个大德意志地区,领土完整且不可分割。尽管他们声势浩大,但最后还是被以多数票轻松否决。大部分代表赞成联邦政府应该有一位最高元首,并实行两院制议会,具体细节将由一个全国制宪大会来决定。制宪大会将在普选权的基础上由各州代表选举而来,每位代表将代表5万底层民众。诸侯们在此过程中没有发言权。虽然任命了一个由50位成员组成的委员会来监督议会的进程,而且议会也在3月30

日制定了自己的全国制宪大会方案,但是预备议会还是在4月4日解散了。

法兰克福议会

1848年5月18日,就在邦联议会的眼皮底下,代表们在法兰克福的圣保罗教堂召开了制宪大会(史称法兰克福议会),并立即进行了选举。一开始议会有300名代表,后来逐渐增加到550名。第一次讨论就凸显出三大派系的存在。虽然各方都同意有必要设立一个新的中央机构,但是来自普鲁士的拉多维茨和温克领导的保守派认为设立新机构应征得当前各邦政府的同意;另一方面,以来自莱比锡的罗伯特·布卢姆为代表的极端民主派想要建立一个联邦制共和国;最后是占据主流的立宪派,代表人物包括冯·加格恩、阿诺特、雅各布·格林、历史学家格维努斯以及来自波恩的达尔曼,他们的目标是建立一个君主立宪制国家。身为议会主席的海因里希·冯·加格恩的发言虽然相当委婉,但还是表现出对主流立宪派的支持倾向。如果说最后法兰克福议会在当时并没有马上产生很大影响,这也不是加格恩的错。

不幸的是,与会代表中包括了为数极多的学究型教条主义者和固执己见的媒体记者,但这似乎也难以避免。其结果是,大量时间和情绪被浪费在有关首要原则的讨论和权利声明的阐述上。对于各种事务,无论重要与否,都同样进行了冗长而严肃地讨论。在最初的六个月中,议会仅有的实际行动只是任命了一个中央执行机构。大会讨论了很多提案,其中值得一提的方案是建议成立一个督政府，包括三位执政者，分别由奥地利、普鲁士以及其他小邦国任命，通过对议会负责的各位大臣来统治整个国家。这份提案与主流意见背道而驰，大多数人坚决支持建立一个以普鲁士为首的君主立宪国家。不过，因为柏林不久前发生的一系列骚乱事件，代表们很难公推腓特烈·威廉四世出任国家元首。因此大会决定任命各方都能接受的年轻奥地利大公约翰为临时国家元首，临时掌管政府，并由他选出各位大臣。7月2日，约翰正式访问法兰克福，然后开始任命大臣。约翰取代了邦联的所有职能，邦联暂时被架空。

在此过程中，议会继续进行了多项讨论，但是进展仍然缓慢。直到1848年圣诞节期间，德意志人民的基本权利才基本上被确认下来。它的内容平平无奇，包括媒体自由、审判、民权和宗教平等、废除封建制等内容。

有关宪法的争议仍在持续。不管推行哪种方案，都不可避免地面临着极大困难。其中最严重的争议与奥地利有关。应该如何处理奥地利帝国下属的捷克、意大利、匈牙利以及其他地区与未来的德意志国家的关系？"大德意志"方案的倡议者坚决反对把这些非德语区排除在外。而有些人倡议"小德意志"方案——它始于关税同盟，试图确立普鲁士的领导地位——他们则坚持认为，不管从哪方面看，把奥地利或奥地利的任何下属地区包括进来都会对德意志的统一造成严重损害。在行政方面出现的争议也五花八门，难以协调。奥地利倾向于建立一个由七位君主组成的督政府，同时奥地利和普鲁士保持各自独立的选举系统。其他各方倾向于建立一个以奥地利、普鲁士、巴伐利亚为主体的三方行政系统，还有些人赞同成立一个由奥地利和普鲁士轮流执政的督政府。最后"小德意志"方案占了上风。奥地利被排除在外，德意志由此向世袭皇帝统治下的联邦制国家前进了一步。新国家将设立一个两院制中央议会。行政机构对议会负责，受议会委托来指挥军队、处理外交关系，以及战争与和平的相关事务。在如此重要的事务上遭遇挫败之后，奥地利转而与极端民主派联合，提出了一系列限制性修正案：皇帝只拥有延搁否决权，下议院选举将基于成年男子选举权进行。此时，温和派几近绝望，但却无能为力。最终，在1849年3月28日，普鲁士国王腓特烈·威廉四世被选为帝国皇帝。

腓特烈·威廉四世的抉择

腓特烈·威廉四世本性保守，天真地效忠于哈布斯堡家族，对民主运动极不信任，在宗教上信奉君权神授。这时候他陷入了极其痛苦的两难境地。他会为了德意志国家的统一而接受一个徒有虚名的皇冠吗？在他看来，皇冠在他人掌控之下，自己只是一个傀儡罢了。另外，强大的奥地利投来的敌意也让他噤若寒蝉。这位年轻的君王要再次决定自己的命运。3月23日，北意大利的革命运动在诺瓦拉遭到镇压；此前布拉格的革命党人早已投降；匈牙利被并入奥地利。腓特烈·威廉四世犹豫不决，迟迟未做决定，整个德意志议论纷纷。

1849年4月3日，腓特烈·威廉四世终于宣布了他的重大决定。从表面上看，他只是推迟了就任时间，他宣称没有各君主、诸侯、德意志各城邦的同意，他不可能做出决定。事实上，他的态度是坚决拒绝。他不会去戴这顶"耻辱的皇冠",也不愿自降身份,成为"革命的奴隶",普鲁士也拒绝并入德意志。

法兰克福议会的代表们不甘心就此失败。4月11日,议会决定永久坚持它制定的宪法,但是一场惨败已不可避免。虽然有28个小邦国同意该宪法,但是奥地利于4月5日召回了本国代表。普鲁士紧随其后,在5月14日做出了同样的决定。到了6月,议会中仅残留少数代表。代表们转移到斯图加特继续讨论,最后于6月8日宣布解散。1849年年底之前,帝国临时元首的权力已经转到奥地利和普鲁士手中。1850年新年第一天,约翰黯然离开了法兰克福。

法兰克福议会无疑是一次激进的尝试,最后却以惨败收场。然而德意志在统一的道路上也向前迈出了第一步,这条路在1870年迎来了转折点,一直持续到1914年。也许加格恩、达尔曼、格林和他们的同僚们缺乏足够的事务处理经验,但是他们的理想出于纯粹的爱国主义,他们的做法也是基于当时最好的先例。即使腓特烈·威廉四世有野心统一德意志,要实现这个野心也绝非易事。但是如果他在1849年能够出任帝国皇帝,德意志很可能在议会制的形式下实现统一,并慢慢过渡到一个"宪法制"帝国。然而机会稍纵即逝,德意志失去了统一的良机。那些胸怀崇高理想的人只顾空谈理论,最后遭遇失败。他们没能达成的目标,二十年后却被另一个人依靠"铁血政策"完成了。

1851—1861年保守派的反动

法兰克福议会失败之后的十年内，保守势力不断发动反攻。这段时间里，奥地利重新获得了在1848年到1849年间曾经失去的威望。奥地利得以重新崛起，主要缘于费利克斯·施瓦岑贝格亲王的坚强意志和无限精力。施瓦岑贝格在1848年奥地利最低潮的日子里临危受命，出任首相一职。施瓦岑贝格带着两个目标上任：首先是巩固哈布斯堡帝国的专制统治，其次是遏制并摧毁正在崛起的普鲁士。

如前所述，腓特烈·威廉四世道德荣誉感很强，他也因此被施瓦岑贝格玩弄于股掌之间。尽管腓特烈·威廉四世反对圣保罗教堂协定所规定的某些安排，他还是从心底赞同协定的目标。因此，1849年初，腓特烈·威廉四世邀请萨克森和汉诺威国王一起坐下来进行磋商。萨克森和汉诺威同普鲁士一样，都反对法兰克福议会提出的宪法。之后的5月，这三个北德意志国家宣布接受由普鲁士大臣拉多维茨起草的一份宪法草稿，从而形成了三王同盟。后来有黑森大公国和几个小邦国加入了同盟。加更、达尔曼以及大约150位法兰克福议会代表也支持这个同盟。普鲁士即将成为一大批诸侯国的领袖，手中还将握着一个两院制邦联立法机构，而奥地利将被排除在同盟之外。同盟在1850年1月举行了选举，参加选举的是支持同盟的各个邦国。

1850年3月，埃尔福特又一次召开了德意志议会。但此时汉诺威和萨克森已经退出同盟，同盟事实上已经破裂。对施瓦岑贝格来说，这是个绝佳的机会。符腾堡、巴伐利亚、萨克森、汉诺威结成了四王同盟，该同盟心照不宣地接受了奥地利的领导地位以及所有哈布斯堡帝国的附属国。同时，埃尔福特议会批准了由拉多维茨提交的宪法，但是汉诺威和萨克森的退出让同盟失去了任何道德上的约束力，整个同盟计划事实上已经流产。

看到普鲁士的惨败，施瓦岑贝格变得更加有恃无恐。现在他要集中全力实现一个简单的目标：把当前的政治制度恢复到由1815年邦联宪法所制定的规则上。此时，因为发生在黑森选帝侯和他的土地领主之间有关宪法的争论，奥地利和普鲁士处于大战之前的紧张状态。黑森选帝侯向邦联议会上诉，他的国民则向普鲁士求援。邦联议会颁布了邦联制裁法令，而腓特烈·威廉四世反对派遣邦联军队到卡塞尔的决议，同时开始动员军队。

事态看起来正在向战争发展，但在最后时刻，腓特烈·威廉四世妥协了。1850年11月，施瓦岑贝格和普鲁士首相曼陀菲尔在奥洛穆克会面，就两个大国之间的所有分歧寻求解决方案。普鲁士方面的"同盟"瓦解了，奥地利的同盟恢复了选帝侯在黑森的地位。普鲁士重回德意志邦联之内，并于1851年5月派了一位代表到法兰克福。1852年1月，奥地利皇帝弗兰茨·约瑟夫一世取消了奥地利的"三月宪法"。

可以说施瓦岑贝格取得了完胜。保守派重新掌控了局势。过去四年中的革命努力看起来似乎颗粒无收，但事实上并非如此。尽管法兰克福议会颁布的宪法失败了，但是它激发了德意志统一的观念。宪政运动也并非在所有国家都失败了。即使在普鲁士，1848年的革命也在宪法上留下了永久的印记，腓特烈·威廉四世拒绝仿效奥地利撤销他曾经所做的让步。这是施瓦岑贝格在其反动生涯中遭受的唯一一次挫折。然而在1852年，这位杰出而富有策略的政治家去世了。他用四年的时间成功地把哈布斯堡家族的声望和权力带到了与梅特涅巅峰时期一样的高度。

然而，在北德意志的地平线上，有一颗比施瓦岑贝格还要耀眼的明星正在冉冉上升。1857年，年迈的国王腓特烈·威廉四世陷入精神错乱状态。他在年轻时就有容易激动的倾向，之后越发严重。国王的兄弟威廉亲王成为摄政王。① 四年后，亲王继承了王位，被称为威廉一世。继位之后，威廉一世所做的第一项决定是任命奥托·冯·俾斯麦为首相。在此后的三十年里，俾斯麦成为整个德意志乃至整个欧洲的标志性人物。

---

① 这实际发生于1857年，于1858年10月7日正式任命。

第十一章

德意志的普鲁士化

The Prussianization of Germany

威廉一世

威廉一世统治的时期是普鲁士历史上最重要的时期，也是近代德意志最重要的一段时期。这位新君主的统治能够取得巨大的成功，在很大程度上要归功于他的个性。他并没有异于常人的智慧，但有着绝对健全的品格。他勤勉认真，对自己的子民全心全意，而且拥有着身为国王最不可或缺的特质——慧眼识才的能力。"威廉一世国王和他的兄弟一样，都不愿意打破父亲留下来的传统和长期以来的家庭关系，"俾斯麦说，"可是无论是作为军人还是作为君主，他都有很强的荣誉感。他敏锐地意识到他必须做出一些艰难的决定，而一旦他做出决定，大家就会相信跟随他是正确的选择，因为他永远不会让你陷入困局。"而他这一性格其实是来自于他的虔诚以及对路德教教条的信仰。他的哥哥和父亲信仰神秘主义，但他是一位纯粹质朴、有着男子气概的基督徒。在政治上，他不会独断专行，而是相信现有的秩序。但在严格的保守主义思想背后，他还能透露出几分自由主义的感情。最重要的是他完全相信君权神授，且相信普鲁士的"德意志使命"乃天命。

腓特烈·威廉四世统治的最后一年，普鲁士容克反动势力强盛，国家改组了上议院与地方政府，使得大地主们的影响力更盛。领导这一改革的是柏林大学的宪法教授弗里德里希·朱利斯·斯塔尔。阿克顿勋爵曾经形容他为"耶路撒冷被毁以来最能干的犹太人"。另外一边的温和派自由主义者把希望寄托在当时的威廉亲王（后来的威廉一世）身上，而这位亲王也没有让他们失望。

军队改革：毛奇与罗恩

威廉一世摄政之初推行了一个法令，在政府内设立一个由温和派自由主义者控制的部门，并由安东·冯·霍亨索伦亲王管理，他是霍亨索伦家族罗马天主教会一系的领导者。赫尔穆特·卡尔·贝恩哈特·冯·毛奇（1800—1891）担任总参谋长。而在1859年，阿尔布雷希特·西奥多·埃米尔·冯·罗恩伯爵（1803—1879）担任战争部长。毛奇和罗恩的任命引起了剧烈的反响。摄政王威廉一世自己就是个有能力、有经验还有满腔热血的军人，他任命毛奇和罗恩，说明他一刻都不愿多等，要马上进行军队重组改革。于是安东、毛奇和罗恩三人肩起了重任，他们要完善普鲁士军队这台最高效的战争机器。直至1871年改革完成，这三人都不曾离职。

冯·罗恩在改革军队时遵循的一些原则来自他参军的经历，特别是1832年、1849年和1850年战争动员时的实际经验。这些原则中首要的就是严格实施普遍兵役义务，同时，义务兵役的服役期从19年下降到16年。在这16年中，3年在前线，4年预备役，9年在后备军。通过这一措施，冯·罗恩预计军队每年征兵人数从4万人上升到6.3万人，驻军人数从15万人上升至21.3万人，步兵营数量从135个上升到153个，并组建18个新的骑兵营。这样，普鲁士的实际兵力就可以达到前线37.1万人，预备役12.6万人，后备军16.3万人，尽管这些后备军不会参与动员。冯·罗恩给这支大军配备了新式的后装击针枪，普鲁士是第一个采用这种枪械的国家，而这让它在1866年战胜了奥地利。

1859年意大利独立战争

1859年，奥地利的军事声望受到了沉重的打击，奥地利和新生的意大利终于做了决断。"我能为意大利做些什么？"拿破仑三世在巴黎议会这样问加富尔伯爵（1856）。至于加富尔伯爵给了他什么建议，我们从拿破仑三世在1859年率军支援撒丁王国便可一目了然。拿破仑三世对外宣称自己是为了"解放阿尔卑斯山到亚得里亚海之间的意大利地区"。势如破竹的法意联军本可得偿所愿，但拿破仑三世突然止步不前，并在1859年与弗兰茨·约瑟夫一世签订了《维拉弗兰卡停战协定》，引得欧洲和意大利一片愕然。奥地利把伦巴第割让给意大利，保留了威尼西亚和曼托瓦城堡。

拿破仑三世的转变出乎意料，也引来了无尽的揣测。他做出这样的决定明显是考虑了很多因素，其中之一便是普军在莱茵河畔迅速集结这件事。奇特的是，停战协议给弗兰茨·约瑟夫一世也带来了很大的影响。远在柏林的威廉一世看到那份初步拟定的停战协议时，他还强烈建议奥皇不要接受这些条款。

威廉一世还向奥皇提出一起出兵对抗拿破仑三世，但他提出了一个条件，那就是他要自己指挥德意志联军。弗兰茨·约瑟夫一世拒绝了这一提议，称除非普鲁士接受由邦联议会指派的指挥官，不然他不会接受普军的帮助，但这一点显然也不可能实现，普鲁士也必然会拒绝这一侮辱性的提议。威廉一世在和巴伐利亚国王谈话时曾一语道破天机："当机会来临，普鲁士便会带领军队和德意志邦联一起攻入法国。如果我们能取得胜利，普鲁士势必可以提升在德意志乃至全世界的地位。奥地利必定不希望看到这种事情发生，于是为了阻止我们的计划，即使把伦巴第交给法国，也算不上太大的牺牲。"毛奇也对自己兄弟说："关键是奥地利宁愿牺牲伦巴第，也不愿看到普鲁士领导德意志。"

因此，这场意大利战争对德意志而言便有了三重意义：其一，这场战争极大地打击了奥地利的威望；其二，这场战争在关键时刻疏远了普奥两国君主，无论是在个人意义上还是在政治意义上，都是如此；其三，在这场战争中，意大利在萨伏依家族的领导下实现了统一，这给那些努力实现德意志统一大业的人带来了极大的鼓舞。汉诺威的鲁道夫·冯·贝尼格森成立民族联盟，紧接着普鲁士国王又在1861年12月20日颁布了一份重要声明，这些都进一步地促进了德意志统一运动。普鲁士国王在这份声明中指出，只有各国听从普鲁士而非奥地利的领导，才能实现德意志的政治统一。而在统一之后，德意志可以再和奥地利达成协议。

宪政危机

这份宣言标志着摄政王接替了普鲁士国王的位置（1861年1月2日）。不幸的是，王位的更替恰好碰上了一场严重的宪政危机。关于军队的提案极不受欢迎，新议会在1862年1月14日开会的时候，他们激烈地批评了这项议案。国王因此解散议会并成立了一个由阿道夫·冯·霍恩洛厄亲王执掌的新部门。新政府在后来的选举中失利，使得"进步派"在议会中占有了绝大多数席位。包括军队重组拨款在内的财政议案都遭到否决，国王陷入难堪的困境，他手下的军队也因为没能支付军饷而被迫解散。

俾斯麦

情急之中，国王威廉一世征询了一位注定要使他的统治成为德国历史上最辉煌时期的政治家的意见。

如今迎来人生最重要时期的奥托·爱德华·利奥波德·冯·俾斯麦出生于1815年4月1日，当时国王威廉一世年仅十四岁，拿破仑被流放到厄尔巴岛也不过是一个月前的事。他的父亲是一位容克贵族，远在霍亨索伦家族之前他们家族便已经在勃兰登堡扎下了根。俾斯麦不仅继承了父亲的伟岸体格，还和大多数人一样继承了母亲的聪慧头脑。他的母亲是门肯家的女儿，她的父亲是一位出色的公务员，她的祖父则是莱比锡的一位教授。先后在柏林的文理学校和哥廷根大学以及柏林大学求学的俾斯麦，注定要展开自己的外交生涯。在成为公务员一两年后，他和兄弟开始打理波美拉尼亚的家族产业，也因此和加富尔一样，接触到了一些实际的难题，而这些经历和他的学识、宫廷经历一起为他的政治生涯积累了宝贵的经验。当他在波西米亚任职的时候，他把斯宾诺莎的研究运用到农业实践中，但在多数邻居的眼里，"疯狂的俾斯麦"只是一个身材高大、身强体壮、勇气不凡的年轻人，一个喜欢喝酒、骑马和开玩笑的容克贵族。就像加富尔那样，自小熟习英法两语的他也曾走遍英法。1845年，他加入波西米亚省议会。1847年，他作为代表参加了柏林召开的邦联议会。

在爆发革命那年，俾斯麦表现出了自己作为强硬保守派的立场，坚持维护君权，不管掌权的是霍亨索伦家族还是哈布斯堡家族。然而，君主的无耻行径使他深感受伤，当时无政府的社会也使他深恶痛绝，因此他暂时归隐田园，但1849年他又进入新组的下议院。对于"把普鲁士融入德意志"这样的说法，或是国王王权受制于民主暴民这样的做法，他都表示强烈反对。

法兰克福：1851—1859年

1851年，俾斯麦接受任命，成了普鲁士驻法兰克福邦联议会代表。身处邦联议会的他，正如他自己所说的那样，"对奥地利的政策充满了钦佩、认同甚至是崇拜"。在法兰克福的这段日子对俾斯麦而言就好比路德的罗马之行一样充满意义。他逐渐了解了奥地利的行事方式，特别是了解到奥地利对普鲁士根深蒂固的敌意。"以我在法兰克福工作了八年的经验来看，"1859年俾斯麦给施莱尼茨的信中写道，"目前普鲁士与邦联的关系限制了普鲁士的发展，在紧要关头更会带来危险……我觉得我们与邦联的关系是非常脆弱的，如果我们不趁现在条件有利而马上采取行动，我们迟早都要用铁血来修补这一关系。"

在法兰克福任职不久，他便得出了一个结论：普奥之争不可避免。为了这场斗争，他也做了许多准备：他拉拢小国，加强它们与普鲁士的经济联系；他要求普鲁士国王在欧洲采取更独立大胆的外交政策。在法兰克福，俾斯麦还定下了一条体现在他后期政策的铁律："普鲁士与俄罗斯的关系绝对不能疏远。在整个欧洲大陆的盟友中，唯有俄罗斯最容易与普鲁士结盟，因为俄罗斯一番心思都在东方。"因此，在克里米亚战争中，普鲁士绝对不能与英国和法国结盟。"我们完全没有和俄罗斯打仗的理由，在东方问题里我们也没有要和俄罗斯打仗的利益纠纷……俄罗斯和我们结盟这么久，我们没有理由攻打俄罗斯，除非是惧怕法国或是为了讨好英国和奥地利。"俾斯麦倒是毫不惧怕法国。他曾短暂访问过巴黎，因此有机会摸清这位新国王的斤两。虽然如此，普鲁士可以通过法国削弱奥地利的势力。总而言之，普鲁士和德意志能用的一切力量（比如意大利）都不能浪费在推动甚至维护奥地利的利益上。

彼得堡与巴黎

1859年，俾斯麦调任驻彼得堡大使，在那里度过了三年并发挥重大作用后，他又成了驻巴黎大使。但这份工作他只做了几个月。1862年9月他被召回柏林——唯有他才能处理国内的宪政危机。从那天起，他先后担任普鲁士首相、北德意志邦联首相以及后来的德意志帝国首相，一直掌握着普鲁士和德意志的核心权力。如果把普鲁士比作一艘大船，那么俾斯麦就好比领航员，他一路指引普鲁士穿越各种狂风暴雨，直到1890年才被新上任的年轻国王"抛弃"。正如人们所说的那样，在那些年里，他一直"在半专制国王和半宪政社会下担任宰相，一方面要考虑皇室，另一方面还要面对复杂的政治环境"。然而，他的信念从来没有动摇。在就任之前他就已经做好了准备。他在法兰克福、彼得堡以及巴黎（虽然很短暂）的外交经历使得他能亲身体会到德意志现行政治系统的无能，以及欧洲外交关系的错综复杂。

他的第一个任务便是要让自己的君主有面对这场斗争的勇气。当他在波茨坦首次会见国王的时候，国王已经签好了退位法令，但这份法令很快便被撕掉。可是在和王后在巴登巴登待了一两周之后，这位国王又开始变得消沉。国王说："我知道我们会是什么下场。就在剧院门口，他们会先砍了你的脑袋，然后再砍掉我的。"俾斯麦接着说："然后呢？我们就这样死掉了。我们能不能死得更有尊严一点——我能否像斯特拉福德伯爵那样，而陛下能否不要像路易十六，而是像查理一世那样死去？"俾斯麦赢了这场辩论，而这位国王也决定与议会斗争。

无论是对于普鲁士，对于这位国王还是对于俾斯麦，这都是决定性的时刻。但与国王相比，俾斯麦永远不会犹豫不决。他在官僚系统和军队均开展了清理工作——所有表现出自由主义倾向的人都会被扫地出门。他还继续推行毛奇和罗恩设计的军队改革，甚至不经表决便动用资金。"当代的重大问题不是靠演讲和议会投票就能解决的,而是要靠铁与血。"而无论是铁,还是血,俾斯麦都丝毫不缺。

波兰起义

1863年,俾斯麦抓住了自己的机会。波兰人民在那年举行了反抗俄罗斯的起义。那场起义准备不足,而且时运不济,从一开始就注定失败。但这对俾斯麦而言是一个机会——他可以趁机维护普鲁士与俄罗斯的友谊(苦心经营的关系)。沙皇收到消息称:"普鲁士将与他并肩作战,面对共同的敌人。"俾斯麦如此支持俄罗斯并非出于无私奉献,他很早就担心波兰要闹独立。"没有人会怀疑,"他于1848年写道,"波兰如果赢得独立,必然会和普鲁士拼个你死我活。"他在1863年也持有同样的想法,而且从来没改变过。与他持有一样想法的还有比利时国王。利奥波德一世写道:"如果波兰真的像那不勒斯人拥护加里波第那样得以复国,那么他们肯定会和法国结盟。到那个时候,夹在莱茵河畔法国与维斯杜拉河畔法国省之间的普鲁士就没有活路了。"然而,俾斯麦眼下只是想着从俄罗斯那里赚取人情。

俾斯麦心中也很清楚,奥地利和西方列强日后都会成为他的障碍,但拿破仑三世正身陷武装干涉墨西哥的事务之中,而以俾斯麦的性格,他肯定看不起英国的"民主"外交政策。

罗素勋爵用了一种傲慢和威胁,同时附带不愿意动用武力来维护自己的信念的语气,向沙皇作了一篇关于1815年条约的神圣性和宪政自由具有治愈性美德的特色演讲。沙皇在回复演讲中却只是礼貌地让他管好自己的事情就行了。拿破仑三世心急火燎地想让英国和他一起召集欧洲大会，但英国愈发怀疑拿破仑三世的意图，所以拒绝了法国的请求，在这个关键时刻，西方强国的联盟被削弱了。俾斯麦对这件事有自己的判断，但他对英国的这些政客们却没什么好的评价，而且，波兰起义对英法在丹麦公国的地位也造成了影响。

石勒苏益格-荷尔斯泰因问题

1863年，丹麦国王、石勒苏益格-荷尔斯泰因公爵腓特烈七世去世，因为无嗣，这两个公国的归属权问题再次被提起。

俾斯麦的外交政策分为三个部分，石勒苏益格-荷尔斯泰因问题就是第一部分。他以巧妙的手段利用了这个难题，为后续的成功打下了基础。因此我们有必要理解这个问题的影响，尽管已经有了帕麦斯顿勋爵那番著名的讲话。

争夺归属权的主要有五方势力：其一是丹麦国王，他称公国应该由丹麦王位继承人一并继承；其二是德意志邦联，他们认为荷尔斯泰因是一个德意志公国，坚持石勒苏益格是荷尔斯泰因不可分割的一部分；其三是普鲁士，普鲁士希望可以将两个公国并入普鲁士王国；其四是奥地利，这件事其实和奥地利关系不大，奥地利只是被俾斯麦故意拉了进来；最后是英国和其他1852年签署《伦敦条约》的国家，这份协议保护了丹麦君主国领土的完整性。

荷尔斯泰因是一个德意志人世代生活于其上的德意志公国，而且是德意志不可分割的组成部分。石勒苏益格大部分

（非全部）人口是德意志人，说的是德语，却是丹麦王国的合法领地。而根据德意志人的观点，这两个公国是不可分割的整体。1460年，两个公国的贵族选举奥尔登堡伯爵克里斯蒂安（他在1448年成为丹麦国王）为石勒苏益格-荷尔斯泰因公爵。但丹麦王室和这两个公国之间的关系仅局限于克里斯蒂安本人，就像英国和汉诺威一样，这一性质在1665年的《王位法》中得到了强调，《王位法》规定丹麦王位继承人不限男女，而其统治的两个公国仍然执行《撒利克法》。丹麦王室对这两个公国的统治一直延续到1863年腓特烈七世去世。

腓特烈七世是家族唯一的男丁，而他自己膝下无子。丹麦人也预见到了这个问题，因此费了很多心思想让这两个公国真正成为丹麦的一部分，但这两个公国反对合并。在1848年，两个公国在石勒苏益格-荷尔斯泰因亲王、奥古斯滕堡的腓特烈带领下起义宣布独立。如果不是德意志插手，这场起义恐怕会被丹麦镇压下去，两个公国也会被丹麦吞并。当时邦联议会承认了腓特烈亲王成立的临时政府，并派军前往支援。作为报复，丹麦封锁了北德意志口岸，对普鲁士造成了极大的伤害，也给它带来了极大的侮辱。

一方面因为内部事务繁忙，另一方面由于缺乏舰队，德意志漫不经心地进行着战争，到1848年8月，普鲁士代表德意志与丹麦签订了《马尔默停战协定》。然而到了1849年4月，丹麦再次点燃战火。战争在不同的条件下进行着，直到英国出面调停，双方才又签订了一份停战协议（1849年4月10日）。在经过了漫长的协商之后，1852年各方终于签订了《伦敦条约》，包括英国、奥地利、法国、普鲁士、俄罗斯、挪威和瑞典在内的签署国共同承认,格吕克斯堡的克里斯蒂安亲王有权继承当时仍在丹麦统治下的"全部领土"。与此同时,奥古斯滕堡家族对王位的诉求将用钱来解决。值得注意的是,德意志邦联并没有签署这份条约,而荷尔斯泰因国民从一开始就质疑这份条约的有效性。

1855年,丹麦国王腓特烈七世将石勒苏益格并入丹麦王国,同时在没有获得荷尔斯泰因贵族一致同意的情况下,宣布荷尔斯泰因进入"自治"状态,还在宪章中确认了这些改动(1863年3月30日)。此举引来荷尔斯泰因国民(因为这样他们就和石勒苏益格脱离了关系)和德意志邦联的强烈反对。

腓特烈七世去世后(1863年11月15日),格吕克斯堡的克里斯蒂安亲王顺利继承丹麦王位,成为克里斯蒂安九世。他能否像腓特烈七世那样继承这些公国呢?虽然1852年的《伦敦条约》允许他这样做,但这样做则违背1665年的《王位法》。

德意志邦联议会马上提出让奥古斯滕堡的腓特烈亲王继承公国,并要求撤销3月30日的宪章,但遭到丹麦反对,于是萨克森和汉诺威军队进入荷尔斯泰因,代表德意志邦联和腓特烈亲王占领了那里。

俾斯麦的政策

俾斯麦发现自己陷入了艰难的处境。他决心把这两个公国收入普鲁士囊中,而不是交给所谓的"邦联"。只要得到基尔港并且控制基尔运河,普鲁士就可以将北海和波罗的海连接起来——这给普鲁士行动提供了充分的理由。俾斯麦还暗暗觉得这次行动有可能彻底终结奥普两国世仇。但怎么才能同时实现这些目标呢？

因为波兰的问题，俾斯麦也许能期望俄罗斯主动帮忙，也许利用哈布斯堡家族的愚蠢，或许指望罗素勋爵不惜一切代价避免战争的急切。如果能将普鲁士和奥地利卷入进来，拿破仑三世也会对普鲁士的行动表示善意。

奥地利与两个公国

奥地利应该被俾斯麦玩弄于股掌之中，应该帮他在公国"火中取栗"，应该抛弃邦联议会而白白牺牲它对一众小国的影响力，如果奥地利真的这么做了，除了它被俾斯麦政治催眠，其他的理由都解释不通。俾斯麦的确已经展现了马基雅维利般的机敏、沉着冷静和高超的技巧，但无奈诸事不顺。奥古斯滕堡亲王的诉求得到了邦联议会的认可，得到了普鲁士议会的认可，得到了普鲁士国王威廉一世的认可，得到了王储的认可，即使是冯·罗恩也找不到理由拒绝。俾斯麦在说服奥地利之前，只有他一个人拒绝承认腓特烈亲王，而他之所以能说服奥地利，也是因为他以民主革命相威胁。"奥地利君主做出了愚蠢的判断，以为除了与普鲁士合作，没有别的办法可以抑制德意志的自由主义，所以抓住了普鲁士伸出的友谊之手，但这只手将给奥地利及其君主带来深深的羞辱。"皇帝弗兰茨·约瑟夫一世听信了俾斯麦的话，认为如果允许邦联议会在公国自由行动，那就会导致德意志民主主义泛滥。

因此在1864年2月1日，奥普两国否定了邦联议会的决议。

它们表示自己是《伦敦条约》的签署国,而且要维护丹麦王国领土的完整性,所以占领了两个公国。1864年4月,各方在伦敦召开会议。英国认为,德意志邦联有权处置荷尔斯泰因,但却无权处置石勒苏益格,但俾斯麦对英国的意见完全不以为意。他认为那些西方强国根本"言之无物",他们的观点都是理论上的,而对于没有武力支持的观点他丝毫不在乎。

在两个公国的战争很快结束了,8月,丹麦放弃了无望的战斗。10月,签订了《维也纳和约》,丹麦将两个公国割让给奥地利和普鲁士。"这是一种违反国际公法和原则的高压暴力及破坏行为,招来全欧洲的指责,如此霸道的掠夺在历史上仅次于瓜分波兰。"

在俾斯麦的棋局里,这还不是最难走的一步。真正困难的是怎么才能排除奥地利和奥古斯滕堡的腓特烈亲王,然后让普鲁士独占这两个公国。

如今奥地利正极力支持奥古斯滕堡家族的主张,并称这两个公国应作为德意志邦联的成员国交给腓特烈亲王。因为普鲁士国王和议会对奥地利表示支持,所以俾斯麦只能暂时承认腓特烈亲王的地位,但俾斯麦也提出了自己条件,目的是让腓特烈亲王的国家在外交和军事上完全臣服于普鲁士。腓特烈亲王拒绝了这些条件,普奥之间,大战似乎一触即发,但其实两国都没有做好打仗的准备。1865年8月14日,双方结束了加施泰因会议,奥地利暂时得到了荷尔斯泰因,普鲁士得到石勒苏益格和劳恩堡,而且有权建立一条由北海通过荷尔斯泰因直通波罗的海的水道。基尔港成为德意志邦联舰队的基地,但港口其实是由普鲁士控制的。

在加施泰因会议上，各方对真正的问题避而不谈，只是想掩饰双方的分歧，这为俾斯麦争取了时间。在真正对奥地利出手之前，俾斯麦希望能确保自己在欧洲的立场。1863年之后，普鲁士与俄罗斯的友好关系定了下来，英国可以暂时不用管，接下来必须要得到法国和意大利的支持。

1865年，俾斯麦和拿破仑三世进行了著名的比亚里茨会谈。拿破仑三世最近在武力干涉墨西哥时遭遇失利，本来就深感不悦，他不满于法国的现状，渴望在国内外重建威信。精明的俾斯麦正好可以给他这样一个机会，拿破仑三世很容易就成了俾斯麦的猎物。另一方面，意大利问题严重损害了拿破仑三世在法国宗教人员心目中的地位。如果能够把罗马留给教皇，拿破仑三世是乐意帮助意大利完成统一大业的。对此，俾斯麦准备好了他的解决方案。拿破仑三世要先把威尼斯赠予意大利，然后意大利帮助普鲁士对抗奥地利。至于法国，等到普奥都筋疲力尽，拿破仑就可以居中调停，而作为对拿破仑的小奖励，普鲁士会提出把一片土地割让给法国——或许是莱茵河边境，或许是卢森堡，或许是部分比利时，或许是部分瑞士。俾斯麦向拿破仑三世做了很多暗示，但却小心谨慎，绝不轻易做出承诺。他在比亚里茨连一份文件都没有签署过，免得给自己这个充实的假期留下不好的回忆。

俾斯麦在意大利赢得了初步的成果。意大利国王维克托·伊曼纽尔二世以一种雅量，首先向奥地利伸出了橄榄枝。1865年，他主动提出要帮助奥地利对抗普鲁士，同时要求得到威尼斯作为回报。奥地利皇帝自然是拒绝了，但此举并不明智。1866年4月，维克托·伊曼纽尔二世与俾斯麦达成了协议：如果未来三个月内普奥之间开战，意大利也会向奥地利宣战。

七星期战争

也就是说，俾斯麦有三个月时间来挑起与奥地利的战争。他已经做好了准备。自腓特烈大帝以来，普奥双方总是不可避免地存在冲突，如今它们迎来了最终的较量。

其实早在1863年，奥地利提出要所有诸侯国君主和自由市齐聚法兰克福，大家一起商讨德意志邦联的改革以及如何实现德意志的统一大业，唯有普鲁士国王威廉一世拒绝了这一邀请，但这并非他所愿，而是因为俾斯麦坚持"奥地利的改革方法并不符合普鲁士王室的地位与德意志人民的利益"。普鲁士拒绝奥地利的邀请，就意味着要挑战奥地利的权威，只是当时石勒苏益格-荷尔斯泰因问题更加急迫，所以推迟了冲突爆发的时间。到了1866年，这场冲突再也推迟不了了，普鲁士与意大利的协议也不允许再推迟。加施泰因会议的价值如今显现了出来。普奥双方的分歧再次出现。俾斯麦提出抗议，表示奥地利的做法相当于鼓励奥古斯滕堡家族夺取荷尔斯泰因。普军因此进入荷尔斯泰因，逼迫奥地利撤军并向邦联求助。俾斯麦谴责邦联，认为这个组织就是德意志软弱的根本原因。6月14日，邦联议会同意动员邦联军队对抗普鲁士，同日普鲁士正式退出邦联，并于次日（6月15日）向萨克森、汉诺威以及黑森宣战。6月18日，普鲁士又向邦联内包括奥地利在内的其他成员国宣战。

这场战争虽然短暂，但极其激烈。不到六个星期的时间，普鲁士就把奥地利甚至整个德意志踩在了脚下。到了6月18日，普军便占领了汉诺威、黑森和萨克森。汉诺威军队虽然一开始在朗根萨尔察获得了胜利，但是到了28日，也向沃格尔·冯·法尔肯施泰因将军投降。汉诺威的投降书宣示汉诺威王国覆灭以及被并入了普鲁士。

克尼格雷茨战役（萨多瓦战役）

与此同时，普鲁士大军的主力部队集结在波西米亚，其中一支由腓特烈·卡尔亲王率领，取道萨克森；另一支由王储率领，取道西里西亚。为期一周的战役在克尼格雷茨落下帷幕（7月3日），普军以摧枯拉朽之势击败奥军。不到月底，普军便已迫近维也纳，但俾斯麦劝说国王威廉一世放弃进入奥地利首都。双方于7月26日签订和约，现代历史中十分关键的一场战争就这么结束了。

《布拉格条约》

这份决定性的和约就是1866年8月2日在布拉格签订的《布拉格条约》。俾斯麦对其中的两点要求非常坚定：其一是奥地利必须承认解散"现有的德意志邦联"以及"同意在奥地利帝国不参与的情况下组成一个新的德意志邦联"（条例第五款）。其二是威尼斯必须交给意大利。而在别的事情上，俾斯麦希望尽量对奥地利宽容一点，从而更顺利地达成战争的最终目标。战争的补偿条件十分宽松，而且遵从奥地利的特别请求，保留了萨克森的完整性。汉诺威、黑森-卡塞尔、拿骚、美因河畔的法兰克福自由市，还有石勒苏益格、荷尔斯泰因这两个丹麦公国都并入了普鲁士，但根据条例第五款的要求，石勒苏益格北方地区的人口可以进行自由投票，自主决定是否回归丹麦。美因河以北的所有国家在普鲁士的领导下组成一个北德意志邦联，而美因河以南各国也可以建立它们自己的联盟。下一步就是要确定它们和北德意志邦联的关系。

尽管除了威尼斯以外，奥地利没有损失任何领土，但七星期战争对奥地利、普鲁士和德意志都造成了极大的影响。

奥地利不再是德意志的一部分，但它"对布达佩斯的渴望"（早在1648年就可看出）却愈发强烈。如果奥地利有意扩张，那也是向罗马尼亚或斯拉夫国家下手，至于德意志国家，奥地利是绝对不敢碰的。面对这个新成立的奥地利帝国，俾斯麦希望保持一个尽可能友好的关系。这时他已经开始谋划下一步棋：解决普鲁士与法国的矛盾。他的目光更长远了，而且在《布拉格条约》中其实也暗示奥普建立"两国同盟"。

七星期战争对普鲁士的重要性比起别国更甚。霍亨索伦家族的领地第一次从莱茵河一直延伸到波罗的海：他们得到了接近2.5万平方英里的土地以及接近500万人口（除了石勒苏益格有一些丹麦人外，这些人口都是纯正的德意志人）；他们得到了基尔港这个庞大的海军港口；最后他们终于在北德意志获得了毫无争议的支配地位。

北德意志邦联

为了正式确立这一支配地位,普鲁士向北德意志邦联各国发出了一份协议草案,总共有22个国家签署。签署国承诺派遣全权代表前往柏林起草宪法,这份宪法接下来会上交到由各成员国按照人口选举组成的制宪大会。这些代表于1866年12月聚首柏林,1867年2月7日宪法草案获准通过。2月24日,制宪大会召开;4月16日,宪法获得通过;随后这部宪法上交到各国议会,并在各国议会通过。

1867年7月1日,北德意志邦联正式成立,其成员国包括21个邦国:普鲁士、萨克森、梅克伦堡-施维林大公国、梅克伦堡-施特雷利茨大公国、奥尔登堡大公国以及萨克森-魏玛大公国、不伦瑞克公国、安哈尔特公国、萨克森-科堡-哥达公国、汉堡自由市、不来梅自由市、吕贝克自由市以及一些小的诸侯国。诸侯保留了相当一部分君主权力:他们仍可以召开地方议会,征集地方税,在外国也可以有独立的身份,但外交事务、军队的征召和指挥、和战的确定则由邦联主席裁定。普鲁士国王作为世袭主席享有执行权,同时由邦联首相加以辅助。立法机构由两部分组成:(1)由各成员国代表组成的联邦参议院;(2)由全体男性公民投票选举的帝国议会。整个北德意志邦联施行义务兵役制。

邦联主席的首个正式法令便是任命俾斯麦为邦联首相,最重要的是,邦联首相是这部宪法的基石。对于这部新宪法,莫里尔爵士(当时的英国驻达姆施塔特大臣,后来成为罗伯特爵士)在1868年写给自己长官斯坦利勋爵的一份备忘录有过非常精准的分析。莫里尔爵士说道，我们一定要把北德意志邦联看作在"大普鲁士主义和小德意志主义"之间的折中做法，但这个邦联的立法中心显然是在北德意志，而非普鲁士议会。然而普鲁士国王的权力极大，议会众人"除了能和俾斯麦协商之外，也做不了其他的事情"，因此感到非常无力。邦联主席的权力，即使在纸面上，也是相当可观的，但这种权力最终还是源于普鲁士国王，更源于首相的个性。"首相就是那根弹簧，他就是那根中心轴，正是他推动了整个国家机器的运转……当时整个邦联机构的各项职能都没有落实到邦联宪法上，只有最初设计这个邦联的人才能决定这些职能具体是什么。"因此，邦联的重要职能越来越多落到了这位统管一切的首相手中。

虽然从某种程度来说，莫里尔对俾斯麦的偏见影响了他的分析，但总体来说，这一分析既敏锐又准确。不是普鲁士融入了德意志，而是北德意志融入了普鲁士。

这个观点很好地解释了为什么四年后北德意志邦联可以继续扩展，最终转变为德意志帝国。在法兰克福见识到旧邦联的无用和奥地利对普鲁士的敌意之深后，俾斯麦就一直在为了这个目标而奋斗。如今，普鲁士距离统一德意志只有一步之遥，而俾斯麦通过击败法国走完了这一步。

第十二章

德意志统一

The Unification of Germany

法国和萨多瓦战役

"在萨多瓦战役中被征服的其实是法国。"兰登元帅的话不仅反映了法国政治家的情绪,也反映了法国人民的情绪。他们有这种想法也是可以理解的。在1866年之前至少两百年的时间里,法国一直是欧洲大陆无可争议的霸主。但现在普鲁士异军突起,法国的霸权受到了威胁。

俾斯麦像他的敌人一样敏锐地意识到了这个新的形势。七星期战争还没有结束,他就宣称相信与法国开战"是历史的必然"。俾斯麦无意阻挡历史的洪流,他坚信法国决不会白白坐视普鲁士扩张和德意志的统一,法国必然要努力阻止此事发生,必要时还会发动战争,以确保获得足够的"补偿"。

拿破仑三世和俾斯麦

事实上,法国皇帝拿破仑三世经不起再一次的外交失败了。最近,这位才华横溢的冒险家日子过得很糟糕。虽然1859年的意大利战争让法国得到了萨伏依和尼斯,但信奉教皇至上的法国人则认为战争胜利的代价过于高昂。他们特别关注新的意大利王国将如何转变为教会国家。从各种意义上说，拿破仑三世越来越依赖于神职人员的支持才能维持他在法国国内的地位。"自由帝国"的声望正在急速下降，国内的制造商们对《科布登条约》嗤之以鼻，已是节俭经营的法国也逐渐难以负担起巨大的开支。关于大规模腐败问题的流言愈发响亮和频繁。最让人担心的是拿破仑三世的健康每况愈下，王朝的未来岌岌可危。

法国声望的衰落

用国外的眼光看，（19世纪）60年代后期的法国早已风光不再，它已经不是当年那个强势崛起、敢于向俄罗斯和奥地利宣战的帝国了。1863年波兰起义为俾斯麦提供了千载难逢的机会，这也是导致拿破仑三世垮台的第一步。虽然拿破仑三世在此期间对俄罗斯表示抗议，但这并没有给他带来任何荣誉，更没有给波兰带来任何好处。后来又遇到了石勒苏益格-荷尔斯泰因问题。在一片混乱之后，法国的形势变得和英国一样岌岌可危，俾斯麦更是把两国踩在脚下。法国未能救助波兰人或丹麦人，还在武装干涉墨西哥时遭遇了可怕的悲剧。

1866—1867年对法国的补偿

在经历克尼格雷茨战役后，现在就连奥地利也变得十分卑微。普鲁士的胜利如此迅速，令拿破仑三世感到措手不及，也令他的外交陷入混乱。在比亚里茨会谈之后，拿破仑三世以为自己成了大度的仲裁者，还能得到丰厚的补偿，但在普鲁士取得克尼格雷茨战役大捷后，他却成了普鲁士的卑微追随者。

其至在《尼科尔斯堡停战协定》（亦称《尼科尔斯堡预备和约》）签署之前，法国驻柏林大使贝内德蒂就跟随俾斯麦来到普鲁士总部，坚持要为法国争取"补偿"。俾斯麦用花言巧语搪塞了过去，旋即与奥地利握手言和。

普法双方在柏林重新谈判，贝内德蒂正式要求得到美因茨和巴伐利亚的帕拉丁领地。俾斯麦断然拒绝，还把法国的要求连同他的拒绝声明发表在法国的《世纪报》上。拿破仑三世不得不放弃这个要求，但祸患却已经产生。由于这次事件，南北德意志将成为令人畏惧的联盟。只要俾斯麦张开双臂，巴伐利亚的强大政治势力就会扑入他的怀抱。

《条约草稿》

在此之后发生了一个事件，但我们目前还没有找到有关这次事件的详细记录。如果要让贝内德蒂伯爵顺利向拿破仑三世复命，俾斯麦其实可以开出合适的条件。虽然他不能把德意志西部的任何领土割让给法国，但他可以暗示拿破仑三世自取卢森堡甚至比利时，作为拿破仑三世承认南北德意志统一的回报，而这正是《条约草稿》的基本内容。这份文件由俾斯麦发给英国，并于1870年7月25日普法战争前夕刊登于英国的《泰晤士报》。根据这份草稿的内容，法国同意承认除奥地利之外的所有德意志国家组成一个统一的联邦。而作为回报，普鲁士将协助法国从荷兰国王手中取得卢森堡；万一拿破仑三世"由于形势所迫需要派军队进入比利时或征服比利",普鲁士也会动用全部陆军和海军来帮助拿破仑三世,对抗任何向法国宣战的国家。

在这样一个关键时刻发布这份草稿,俾斯麦的动机可谓昭然若揭。俾斯麦希望借助这份草稿疏远英法两国的关系。

《泰晤士报》在柏林的暗示之下指出这显然是法国提出的草案。贝内德蒂、格拉蒙公爵和法皇立即否定了俾斯麦的说法,并宣布《条约草稿》中的条款是由俾斯麦授意贝内德蒂起草的,而且当贝内德蒂把这些条款传达给巴黎时,皇帝立即表示拒绝。

此中的真相也许永远无人知晓。这份草稿诚然是贝内德蒂的笔迹,而且是写在法国大使馆专用的纸上。毫无疑问,俾斯麦会乐于看到拿破仑三世向比利时发起进攻,但他会不会让拿破仑三世保有比利时,这就是另一回事了。为了让拿破仑三世承认德意志帝国,以及为了得到荷兰和阿尔萨斯-洛林,俾斯麦确实可能会这么做。

与此同时,俾斯麦进一步稳固了普鲁士的地位。他与奥地利缔结了《布拉格条约》;他取悦了俄罗斯沙皇亚历山大二世;他结束了普鲁士议会的"冲突时期",并通过一份赔偿法案巩固了自己的政治地位;最后,他与德意志南部的四个国家缔结了攻守同盟。根据同盟条约,普鲁士保证它们的领土完整,而它们也同意在普鲁士受到攻击时提供支持,并把它们的军队置于普鲁士国王的指挥之下。

德意志关税同盟的重组

现在离德意志统一只有一步之遥。1867年柏林关税议会成立,标志着这一进程进入新的阶段。出于财政目的,德意志南部各国将派代表与北德意志邦联的代表一起组成邦联关税参议院和关税议会。

卢森堡

然而德意志与法国的关系仍不稳定。由于在夺取莱茵河省的过程中遭遇挫折,拿破仑三世感到犹豫不决,不知应不应该对比利时出手。1867年,他退守到这样一个要求:"去往布鲁塞尔的道路,由比利时自己默认了。"在欧洲经济中,卢森堡大公国占据着非同寻常的地位。1815年荷兰国王得到了卢森堡,同时将德意志的奥兰治领地交给了普鲁士。作为卢森堡大公,荷兰国王是德意志邦联的一员。1830年比利时反对并入荷兰,卢森堡转而站在了比利时的一边。随后是一段混乱时期,但根据1839年的《伦敦条约》,卢森堡的大部分领土最终归于比利时,小部分归还给荷兰。自1815年以来,卢森堡大公国的首都一直由普鲁士驻守。1867年1月,法国和荷兰达成协议,荷兰同意将卢森堡卖给拿破仑三世,前提是普鲁士要撤走驻扎在卢森堡首都的军队。普鲁士国王同意这一条件。但到了3月,大规模的反对示威令俾斯麦感到震惊。普鲁士后悔了,于是否决了这次交易。此举本有可能引发战争,但不论是拿破仑三世还是俾斯麦,都没有完全做好开战的准备,因此他们同意在伦敦开会讨论。1867年5月，这个问题终于在伦敦得到了解决。根据《伦敦条约》，卢森堡大公国归属荷兰，但是英国、奥地利、法国、意大利、荷兰、普鲁士和俄罗斯必须保证它永久中立的地位。卢森堡的防御工事将被摧毁，普鲁士的卫戍部队将被撤回，卢森堡大公明白不能在此地建立或维持任何军事机构。

这是一种合理的妥协，而且各方都遵守了上述规定，直到1914年普鲁士侵犯卢森堡和比利时的中立地位。到目前为止，欧洲的和平似乎得到了保证。而在1867年的夏季，巴黎要举行世界博览会，法皇邀请普鲁士国王作为嘉宾，普鲁士国王还带来了首相俾斯麦。法皇特别关注俾斯麦，还亲自向他请教国内政治问题。然而谁能料到，两人下一次的会面竟是在色当战役之后，拿破仑三世向普军缴械投降之时呢？

拿破仑三世的外交

尽管双方互致敬意，但在接下来的三年里，法国和普鲁士的关系却在不断恶化。俾斯麦目前还不愿意与法国撕破脸皮，他还有很多工作要做，不仅要同化最近并入普鲁士的各国，还要令新的邦联宪法正常生效。按照普鲁士的路线重组邦联军队，这本身就是一项规模巨大的任务。让南方各国与北方完全协同一致也需要时间。总而言之，只要俾斯麦能够按部就班、态度稳健、缓慢行事，他必然能得到好处。

正是出于这个原因，在1870年初巴登大公（普鲁士国王威廉一世的女婿）正式申请加入北德意志邦联的时候，俾斯麦才会认为拒绝是明智的选择。他坦率地告诉民族党的领导者们："即便是满足他们最普通的愿望，都意味着向法国宣战。"然而，这场战争确实不能无限期推迟了。一位密切关注德意志的优秀评论家做出了如下分析："德意志境内的情况已经到了如此地步，统一大业必须继续向前推进，否则在1866年付出的所有努力都将付诸东流。但每个人都觉得继续推进统一就意味着与法国开战。"不过俾斯麦仍可善待良机。

拿破仑三世的情况正好相反。随着日子一天天过去，他的处境愈发艰难，而他的健康状况也在迅速恶化。法国的出生率正在下降，德意志的出生率却在不断上升，德意志每年招募的新兵就比法国多出5.8万人。拿破仑三世开始厉兵秣马，疯狂地为这场不可避免的战争组建同盟。法国与俄罗斯、意大利和奥地利的谈判已经开始，但是俄罗斯已经和普鲁士建立同盟关系，罗马又在阻拦奥地利和意大利与法国结盟，但是在1870年6月，法国秘密派遣勒布伦前往维也纳，双方达成了一份非正式协议。根据这份协议，法国将向凯尔进军，直取巴伐利亚的心脏地带，同时宣布要把德意志南部国家从普鲁士的统治下解放出来。法国舰队将对吕贝克和什切青施压，阻滞普鲁士驻德意志的北部军队。在法国出手三周后，奥地利也将加入战局，在波西米亚边境部署8万兵力。这就是拿破仑三世的计划，但双方没有缔结任何实际的条约。所以当战争真正爆发时，法国压根找不到一个欧洲盟友。

霍亨索伦家族的西班牙王位继承人

俾斯麦和拿破仑三世一样坚信战争无可避免,但他无论如何都要让拿破仑三世首先宣战。他在西班牙王位继承问题上找到了机会。1868年,西班牙人废黜了声名狼藉的伊莎贝拉二世女王,普里姆将军努力寻找王位的继承者。维克托·伊曼纽尔二世的侄子热那亚公爵拒绝接受王位,普里姆将军找到的其他人也不愿戴上西班牙王冠。俾斯麦于是推荐霍亨索伦—锡格马林根的利奥波德亲王接受王位,他是普鲁士王室成员,但与波拿巴王朝关系更为密切。后来的事实证明,普鲁士国王本人并没有在这件事上使用什么手段。至于俾斯麦有没有在背后推波助澜,答案不言自明,阿克顿勋爵已经充分证明了这一点。利奥波德亲王在1869年曾两次拒绝加冕,1870年,马德里购买了价值5万英镑的普鲁士债券,后来西班牙重新提出邀请,利奥波德亲王在1870年7月4日终于接受了西班牙王位。

埃米勒·奥利维耶在1870年1月成为法国总理,他和法皇都选择避战。但是在法国有两个人拥有直面战争的勇气,那就是皇后和格拉蒙公爵,他们的建议在最后占据上风。7月6日,法国以挑衅的措辞向普鲁士送去了照会,正式宣布霍亨索伦家族成员继承西班牙王位将被法国视为宣战理由。俾斯麦胜利了,现在只有一件事让人担心:他的国王过于诚实和坦率了。不出所料,威廉一世竟私下建议利奥波德亲王退位。于是在7月12日,利奥波德亲王放弃了王位。法国人认为这件事十分荒诞可笑,他们的媒体评论利奥波德亲王是个"普鲁士懦夫"。俾斯麦绝望了,他苦心孤诣,忍辱负重,历尽千难万苦才构筑起来的外交计划如今彻底崩溃，他愤然决定辞职。他写道："我感到非常失望，这样懦弱的政策只会侵蚀我们国家的地位。我想不出有什么办法可以弥补它所带来的伤害，除非是借题发挥与法国挑起争执，但这种做法实在过于笨拙。"

埃姆斯密电

所幸在关乎国家命运的非常时刻，俾斯麦的好运一直常伴左右。在成功威胁普鲁士之后，法国做了一个极其愚蠢的决定，它要对普鲁士大肆羞辱一番，从而加重普鲁士的挫败感。正当威廉一世国王到埃姆斯休养之时，格拉蒙公爵发电报给随行的贝内德蒂，表示普鲁士就这样放弃王位是不够的，同时要求国王保证永远不允许利奥波德亲王拥有继承西班牙王位的资格。这种赤裸裸的侮辱激怒了国王，但国王还是礼貌地拒绝了此番要求。当时在场的军官阿贝肯向俾斯麦发出了那份历史性的"埃姆斯密电"。

阿贝肯致俾斯麦电报

1870年7月13日

下午3时40分于埃姆斯发报

陛下与我说道："贝内德蒂伯爵在散步时向我提出了十分无理的要求，他说我应该授权他立即发电报给法国，宣誓我永远不会同意霍亨索伦家族成员继承西班牙王位。我最后义正言辞地拒绝了，因为我永远也不可能做出这种承诺。我和他说我现在还没收到任何消息，即便是巴黎和马德里有什么消息，他肯定会先比我知道。他应该明白，普鲁士政府并不想干涉此事。"国王陛下已经收到了卡尔·安东尼亲王（利奥波德亲王的父亲）的来信。陛下已经告诉贝内德蒂伯爵，他正在等待亲王的消息。考虑到上述无理要求，还有我和奥伊伦贝格伯爵的建议，陛下决定不再接见贝内德蒂伯爵，请一位副官向他传达以下消息："陛下现在已经从亲王那里确认了贝内德蒂之前从巴黎收到的消息，暂时没有什么要对大使说的了。"至于是否应该立即向我们的驻外大使和媒体公开贝内德蒂的要求和陛下的回绝，陛下留给阁下做决定。

7月13日，罗恩和毛奇正在柏林与俾斯麦共进晚餐，二人都对俾斯麦辞职的事情感到惋惜。晚餐吃到一半，俾斯麦收到了埃姆斯密电。

俾斯麦的机会来了。几分钟之后，他就准备好了发给媒体的信息。俾斯麦把信息读给在场的客人听，其中写道：

在西班牙王国政府正式向法兰西帝国政府通报霍亨索伦世袭亲王放弃王位的消息后，法国大使竟步步紧逼，要求国王陛下在埃姆斯授权他发送电报，对法国说明国王陛下将永远不会同意霍亨索伦家族再次参与继承权之争。因此国王陛下决定以后不再接见法国大使，并派值班的副官告诉大使：陛下再也没有什么好谈的了。

俾斯麦等人的情绪从沮丧变成了欢欣。毛奇说道："经过修改，这件事听起来有了不一样的味道，之前像是要和法国谈判,现在像是要勇敢还击法国的挑战。"俾斯麦故意把国王的毕恭毕敬改成了大胆挑衅。"这就像在法国这头公牛面前拿起了一块红布。"罗恩的评论同样简洁明了:"上帝果然还在我们身边,不会让我们带着耻辱死去。"

对于普鲁士而言,开战已成定局。但对于巴黎而言,虽然民众为战争感到极度狂热和无比兴奋,内阁成员却踌躇不前。他们的犹豫不无道理,到底要谋求和平还是直接开战?法国权衡了足足两天。莫里尔认为当时只有一个大国能够阻止普法开战,这个国家就是英国。但是英国的外交政策毫无建树,不足以力挽狂澜。克拉伦登勋爵在6月27日去世,这对欧洲而言是巨大损失,因为他去世前"正要努力实现裁军"。

俾斯麦对艾米丽·罗素夫人说道:"在我这一生中,没有什么比听到您父亲的死讯更让我高兴了……如果您父亲还在世,他一定可以阻止这场战争。"俾斯麦往往一语中的且语出伤人,这次他已经算是说得十分客气了。战争确实是历史的必然。克拉伦登勋爵可能会推迟战争爆发的时间,但格兰维尔和格莱斯顿显然都没有做到这一点。只要给拿破仑三世一点压力,他肯定马上就会屈服。虽然格拉蒙和皇后一门心思要与德意志开战,但事实上内阁只是以一票之差通过了开战的决议。7月19日,法国的战书送达柏林。

普法战争

如果法国要取得胜利,唯一的机会就是以迅雷不及掩耳之势把大军开到德意志南部。但在7月20日,巴伐利亚决定加入普鲁士，南北各国终于凝聚在一起，15万兵力也加入毛奇将军麾下，法国只能眼睁睁地看着德意志的后门被死死封上。俾斯麦暗示俄罗斯可以借此机会废除《巴黎和约》中关于黑海中立化的条款，于是亚历山大二世也加入了普鲁士，并且宣布俄罗斯将在奥地利旁边保护普军侧翼。法国连一个盟友都没有了。

法国宣战后三周内，普鲁士就已经完成了所有备战工作。普法战争在8月2日正式打响，一个月后，战争第一阶段结束。罗恩将军派遣50万兵力出战，另外准备了50万后备军。普军组织严密，方方面面都准备周全。法军一如既往地英勇战斗，但将官、军需补给和运输条件都非常的缺乏，这场战争毫无疑问只有一个结局。

德意志人兵分三路挺进：第一路由施泰因梅茨指挥，兵力为10.2万人。这支军队在科布伦茨集结，沿着摩泽尔河向梅斯进军。第二路由腓特烈·卡尔亲王（绰号"血王子"）指挥，兵力为24.48万人。这支军队从美因茨出发，目的地同样是梅斯。第三路由普鲁士王储率领，兵力为22.04万人。这支军队从斯特拉斯堡向曼海姆挺进。

8月4日，普鲁士王储与法国麦克马洪元帅在魏森堡的先头部队短兵相接，两天后又在沃斯与麦克马洪的主力部队打了一仗，虽然代价高昂，但给敌军造成了毁灭性的打击，麦克马洪麾下的士兵四散溃逃，不得不撤退到沙隆。8月6日，腓特烈·卡尔亲王和施泰因梅茨得知弗罗萨德将军没有得到巴赞元帅的支援，便攻占了弗罗萨德将军控制的斯皮歇壬高地，并且迫使法皇亲自率领的"莱茵河军队"退回梅斯。皇帝将指挥权交给了巴赞元帅，然后加入了麦克马洪和阿尔萨斯的军队。经过一系列巧妙而危险的行动之后,德意志第一路和第二路军队挺进至梅斯和巴黎之间的位置。在8月14日和8月16日两次战斗之后,双方的血战在8月18日的格拉沃洛特-圣普里瓦战役结束。巴赞元帅犯下了致命的错误,导致自己和18万法国精锐在梅斯被重重包围。麦克马洪违背了自己的判断,执行拿破仑三世的命令,率领阿尔萨斯的军队,从沙隆出发前去营救巴赞。普鲁士王储率领的德意志第三路军捕捉到麦克马洪的动向,在色当将他和他的13万法国士兵包围起来。

色当战役

经过令人绝望的战斗,拿破仑三世终于在9月2日向普鲁士国王投降。8万法军沦为普鲁士的战俘,包括法皇本人。

法兰西第二帝国的衰落

色当战役让法兰西第二帝国轰然崩塌,皇后和皇太子一起逃到了英国,皇帝本人被废黜。法兰西第三共和国在9月4日宣告成立。法国迅速成立"国防政府",其中的成员包括甘必大、儒勒·法夫尔和巴黎武装力量总司令特罗胥将军。梯也尔也肩负起游说列强的重任,劝说他们代表法国进行调解。他的任务以失败告终,但却让俾斯麦感到惶恐。9月19日,俾斯麦在费里耶尔城堡会见了儒勒·法夫尔。但俾斯麦既不是公开会议,也不是参议会议,他是一位现实的政治家,所以对法夫尔的雄辩感到无动于衷。即使法国要选举国民议会,俾斯麦也不同意停战,除非法国立即交出阿尔萨斯和一部分洛林的领土。法夫尔则向列强发表声明,宣称法国政府"绝不向德意志交出一寸领土和堡垒上的一粒石子"。

巴黎之围

法国在色当战役后投降不到三周,王储把目光转向巴黎。时间到了深秋,包围巴黎进展缓慢,令俾斯麦感到很不耐烦,他担心会出现"欧洲干预的可能性"。不过在每一方面,德军都取得了成功。甘必大于10月7日乘热气球逃离巴黎,殚精竭虑地组织国防力量。但是在10月11日,德军打败了卢瓦尔河的法国军队,占领了奥尔良。在东部战线,法军同样是节节败退,虽然士兵们奋勇抵抗,但斯特拉斯堡还是被迫在9月28日投降。仅仅一个月后,坐拥15万兵力和大量物资的梅斯要塞投降,如果不是巴赞元帅背叛了国家,那就是怯懦的人把这个伟大要塞拱手相让,不管事实如何,这都给法国带来了奇耻大辱。面对这些灾难,甘必大加倍努力,决心重振法国的信心。11月9日,法国夺回了奥尔良,卢瓦尔河的军队打了几次胜仗之后决定放手一搏,誓要解放巴黎。可尽管法军拼尽全力,德军还是逐渐逼近了法国首都,包围圈越收越窄,1871年1月28日,巴黎投降。

《法兰克福条约》

双方筹备了一份停战协定,以便法国选举国民议会。2月

12日，法国在波尔多举行大选，梯也尔当选为国家元首，并于2月26日安排了初步的和平协议。梯也尔比儒勒·法夫尔更适合出面谈判，至少俾斯麦会尊重他。对阿尔萨斯的处置，俾斯麦没有留下任何商量的余地。俾斯麦说道："斯特拉斯堡是我们家的钥匙，所以它必须留在我们手上。"洛林和梅斯要塞则不同。如果说斯特拉斯堡是法国对抗德意志的突破口，那么梅斯则是德意志对抗法国的突破口。每一次俾斯麦提出割让斯特拉斯堡的理由，法国则在这基础上提出保留梅斯的理由。我们有理由相信，倘若不是毛奇从旁劝说，俾斯麦就会把梅斯交给法国。其实在俾斯麦与梯也尔的谈判中，梯也尔能得到最好的条件就是让法国留住贝尔福。虽然法国不得不忍辱负重，打开大门让德军进入巴黎宣告胜利，但只要能要回贝尔福，这一切都是值得的。

根据5月10日在法兰克福签署的最终条约，法国同意割让除贝尔福和洛林东部以外的整个阿尔萨斯，以及梅斯和斯特拉斯堡这两个要塞。[1] 赔款金额定为50亿法郎，分三年支付。在这三年中，德军将一直占领指定的法国地区，直到赔款支付完毕。

新的帝国

俾斯麦没有为了阿尔萨斯-洛林而与法国继续作战。哈登贝格曾在1815年预言，普鲁士终有一天会为了这两个地方打一场血腥的战争。也没有人怀疑，斯特拉斯堡会是法国为德意

---

[1] 关于阿尔萨斯-洛林问题的讨论，参见230页及其后内容。

志在法国领土上的第一次胜利而付出的代价。但这些主要是士兵们要考虑的问题。俾斯麦在1870年引发战争时，心中还怀揣着其他目的。在他看来，这场战争是完成德意志统一的必要条件。

1870年秋天，威廉大街上的政府人员尽数转移到凡尔赛宫。在路易十四的宫殿里，一个伟大的政治体终于构建完成。正如我们在前面讲到的那样，巴登本来就极度渴望加入北德意志邦联。

巴伐利亚的特权

巴伐利亚坚持独立，直到普鲁士允许巴伐利亚保留一些特权，它才同意加入德意志联邦。这些特权包括：巴伐利亚国王在和平时期仍然可以指挥军队，而且根据宪法，巴伐利亚在处理外交和军队事务的联邦参议院常务委员会中占有永久席位；它控制着自己的铁路、邮政和电报系统；它保留了自己关于婚姻和公民身份的法律；帝国对白兰地和啤酒免征消费税，而巴伐利亚则有权对这些物品征收自己的消费税。符腾堡也以类似的条件加入了德意志联邦。到1870年11月，艰难的外交工作终于完成了。俾斯麦终于表示："德意志统一大业已经完成，德意志皇帝和德意志帝国也随之建立。"

皇帝头衔

至于新的皇帝要用什么称号，有相当大的意见分歧。俾斯麦非常强调要有皇帝头衔，他认为这确实是"一种政治需要"。普鲁士王储更是如此，他对此事的看法始终如一，甚至比俾斯麦更加坚定。但是老一辈的普鲁士贵族和国王本人都反对这种变化，而且南方的国王们无法容忍出现任何上级。因此人们一致认为，普鲁士国王不应成为德意志的皇帝，也不应成为德意志人的皇帝，而是"在德意志的皇帝"，即德意志皇帝。

国王威廉一世同意接受兄弟君主给他的这个头衔[①]，1871年1月18日，威廉一世在凡尔赛宫的镜厅正式加冕为德意志皇帝，因有此头衔而受众人的欢呼。遥想勃兰登堡选帝侯腓特烈一世在哥尼斯堡加冕为普鲁士国王，距离此时已经有整整一百七十年了。普鲁士漫长的发展变迁正如一部历史大戏，而这部剧的最后一幕竟是在法国的凡尔赛宫上演，这本身就充满了戏剧性和讽刺的意味。

1871年的《德意志宪法》

新的宪法文书于1871年4月14日提交议会，并于4月16日正式颁布。它来源于：（1）经修订的《北德意志邦联宪法》；（2）北德意志邦联与南部各国之间在11月15日、11月23日和11月25日分别签订的条约。

《北德意志邦联宪法》轻而易举地转换成了新的《德意志宪法》。

[①] 其实这一提议是巴伐利亚国王路德维希二世通过（由俾斯麦起草的）一封信传达给他的。

德意志皇帝

从宪法上看，德意志皇帝的位置十分特殊。严格来说，他不是世袭君主，实际上他根本不是"君主"。《德意志宪法》第十一条规定："德意志联邦主席的位置属于普鲁士国王，普鲁士国王因此而被称为德意志皇帝。"德意志皇帝没有皇冠，没有年俸，德意志的"主权"由联邦参议院代表的各国政府共同拥有。普鲁士是联邦参议院中最强大的国家。从严格意义上说，普鲁士国王通过联邦参议院行使他作为皇帝的权力。宪法中没有规定帝国的继承问题，但因为帝国必须遵循普鲁士王国的统治，所以皇帝不仅是北德意志邦联的主席，还兼有三重身份：德意志联邦主席、德意志联邦总司令和普鲁士国王。他代表德意志帝国对内统领各成员国，对外与各国列强维护关系。在联邦参议院下属委员会的帮助下，他掌控外交事务、缔结联盟、接待外国使节、宣布和战。但对每一次进攻性战争的宣战，德国联邦国防部的同意是必不可少的。德意志皇帝有权召集立法机关开会和休会，还可以在联邦参议院的同意下解散议会。皇帝可以对任何不服从联邦的国家进行制裁，还可以颁布和执行帝国的法律。

帝国宰相

行政权属于皇帝和他任命的帝国宰相。帝国宰相是唯一的联邦大臣，但随后俾斯麦在工作中也得到了一些下属官员的协助，如外交和殖民大臣。俾斯麦却拒绝组建自己的内阁，所以帝国不存在内阁。帝国宰相是唯一向帝国负责的官员，除了皇帝以外，无论是联邦参议院还是其他任何人，都无法罢免宰相。① 作为帝国宰相，他主持联邦参议院，但他只能作为普鲁士代表投票，没有作为帝国宰相的投票权。宰相在帝国议会也没有席位，他在议会中仅作为普鲁士联邦参议院的代表发言。

在行政方面，德意志帝国只有宪法赋予的权力，因此它的行政权力相对薄弱。执行联邦法律必须依靠各国政府的官员。只有在外交、军事和海军事务中，帝国才能行使有效的控制。但在立法方面，帝国宰相拥有非常大的权力。

立法机关

立法机关由两部分组成，其一是联邦参议院或帝国委员会，其二是帝国议会。后者几乎没有实权。帝国议会由成年男性普选产生，任期五年。它对立法有否决权，从宪法上来说它还有倡议权。但实际上包括年度预算在内的立法事项都是由联邦参议院制定的。帝国议会的议员虽然可以行使质询行政部门的权力，但这种权力没有得到宪法的保障。

联邦参议院

无论如何，联邦参议院在理论上的权力要大得多。在近代德意志的所有联邦机构中，联邦参议院是最引人注目的机构，

---

① 1908年的"巨浪"事件并没有从法律上影响行政部门的地位。

在某些方面也是最重要的机构。一位美国评论员称其为"帝国的核心和特色机关"。正如美国参议院一样，它代表的不是帝国人民，而是各成员国。但与美国参议院不同的是，它并没有平等地代表各个国家。在总共61个投票席位中，普鲁士理所当然地占有17个席位，巴伐利亚占6席，萨克森和符腾堡各占4席，巴登和黑森占3席，其余国家各占1席。代表们根据各自政府的指示投票。各国的投票必须是有效的，在实际操作中可以由一位代表进行投票，但这位代表必须能够上升到能够代表国家权力的身份。① 在涉及特定国家的问题上，只有直接相关的国家才可以投票。参议院设置12个委员会处理相关事务，除普鲁士以外，每个委员会至少都需要包含4个国家的代表。

委员会具有立法、行政和司法职能。

在大多数立法程序而言，委员会具有最初和最后决定权。它可以确定帝国预算、审计帝国和各国之间的账目，还有监督关税和财税征收的权力。它有权与皇帝一起宣战、解散帝国议会，而且在缔结条约和任命最高法院法官及其他官员方面也有发言权。

在许多方面，它都行使着行政法庭的职能，有权通过颁布法令来纠正立法中的缺陷；它还能充当各国法院的最高上诉法院，裁决国与国之间以及帝国政府与单个国家之间的争议。如果联邦参议院对宪法修正案投了14张反对票，那就不能修改宪法。因此任何宪法修正案都能被普鲁士单方面否决，或者通过各国投出联合票否决，再或者由各成员国协调一致投票否决。

---

① 因此一个巴伐利亚代表可以投6票。

虽然联邦参议院在名义上拥有巨大的权力，但实践与理论之间存在多大差距，仍然是个有争议的问题。有人认为它是帝国最重要的机构，也有人认为它只是一种无效的机构。洛厄尔说，这两种观点都是正确的。如果把联邦参议院看作一个独立的委员会，那它就是一个无效的机构，因为它的运作需要依靠外部的推动力；但它也是帝国最重要的机构，是大国（特别是普鲁士）统治帝国的工具。

司法机关

正如我们所见，联邦参议院在联邦司法程序中占有重要地位。除此之外，还有一个直到1877年才创立的联邦最高法院——德意志帝国最高法院。它在叛国案件中行使原始管辖权，而且它是各国法院根据帝国法律进行上诉的法院。但德意志帝国最高法院似乎缺乏美国最高法院拥有的最重要职能，因为它无权决定一项立法行为是否"符合宪法"。虽然德意志帝国最高法院的职能比较含糊，但是我们只需要抓住一个观点即可：从任何意义上说，德意志帝国最高法院都不能被视为宪法的解释者。

联邦法院应该有能力解释宪法，这是联邦制度的基本属性。所以从司法方面看，《德意志宪法》与真正的联邦宪法相去甚远。从立法方面看，中央政府几乎掌握着至高无上的权力，远远超过了美国国会的权力。但从行政方面看，中央权威明显薄弱。德意志联邦制没有平等地对待各成员国，它建立的前提明显是差别对待。如果把德意志联邦参议院、美国参议院和澳大利亚联邦放在一起对比，这一特点就会极其明显。最后，我们没有看到德意志联邦列出权威的解释性条款，因此它无法对宪法做出独立于立法机构的权威解释。从这个意义上说，德意志的情况就如同英国一样，立法机关就是权威，立法机关对所有案件拥有最终解释权。

正如下一章的事件所证明的那样，普鲁士并没有像在1849年那样迷失在德意志，而是在很大程度上吞并了整个德意志，只留下奥地利帝国中的德意志地区。在这个过程中，普鲁士失去了很多对于世界而言值得保留的东西。任何一个回顾18世纪德意志历史的人都会发现，这显而易见是排他主义的特殊产物。普鲁士的剑取代了舒伯特的歌曲和第九交响曲的美妙乐章，这着实令人惋惜。除此之外，当时的德意志还缺乏一个重要的东西——它不能保证长期的政治独立。当年拿破仑在德意志建立的法兰西帝国如果由斯拉夫人统治，那很可能已经实现了这种政治独立。有些人认为，德意志出于自卫的目的必定会取得长期的政治独立，但这种政治独立该从哪里来，又如何实现？俾斯麦写道："德意志面临的死结只能用剑来斩断，因此为了德意志的伟大事业，我们必须让普鲁士国王和他的普鲁士军队发挥力量……德意志人对祖国爱得深沉，他们需要一个可以寄托这份感情的君主……只要普鲁士王室的利益符合德意志帝国及其成员国的共同利益，那么实现普鲁士王室的利益就是合理的选择。"

最后我们要评价俾斯麦的贡献。在完成国家统一任务的过程中，俾斯麦得到了罗恩和毛奇这两位技术天才的帮助，而诚实、单纯又勇敢的普鲁士君主虽然也曾有所动摇，但仍然选择支持俾斯麦。俾斯麦的贡献集中体现在1871年统一德意志各国的伟大功业。德意志的统一否定了各国分裂、相互嫉妒、狭隘的排他主义和小国个人主义——这些都是在几个世纪的历史中沉积下来的政治痼疾。虽然仍有许多工作要做，但德意志人民终于在普鲁士的领导下实现了国家统一和国家认同。

第十三章

帝国宰相俾斯麦

Bismarck, the Imperial Chancellor

1871—1890年

从1871年5月10日《法兰克福条约》签订到1890年3月20日俾斯麦辞职的十九年间，可以视作德国和欧洲历史上的一个独立的篇章，这也是俾斯麦政治生涯的一个独立篇章。对于1862年到1871年俾斯麦担任普鲁士首相的九年时间，我们不需要做过多的讨论。在这九年里，奥地利帝国被摧毁；拿破仑三世的法兰西帝国也惨遭颠覆；普鲁士在克尼格雷茨战役、格拉沃洛特-圣普里瓦战役和色当战役都取得了伟大胜利，令全世界震惊；俄罗斯帝国在英国的默许下撕毁了1856年《巴黎和约》的重要条款；意大利军队在1871年9月20日进入罗马，顺利完成了意大利统一。但普法战争后的十九年有着更深远的历史意义。在这十九年时间里，新的德意志帝国得以建立，德意志各国实现了统一；在这段时间里，德意志帝国为取得欧洲霸权奠定了广泛而深刻的基础；在这段时间里，德意志帝国为发展铺平了道路，取得了资源，而且随着1888年威廉二世即位开始实现世界强国和世界政策的雄心和理想。对于研究和评价俾斯麦个人生平和政治历程的人来说，这十九年也不可忽视。

在这个时期出现的问题，无论是欧洲局势的演变，还是国内形势的变化,全都需要利用最高的治国才能去应对,而且德国面临的经济变革(也可以说是经济革命)也使得这些问题更加复杂。1770年至1830年间的英国工业革命改变了英国的国家性质、生活观念和政策原则。1870年至1900年间,德国经历了类似的工业化过程,这在短时间内对大部分德意志人口产生了直接影响。俾斯麦意识到这场革命已经发生,根据冯·比洛亲王的记载,俾斯麦在去世前不久曾经访问过汉堡。当他看到汉堡周围到处是工业化的迹象,不禁感叹德意志帝国的工业化已经势不可当。他最后说道:"我完全被震撼了。这真是一个新时代,真是一个新世界。"

工业革命

我们用一些数字概括这一转变的规模。1871年德国的人口为4100万,1890年是4950万,到了1900年,这个数字达到了5625万。1861年至1870年的出生率为37.2‰,1871年至1880年为39.1‰(在1876年达到最高值41‰),1881年至1890年为36.8‰,1891年至1900年为36.2‰,而1851年至1860年为35.3‰。虽然出生率自1900年以来一直在稳步下降(1910年下降到了30.7‰),但这并不影响我们讨论的时间段,在1912年出生人数比死亡人数多83.9887万人。但更能说明经济变化的是城市和农村的人口数字,以及1882年、1895年和1907年职业人口普查数据。道森先生指出:

1871年,德国有8个居民人口超过10万的大城市,1880年为14个,1890年为26个,1895年为30个,1900年增加到33个,1905

年达到41个，其中11个城市的居民超过25万，5个城市的居民超过50万。相比之下，1901年英国有39个人口超过10万的大城市，其中10个城市的居民超过25万，2个城市的居民超过50万。

城市和农村人口

1871年柏林的人口是80万，1890年增加到157.8万，1905年增加到204万。而在1910年大城市的数量增加到48个，其中6个城市的居民超过50万，17个城市的居民超过25万，总人口增加到6500万。1871年至1900年间，城市人口（即居住在人口超过5000人的城镇中的人口）与农村人口的比例完全改变了。1871年城市居民占比为23.7%，农村居民占比为76.3%，1890年这两个数字分别为32.2%和67.8%，1900年分别为42.26%和57.74%，1910年分别为48.8%和51.2%。也就是说，在1871年至1900年间，城市人口增长了18.56%，农村人口减少了18.25%。1882年和1895年职业人口普查的统计数据进一步支持了这些结果。

在1882年之前虽然没有准确的数字，但据计算，1871年大约60%的人口依靠农业及相关产业维持生计，40%的人口从事工业、贸易和商业。1882年，农业人口占比降至42.5%，到了1895年降至37.5%。在1882年至1895年的十三年间，尽管人口有了很大增长，但从事农业的总人数仅增加了5.6206万人，而从事工业和采矿业的总人数增加了188.4755万人，从事贸易和运输的总人数增加了76.8193万人，后两者加起来总共增加了265.2948万人，绝对增幅几乎是农业总人数增长的50倍。1907

年的职业人口普查显示，大约975万人从事农业工作，而1475万人从事工业、矿业、贸易和商业——这与1871年的统计数字完全相反。我们需要对这些数字进行全面的分析，才能解释近代德国历史上的诸多问题。如果没有这样的统计框架，我们必然很难理解社会民主（作为德国人民生活中的一种政治和经济力量）的发展情况。

对外贸易

外贸数据也说明了同样的问题。1880年德国进口额为1.41亿英镑，出口额为1.448亿英镑——这两个数字非常有趣，因为在那一年即使出口额超过了进口额，德国仍然是个债务国。到1907年进口额变成4.43亿英镑，出口额变成3.56亿英镑。在1880年以后，每隔十年都能看到德国的对外贸易稳步增长，而且增幅巨大。德国俨然已经成为一个债权国，通过非贸易收入、海外投资资本利息和航运利润来平衡其进口过剩带来的赤字。航运的进步和其他进步一样显著。1871年的德国航运量为89.2万吨，占世界商业航运总量的5.2%；1905年德国航运量为220万吨，占世界航运总量的9.9%；1913年德国航运量已经上升到500万吨，在世界航运总量中排名第二。此外，通过分析1870年至1890年间以及1890年以后的贸易收入，我们得出了四个重要结论：第一，工业原材料进口增长迅速；第二，制成品出口稳步增长；第三，进口制成品与出口制成品的比率相对下降；第四，食品、奢侈品和牲畜的进口稳步增长。在1870年后，每隔十年都能看到德国越来越像一个世界工厂，越来越不能用自己的资源养活日益增长的人口,越来越依赖进口原材料来发展工业,越来越需要打开和维护国外市场,以便进行出口以及资本投资活动。罗尔巴赫博士早在1903年就强调了这些数据对德国政策的影响。每年增加的80万人口给国家带来了急需解决的问题:这些人要住在哪里?他们的就业如何解决?如何养活这些人?这些都是德国政治家需要通过外交和内政来解决的问题。

经济变革的政治和经济意义

俾斯麦说:"一切政治问题皆为权力问题。"德国工业化的政治意义最容易理解,因为贸易的增长让国家收入和应税收入大幅增长;人口的增长为扩充军队和建立海军提供了人力和资源;不断发展的航运也使德国愈发需要掌握海上霸权;对原材料进口和国外出口市场的依赖刺激了德国对"殖民地"的需求和对世界各地有利经济条件的追求;而持续的境外资本投资让德国在世界范围内获得了经济利益。俾斯麦和他的继任者经常谈到权力,但他们也清楚地知道,任何权力都建立在人力、财富、组织和物质资源的基础之上。但对于1871年诞生的德意志帝国来说,工业革命不仅带来了令人恐惧的力量,还带来了同样令人恐惧的经济、政治和宪政问题——农业利益阶级与工业利益阶级之间的斗争日趋激烈,社会民主不断发展,劳资关系愈发紧张,资本主义企业家和工业无产阶级冲突不断,在德国城镇出生和生活的人们难以实现自己的需求和理想,贫困、失业、老龄化、保险需求、工资需求、生活水平、就业条件和工作时间、女工、母亲和儿童的身份和地位等问题都需要解决，德国要面对严重的社会和经济难题。

俾斯麦的任务

只有在1871年以后，人们才逐渐发现这些问题。俾斯麦在看到威廉二世成为普鲁士国王，不得不给新世界和新一代人让位之前，也越来越意识到他们所面临的压力。但在1871年，他的政策和行为表明，他认为当务之急是两件事：首先要通过外交政策确保德国在欧洲的地位，以免对手和邻国出于嫉妒或侵略目的给德国带来阻碍；其次要通过建立新的帝国机器，同时按照他自己的原则和政治学解释制定出一个用于处理内政的宪法体系。德国于1871年正式统一，宪法框架已经建立，俾斯麦的"铁和血"政策发挥了作用。更重的任务仍然是实现真正的帝国统一，要在社会上建立物质构架，创造精神、道德和经济上的凝聚力，因为如果没有这些凝聚力，宪法框架将是一个空壳。德意志帝国需要建立必要的机构和组织，通过它们支撑统一的德意志民族，满足每一个德国人的日常生活需求。我们在上一章对德意志统一的分析表明，不管是色当战役、凡尔赛宫镜厅的加冕，还是与法国签订的和约，这些都只是在形式上实现了德意志的统一。1871年是德意志帝国统一的开端，也标志着普鲁士历史发展进入了最后阶段。

俾斯麦的地位

在统一德意志帝国的过程中，俾斯麦可以依靠诸多力量，包括他作为帝国宰相的地位、君主对他的信任、丰富的人事阅历和经验，足以创造历史的智力、天赋、品质和钢铁般的意志，还有他已经取得的成功。有的人指出，他作为帝国宰相对帝国议会不负"责任"，在1870年普法战争爆发前的三年时间里，他都决心阻止帝国建立议会政府。他断然否认帝国议会有任何宪法权力或任何法律权力来设立或取消帝国宰相的职位，也不同意帝国政策必须服从一个暂时占多数的政党的安排。他坚持自己在1862年确立的立场，即只要德意志皇帝信任他，他就会保留宰相的职位，他会提出自己认为可取的政策并确保政策得到执行。政党必须与他合作，而不是他与政党合作；他不是任何政治团体的首领，更不是它们的仆人；他可以根据帝国议会中冲突各方的情况自由选择，也可以改变他的选择。俾斯麦兼任德意志帝国宰相和普鲁士首相两个重要职位，所以他的言论具有复杂性和权威性。因为帝国宰相独立于普鲁士议会，帝国议会也管不了普鲁士首相。

帝国宰相

出于他的个性和对权力的热爱，俾斯麦也坚决避免在政府中出现任何对手或反对派，日复一日，年复一年，他的这一决心变得越来越坚定。他把外交事务牢牢掌握在自己手里，同时坚持自己的宪法权力——作为唯一的帝国宰相，他控制着整个帝国的行政机构，并且通过一个专属部门决定政策问题。

在帝国组织发展到一定程度，需要设立不同的帝国行政部门和专门的办公署，将原则上属于德意志帝国宰相府的工作分配出去的时候，俾斯麦运筹帷幄，确保这些部门的"部长"都是他自己选择的帝国国务大臣或行政署长，这些部长和署长不直接向皇帝或帝国议会负责，而是在帝国宰相的监督下工作。从1890年开始，俾斯麦的管理体系已经有了很大的改变，帝国国务大臣实际上已经成为对皇帝负责的部长级官员。但在1871年到1890年这段时间里，俾斯麦拒绝把他们视为同事或部长。他们没有组成一个部门或内阁，虽然都听命于帝国宰相，但每个人都是独立的，俾斯麦既没必要也不愿意看到他们在总体政治观点上达成一致。只要他们愿意与俾斯麦合作，他们就能保住自己的官位。如果有国务大臣或部长提出退休，这通常不是因为他们不想再和俾斯麦合作，而是因为俾斯麦打算改变政策，万一失败了还能找国务大臣充当替罪羊。

俾斯麦的权力来源于德意志的国王们和诸侯，还有联邦参议院。因为缺乏具体信息，所以我们只能猜测联邦参议院的职司。俾斯麦正是利用联邦参议院的倡议或否决权有效地控制帝国议会，令其成为一个设立部长或推出政策的机构。因为俾斯麦在议会中拥有特殊的地位，所以他既没有在柏林久留，也从没有在帝国议会中现身。俾斯麦的理由要么是健康不佳，要么是出于原则需要，反正到了最后，他还可以果断提出辞职。众所周知，德皇威廉一世为了求得俾斯麦的辅助，在1877年的正式邀请书中写下了"永不允许辞职"这句话，表明德皇永远不会放弃他专制的仆人。因此俾斯麦辞职只是一种威胁，它表明帝国宰相正遭遇反对，并决心按照自己的意愿行事。面对这种威胁，威廉一世总是微笑着问俾斯麦："那你今天想做什么呢？"不用多说，威廉一世最后都会满足俾斯麦的要求。

反对俾斯麦的原因

虽然在普鲁士国王、联邦参议院和德国人民面前,俾斯麦都拥有着独一无二的权力,但在俾斯麦担任帝国宰相的近二十年历史里,他一直遭受反对,其时间之长,声势之大,实在令人震惊。反对者的阴谋、责难、嫉妒和争吵组成了一张网,限制了俾斯麦的手脚。这种事情也许是不可避免的,因为德意志帝国建立了个人政府体系(俾斯麦作为宰相控制着整个政府),但这也证明俾斯麦的地位不止一次遭到严重的动摇。

通过研究俾斯麦的《回忆录》和《霍恩洛厄亲王回忆录》、俾斯麦的下属(比如布希等)公布的记录、俾斯麦自己的信件、俾斯麦给朋友(比如冯·罗恩)或政治对手——比如温特霍斯特、本尼格森、拉斯克、欧根·里克特和奥古斯特·倍倍尔,这里仅举出几个可引用的来源——写的信件,我们可以看到统治阶级和政府机构的政治世界和社交生活,而它们通常是令人厌恶和肮脏的。生活在这种环境里的宰相,作为一个男人和一个政治家,被看到的都是最糟糕的缺点。

俾斯麦从1862年开始批评和嫉妒军队的将领,这种态度也贯穿了他的整个职业生涯,因为他对军队没有太多的控制权。德意志皇帝对军队可谓了如指掌,自称专家也不为过,强大的总参谋部及其沉默寡言的总参谋长冯·毛奇(他是一位可以用七种语言保持沉默的人)都不愿意看到军队受到政府的干预或政客的操纵。陆军不像海军那样是一个帝国机关。海军在国会中没有代表,因为它是由帝国国务大臣领导的机关,也是帝国宰相府下属海军部的一个分支。俾斯麦的职能只是在宪法要求的范围内为陆军军队提供必要的资金和立法工具，但具体实施均由军事当局决定，而且军事管理工作要留给军事首脑，军事首脑直接向德意志皇帝（军队总司令）汇报并接受皇帝的指挥。军事内阁、总参谋长、普鲁士战争部和战争部长都不受政府和政治的操控。作为高级指挥机关，他们所依赖的是普鲁士军队在普鲁士发展历史中的独特历史和地位。毛奇无法触犯或损害俾斯麦的权威，俾斯麦也不能损害毛奇的权威，因为毛奇在欧洲人心目中是与俾斯麦一样享有巨大威望和影响力的大人物。俾斯麦对普鲁士军队的语言攻击可以说是徒劳无功，这从侧面证明了军队在建立帝国的过程中发挥了重要作用，所以它在帝国的日常运作和制度体系中占据着无可争议和不容争辩的地位。

在帝国议会遭遇失败

即使在自认为擅长的领域，俾斯麦也不总是随心所欲。俾斯麦针对文化斗争施行的政策以失败告终；帝国议会提议在莱比锡而不是在柏林建立最高上诉法院，这与俾斯麦明确表达的想法背道而驰；为帝国夺取所有铁路的计划终被放弃，将普鲁士铁路转让给帝国当局的法案被撤销；1874年帝国议会否决了让《陆军法》长期生效的提案，即使是在七年内生效的折中方案也很难通过；1878年俾斯麦希望通过取消议会成员特权来粉碎社会民主，但这一努力最终失败了；因为遭到严厉的批评和反对，1879年后的许多社会立法不得不完全重写；1881年国家垄断烟草和白兰地的计划也遭到了否决。详细的帝国议会历史表明，除了议会无法控制的外交政策外，那些有助于建设统一帝国的立法措施不仅要归功于帝国宰相俾斯麦,还要归功于德意志帝国议会以及俾斯麦的"同僚们"。

俾斯麦其人

俾斯麦作为帝国宰相的这二十年肯定会给历史学者留下深刻印象。这一方面是因为俾斯麦自1867年起以自己为核心建立的制度和地位——北德意志邦联宪法和德意志帝国宪法都是为了使自己的首相和宰相职位具有法律效力而精心设计的,另一方面是因为他自己的性格和气质让人印象深刻。除了自己的家人,俾斯麦只对威廉一世付出过真感情,他尽心尽力地侍奉威廉一世,不愿意也不尝试结交政界朋友。俾斯麦曾经是个大胆妄为的容克地主,当时也结交过一些容克地主朋友,其中主要是保守派,甚至还有冯·罗恩,但这些朋友都因政治矛盾或个人理念的分歧而与俾斯麦渐行渐远。

如果让俾斯麦做东,那么客人们都会称赞他的豪爽、直率和慷慨;他对妻子和子女忠贞不渝;他善于批判生活,在重大事件上展现出渊博的知识,这种博学在他的谈吐中也表现得淋漓尽致;他的演讲极其生动、富有内涵;他行动力强,举手投足之间迸发出不可估量的力量;俾斯麦总喜欢把自己的智力和体力发挥到极致;他精力旺盛、活力十足,言行举止折射出无穷的魅力,迷倒了很多人——但在这一切背后隐藏着一种冷酷、执着、粗俗而又追求自我满足的本性;俾斯麦麻木不仁,对于感激、仁慈、怜悯、悔恨或爱慕之情无动于衷。

俾斯麦要求一切服从他的意志,所有人都要把灵魂和头脑献给俾斯麦。面对反对派，俾斯麦态度坚决，他要不惜一切摧毁对手。他曾说道："如果敌人落入我手，我必定会将其捏碎。"还有一次他说："敌人对我的打击，我将如数奉还，直到我将其送上绞刑架。"面对所有反对他的人（不管是不是主动反对），俾斯麦都认为这是对他的背叛，不可原谅也不能忘记。他将下属视作工具般使用，任其磨损或毁坏（不管是谁都没关系）。他还强迫下属服从自己。所有敢于批评或"阻挠"俾斯麦的人，无论身份高低，都会遭到他的仇恨和报复，只要能惩罚或羞辱这些人，俾斯麦可以使用任何手段。

当我们揭开官方历史庄严的面纱，穿过俾斯麦统治方式那令人印象深刻的表象，我们会发现历史伟人的另一面。俾斯麦特别憎恶一些女性，她们由于地位、品质或者头脑使然，对国家事务产生了兴趣，甚至公然"干预政治"。她们对俾斯麦的原则也十分反感，认为普鲁士容克贵族的治国之道一味宣扬用武力实现理想，所以她们必须为德意志编织幸福美满和充满希望的梦；她们还拒绝成为文盲，不愿把无条件地服从视作自然法则——正是这样的女性让俾斯麦恨得咬牙切齿，彻夜无眠。他与奥古斯塔皇后、太子妃和腓特烈皇后以及其他女性的关系恶劣，他对这些女性表现得傲慢无礼而又忘恩负义。俾斯麦无法容忍他人诽谤自己，他对阿尔尼姆伯爵等反对派怀恨在心，所以想方设法出手报复，在这个过程中暴露出各种不道德和肮脏的迫害手段，比如操纵"卑鄙的媒体"，利用特务毒害公众和误导舆论，对行政人员忘恩负义、欺骗，威胁还有造假等，这些都是俾斯麦在公共外交和其他领域中常见的手段。如果这些手段不是出自俾斯麦和他的体制，如果在建立和巩固德意志帝国之后，这些手段没有创造一个有害的环境，如果这些令人厌恶、违背道德的手段不会变成一种危险的治国传统的话，那么大家很可能会默默忽略掉，不会把它们放在心上。

对俾斯麦的批评不在少数，我们不需要刻意寻找证据。即使没有布希公布的资料，俾斯麦自己的信和《回忆录》中就记载了很多批判之词。霍恩洛厄亲王，一位有教养、文雅、爱国的贵族，他《回忆录》中隐形的文字，比最痛恨俾斯麦的政党宣传小册子更毒辣。俾斯麦的性格和行为中有太多需要批判或自省的地方，但他和他的崇拜者们都认为自己既不应该被批判，也不需要道歉。

文化斗争

德意志帝国建立不久，就卷入了文化斗争。有几个因素引发了这场文化斗争：其一是帝国之外（主要是奥地利、法国和巴伐利亚）教皇至上主义在政治上的崛起，其中1864年教皇列出的禁书目录、梵蒂冈会议和1870年"教皇永无谬误"的信条都是极端力量的表达；其二是德国国民信奉国家主义、自由主义、世俗主义等政治信条（他们在1867年前后曾大力支持德意志统一）；其三是政党与教会之间长期存在不可调和的矛盾——政党宣称自己拥有国家主权，但独立的天主教会也宣称它拥有国家主权，而且教会认为从本质上看它的权力比世俗国家所能得到的任何权力都更高一层。

"文化斗争"这个名字的来源应归于著名的病理学家菲尔肖，他是帝国议会激进党最重要的成员之一，他没有背叛君主专制和俾斯麦，不同于蒙姆森、西贝尔和特赖奇克这些著名的自由派知识分子。他选择"文化斗争"这个词，意在强调问题的核心——两种文化原则和理论之间的冲突。

在长达十年的激烈争论中，德国同时陷入了两种不同的斗争。第一种斗争的起因是德国的罗马天主教会拒绝接受梵蒂冈的信条，不愿承认教皇在教会管理中永无谬误和无所不能；第二种斗争集中在学校的控制权，以及教士的教育和法律。对于纯粹的神学问题，著名的学者多林格提出反驳，他谴责教皇的主张在历史上毫无根据，在教条上错误连篇，严重威胁天主教理论和教义的发展，实在是梵蒂冈教会和耶稣会士强加的观念，充满了粉饰、操纵和胁迫的味道。多林格是天主教自由主义的领袖，正是因为他拒绝接受梵蒂冈信条，旧天主教会派得以建立，教徒纷纷脱离罗马的天主教。

不幸的是，他们的事业与其他重要问题牵扯到了一起，还逐渐得到了政治党派、教育界、新教和世俗主义者的支持。他们的主张在某种程度上可以被视为对天主教的敌视，他们若是取得胜利，将会严重破坏天主教会的影响力，甚至动摇整个天主教会存在的基础。是与政治和思想都与德国罗马天主教会的信条相抵触（除了在反对梵蒂冈信条上是一致的）的自由神学派结盟，还是向所谓全能的梵蒂冈教皇投降，德国的罗马天主教徒陷入了进退两难的境地。最后，他们选择忠于自己的教会，虽然涉及接受梵蒂冈的信条，但他们还是赢得了胜利。旧天主教徒沦为少数派，他们在两个阵营的势力和影响力都日渐式微。虽然他们一开始得到了认可，但也只是昙花一现，不久便消失得无影无踪。

俾斯麦的态度

第二个问题已经形成对公民国家至高无上地位的挑战,俾斯麦便在国家自由党的热情支持下,出手干预。俾斯麦惧怕出现一个反对新帝国的天主教联盟。因为教皇至上的极端主张触动了他的神经(他认为德国应该是自己的家的主人,而他俾斯麦是德国的主人)。波兰人对神职人员表示支持。教会坐拥巨大的财富和力量,否认世俗政府处理教育和信仰事务的能力,否认公民对国家的服从以及在国家的指导下就业,因此教会准备围绕神职人员建立一个庞大的政党(中央党),在信仰而不是政治的基础上联合起来——这让俾斯麦极度恼火,誓要与教会战斗到底,因为这表面上是让神职人员治国,暗地里却是在攻击俾斯麦,颠覆他的最高权力。俾斯麦和国家自由主义者的立场相同,他们都遵守同一个原则:帝国的主权应该高于任何人和任何团体(不管是教会的还是世俗的),在帝国的领土范围内是至高无上的——简而言之,这就是英国宗教改革和《至尊法案》的原则。梵蒂冈的信条让国家与教会之间的历史矛盾死灰复燃,而多林格的朋友格莱斯顿先生也欣然投身于这场斗争之中。其实如果我们用影响力以及在精神、教育和道德方面的重要性作为标准来衡量一场运动,那么1870年的梵蒂冈信条以及在1864年列出的禁书目录在社会和文明史的演变中是比德意志帝国的统一更重要的事件。

《五月法令》

国家自由党人决心战斗到底,他们支持普鲁士政府采取严格的立法和行政手段。冯·福尔克在这时向普鲁士议会提交了《五月法令》议案。《五月法令》是个简便的说法,严格地说它指的是1873年5月15日颁布的一系列法令。1872年至1876年间,耶稣会士遭到驱逐;世俗结婚成为强制性的;《帝国刑法典》增加了禁止牧师干预政治事务的规定;教育部天主教办公室被取缔,神职人员不再巡视学校,该工作交由国家巡视员负责;神父不可滥用教会的惩罚手段(例如逐出教会),所有教会神学院都被置于国家控制之下;教士要在教堂任职,必须满足诸多条件:他们首先要是德国人,然后要在德国大学接受教育,最后还要通过德国历史、哲学、文学和古典文学的大学考试;任何未经授权就行使职权的人将被剥夺公民权利;如果一个教区的主教自行其是,不服从国家规定,那么国家有权停止向罗马教会支付自1817年以来获准的款项。

俾斯麦的失败及其原因

俾斯麦以为这场文化斗争类似于1862年他与自由主义者的宪法斗争。他认为只要他足够坚定,反对派定能瓦解。他当时说过一句名言:"我们不会去卡诺莎①,肉体灵魂都不会

---

① 公元1077年,德意志皇帝亨利四世与教皇格里高利七世斗争失败。为了保住权力,亨利四世冒着风雪前往意大利北部的卡诺莎城堡向格里高利七世寻求原谅。他赤着脚在城堡外等了三天三夜后,教皇才原谅了他。——编者注

去!"但他低估了对手的力量和决心。与1862年的知识分子斗争相比,这次与罗马教会的斗争截然不同。波兰的拉齐维乌家族实力强大,对德国皇后和皇室有很大的影响力,这个家族极力反对俾斯麦。皇帝眼睁睁看着德国分裂成两个敌对的阵营,感到十分失望。许多新教徒憎恨和惧怕《五月法令》对世俗权力的极端主张,旧保守党则另起炉灶,并指责俾斯麦背弃了基督教国家的原则。因为痛恨国家自由党及其所作所为,很多本来追随俾斯麦的人也投入了反对派的怀抱。最可怕的是顽固不化的罗马天主教徒拒绝服从法律,还蔑视行政部门。结果在1876年,包括波森大主教莱多霍夫斯基、科隆大主教和特里尔主教在内的6位主教遭到监禁,1300个教区无法进行公开的礼拜活动。面对罗马天主教徒的公开反抗,警察动用了最严厉的手段,法院也实行了最严厉的惩罚,但这些都没有削弱教徒的反抗精神,他们还拒绝承认刑法的有效性。在帝国议会,德意志帝国最重要的议员温特霍斯特率领中央党人向帝国宰相发难。不管时机是否合适,他们都会不停攻击和反对俾斯麦、他的部长,还有他们的措施。在1874年的大选中,神职人员的人数从63人增加到了91人,还有可能得到150万选民的投票支持。

1878年的制度变化

到1878年,俾斯麦面临着一个危险和艰难的局面。1876年分裂出去的保守党又回归了,他们打算改变计划——让俾斯麦脱离国家自由主义,回归保守政策,然后与社会民主主义进行斗争。因为保守党人对社会民主主义者的畏惧,远远超过了他们对温特霍斯特和神职人员的畏惧，毕竟他们还是能对温特霍斯特和神职人员抱以理解。俾斯麦心底里是支持保守主义的，他对文化斗争感到厌倦。在他眼里，福尔克和国家自由主义者简直无可救药，几乎没有能力控制好这股浪潮。俾斯麦凭借天生强大的直觉预见到自由主义已成强弩之末，社会上已经出现一种反对它的力量。激进主义要么在不断衰落，要么已经达到顶峰，马上要走向衰落，要么转变为社会民主主义。德意志帝国需要一个新的起点，它也会欣然接受这样一个新的起点。如果他愿意付出代价——与国家自由党组成政治联盟，他可能会继续这场文化斗争。俾斯麦试探性地向文化斗争领导者本尼格森伸出橄榄枝，还提出给他一个部长级别的职位，结果发现自由党人希望他们党内的重要成员也能获得相似的职位——他们显然打算组建一个由国家自由党控制的政府，于是俾斯麦断然拒绝了。

俾斯麦提出可以给本尼格森一个职位，但绝不会让其他自由党人成为议会或政府成员。俾斯麦的提议遭到本尼格森拒绝，俾斯麦只能另想办法。梵蒂冈教皇庇护九世去世，利奥十三世当选为新任教皇，梵蒂冈的新时代开始了。俾斯麦与教皇展开谈判，相当于绕路去了卡诺莎，但他称之为"妥协"，而不是"屈辱"。福尔克辞职了，保守党人普特卡默接替了他的位置。1881年，政府得到了推行刑事立法的自由裁量权。1886年全国教士考试被取消，国家也放弃了对神学院的控制。从1881年开始，梵蒂冈教皇和德意志皇帝之间达成了多项协议，这也象征着文化斗争正式结束。作为回报，俾斯麦赢得了中央党的普遍支持，但他们并没有保证长期支持俾斯麦。

外交政策

外交形势的变化也是俾斯麦改变政策的原因。到了1880年，他再也不需要如此恐惧教皇至上主义者组成一个庞大的联盟来反对帝国了，在外交事务上也取得了辉煌的成就。1871年后，俾斯麦的外交政策针对几个重点对象，那就是法国、英国、意大利、俄罗斯和奥地利。为了巩固德意志帝国内部构架和重新组织帝国军事力量，无论如何都要创造和平的国际环境。

此时的法国已不再强大：领土割让、巨额赔款、战争消耗以及内部分裂让法国四面楚歌，家仇国恨恐怕只能在遥远的未来才能清算。法国一直以来都难以确定合适的政府形式，直到1878年才勉勉强强算是建立了稳固的法兰西共和国。而俾斯麦的目标就是在欧洲孤立法国，在法国各个政党波旁党、奥尔良党、拿破仑党、共和党、神职人员和世俗主义者之间制造矛盾，这样就能阻止法国国民达成共识，推迟法国的重建工作，进而避免法国与其他大国结盟。

这时候的英国正忙于应对国内问题和殖民地问题，它只有与欧洲大陆的强国结盟才能对德国造成威胁。在几个强国之中，意大利王国陷入了财政混乱，国家统一遭遇挑战，而且它还公开与梵蒂冈对抗。所以只要将意大利和法国分开，就能达到防范英国的目的了，而且这很容易实现。俾斯麦鼓励法国在阿尔及尔以东进行殖民扩张，成功地在法国和意大利之间制造矛盾。没过多久，又利用埃及问题成功离间了英法两国的关系。德国的外交部声称帝国对埃及暂时不感兴趣，因此采取不偏不倚态度，任何一方需要帮助都会给予支持，这样就能防止英法两国成为朋友。

最后就是俄罗斯和奥地利。普鲁士对俄罗斯应该心存感激，因为在普法战争期间，正是由于俄罗斯保持中立态度，普鲁士才能顺利地打赢普法战争和签署《法兰克福条约》。俄罗斯外交大臣戈尔恰科夫曾经是俾斯麦的政治导师，而俾斯麦也像腓特烈大帝一样敏锐地觉察到俄罗斯对德国的威胁。但对于俾斯麦和腓特烈大帝来说，"长期保持柏林和彼得格勒之间的友好关系"，不是为了俄罗斯，而是为了普鲁士。因此俄罗斯也必须保持孤立的状态——只要其他欧洲国家孤立俄罗斯，俄罗斯就会依赖普鲁士。孤立俄罗斯也并非难事：克里米亚战争的历史遗留问题、英国对君士坦丁堡归于俄罗斯的恐惧与担忧、英俄两国在亚洲问题上的利益冲突和两国在扩张活动方面的激烈竞争——在德国的推波助澜之下，英俄两国找不到签署协议或者建立友好关系的理由。1874年，英国首相迪斯雷利掀起了复兴帝国主义的浪潮，英国公开支持土耳其领土完整，成了俄罗斯的敌人。英国人大多认为俄罗斯总在使阴谋诡计，俄罗斯外交部也相信英国人处处狡猾算计，但在英俄两国几乎没有人看到或感觉到德国偷偷在两国之间煽风点火、挑拨离间。

奥匈帝国

俾斯麦希望与奥地利达成和解和谅解，这将削弱法国的天主教势力，但这件事难就难在奥地利和俄罗斯之间存在利益冲突。面对俄罗斯向巴尔干半岛进军的计划，奥地利感到非常恐惧并表示强烈反对。这一方面说明泛斯拉夫主义运动正在日益壮大，另一方面也意味着奥地利国内的斯拉夫国民变得更加难以管理了。自1866年开始，俾斯麦就相信统一的德国能够而且应该与奥地利达成和解，这样两个帝国就能互相保护，不至于腹背受敌。奥地利也意识到自己是一个多瑙河国家而不是德意志国家，正准备向东南方向扩张势力，目标是侵吞萨洛尼卡和爱琴海地区。这对俾斯麦来说是天赐良机，因为德国可以在奥地利身后提供支持，这样就能为两国建立同盟铺平道路。1872年，三方走出了重要的一步：俄罗斯、奥地利和德意志的三位皇帝在柏林会面。他们虽然没有签署任何正式条约或协议，但重新确认了梅特涅时期的外交精神。

1875年的战争恐慌

可惜还没等到他们取得决定性的进展，欧洲就要面临1875年的战争恐慌和东部问题带来的危机。1875年的战争恐慌是一次让人疑惑的历史事件。自从1870年在普法战争中惨败，法国正以惊人的速度恢复国力，积极发起军事改革并取得成功。对于法国这样一个充满骄傲的国家，经受如此大的屈辱，必然要选择复仇。这让德国感到嫉妒和恐惧，特别是军队的高级指挥官，他们没有丝毫感情，一门心思计算着如何才能打胜仗，自然要时刻提防着法国。军事首脑理所当然地认为德国与法国又将迎来一场战争，他们深信这是"历史的必然"，而且恨不得马上开战，用德国那所向披靡的利剑摧毁敌人。

《邮报》发布了一篇标题为"战火即将重燃？"的文章，而《泰晤士报》的报道更是对现实情况大肆渲染，霎时间，似乎黑云压城，德法双方剑拔弩张。就在此时，英国的维多利亚女王和俄罗斯沙皇亚历山大二世出面干预，英俄两国政府也采取了官方行动。他们向德皇与德国外交部表明，如果德国要向法国宣战，英俄两国就不会像在1870年那样保持中立的态度。戈尔恰科夫在1875年4月访问柏林并进行了成功的会谈，事后他发出电报说"和平得到了保证"，战争的阴云终于消散了。

除了相互指责和拒不承认这些小动作以外，双方没有出现严重的冲突，但这一事件令俾斯麦蒙羞。他把整个事件描述为一场幕后交易，指责对手就是利用了军事沙文主义者的浮躁和轻率之心——这是俾斯麦常用的借口，但对手这么做的可能性很低，而且这个解释与现有证据完全不一致。我们不确定俾斯麦对待这场战争到底有多认真，我们不了解他通过惯用的媒体等手段在多大程度上掌控了局势，我们也不知道他有多么想胁迫法国放弃改革从而为德国赢得威望，但可以肯定的是，法英俄三国的政治家们头脑冷静、责任心强，他们相信战争的危险是真实存在的。俾斯麦的勃然大怒不仅暴露了他遭遇的挫折，也说明德国犯了严重的错误。在整个事件中，可以发现两个重要的变化——法国和俄国开始建交，德国和俄国关系日趋紧张——换做是平时头脑冷静的俾斯麦，一定不愿看到这两件事发生。

东方问题

俾斯麦对东方危机的处理可谓手段高明。门的内哥罗、塞尔维亚和保加利亚爆发起义，土耳其出现针对基督徒的大屠杀，欧洲列强无法达成一致行动，俄土战争爆发，土耳其战败,俄国军队向君士坦丁堡外围进军,俄国打算通过《圣斯特凡诺条约》给土耳其政府强加条件,英国向马摩拉海派遣舰队——这一系列事件不仅影响了奥斯曼帝国的命运,还让一场欧洲大战似乎一触即发。

如果英国和俄国开战,那么奥地利和俄国之间似乎也会开战,德国也不可能置身事外,这就让法国有机可乘。俾斯麦发现整个德意志帝国岌岌可危,因为不管是与奥地利联手对抗俄国,还是与俄国联手对抗奥地利,后果都一样严重。何况这场战争与德国的直接利益毫不相干,德国只是被卷入其中,不得不保护其他国家的利益而已,这本身就和普鲁士的原则相悖。退一步讲,即使这场战争事关帝国的重大利益,但如果不确定能不能打赢,那也应该按兵不动,而不是冲动行事。所以在1878年,德国努力追求和平,俾斯麦宣称他要在相互斗争的几个国家之间充当一个"诚实的中间人",让柏林会议担任仲裁和提出解决方案。于是在德国的主持下,各方于1878年缔结了内容详尽的《柏林条约》。

| 1878年的《柏林条约》

俾斯麦实现了自己的目标,他不仅取得了个人的胜利,还让德国在欧洲大陆的权力和霸主地位得到承认。德国人感到无比自豪,他们为了统一德国尽心尽力,为了建立德意志帝国鞠躬尽瘁,为了解决欧洲问题费尽心思,如今终于看到欧洲大会在德国首都召开,德国宰相成了欧洲的实际仲裁者。经过一轮谈判,各方避免了战争,俄国的提议遭到大幅修改,奥斯曼帝国重获新生,而且"得到了巩固"(迪斯雷利语)。但实际上土耳其割让了罗马尼亚、塞尔维亚、门的内哥罗和保加利亚,塞浦路斯租借给英国,波斯尼亚和黑塞哥维那也租借给奥地利。"和平"与"荣誉"属于俾斯麦。但是,如果作为土耳其盟友的英国比以往任何时候都更加坚定地对俄国怀有敌意,伦敦和彼得格勒之间的电线被切断,电线杆被推倒,那么,俾斯麦就会招致俄国的怨恨,俄国会把他视为奥地利和英国的朋友。虽然俾斯麦抱怨戈尔恰科夫贪慕虚荣,俄国忘恩负义,但柏林会议明确表示,德国不能同时与奥地利和俄国结盟——他们不能像在1872年那样通过三国同盟彻底孤立法国,继而让英法两国相互孤立。

1879年与奥地利结盟

深思熟虑之后,俾斯麦决定选择与奥地利结盟。1879年,他与奥匈帝国缔结了防御同盟,然后以此为基础构建外交体系。在匈牙利政治家安德拉希的指引下,奥地利已经做好了缔结条约的准备,但俾斯麦遇到了他一生中最艰难的一次斗争——他要迫使君主接受这份同盟条约。普鲁士国王与俄罗斯皇室过从甚密,俄罗斯在1866年普奥战争以及1870年的普法战争中都保持了中立,所以普鲁士国王无论如何都不愿与俄国决裂。最后,威廉一世总算勉强同意了,这充分证明了俾斯麦的断言:"我的老主公即使不相信一件事,但也总能被说服。"

与奥地利缔结同盟条约是俾斯麦最令人印象深刻的举措之一,它不仅保护奥地利免受俄国的攻击,还能在俄法联合进攻的情况下保护德国。

意大利与1882年的三国同盟

1882年意大利也加入了1879年的德奥同盟,两国同盟变成了三国同盟,而三国同盟将是未来三十年间欧洲体系的中枢。意大利的加入固然让意大利人备感骄傲,但对俾斯麦来说,这件事有四重含义:第一,它切断了意大利这个拉丁国家与法国的联系;第二,它封闭了阿尔卑斯山口,德国和奥地利无须担心来自南方的攻击;第三,它在未来许多年里最大限度地降低了意大利和奥地利之间发生摩擦的可能性;第四,它令欧洲中部国家占据了地中海的有利位置,便于对抗英国和法国。但对德俄两国重建友好关系的可能,俾斯麦也没有感到绝望。这两国一个盛行社会民主主义,另一个盛行无政府主义,它们对两国的保守派统治阶级来说是一种束缚和威胁:英俄对抗和英俄战争的持续威胁令俄国不敢独善其身;德俄两个统治家族之间的私人关系并没有因为1879年两国关系破裂而受到影响;1882年戈尔恰科夫退休,他和俾斯麦之间的敌对关系也随之烟消云散。

1884年3月21日的《再保险条约》

1884年俾斯麦与俄国达成了一项秘密协议,即《再保险条约》,随后德、奥、俄三位皇帝与他们的大臣在斯凯尔涅维采举行了会晤。根据《再保险条约》,三国在受到另一个国家的攻击时，都需要采取友好的中立态度。俾斯麦又一次成功杜绝了法俄联合对抗德国的可能。在俾斯麦退休后，德国没有再次签订《再保险条约》，这是第二任帝国宰相卡普里维的一大失误，受到了俾斯麦的严厉指责。

国内政策

到1884年，俾斯麦成功确立了第二阶段（也是最后阶段）的国内政策。在1871年至1878年间，俾斯麦在国家自由党的帮助下通过的立法积极巩固了德国的统一。帝国法律取代了1871年以前通过的各项法规，如1897出台的《商业法》规取代了1861年的商业法规，1869年出台了新《刑法》，1870年出台了新的《工商业管理条例》。经过专门委员会大刀阔斧的修订，帝国于1877年颁布了民事和刑事诉讼法。经过九年（1887—1896）的修订，帝国终于在1897年颁布了《民法》并于1900年生效。1871年，德国发行了一种通用的货币，1873年建立金本位制，德意志帝国银行取代了普鲁士国家银行。1875年的《银行法》改变了银行业，德国依法建立了统一的银行体系。

俾斯麦未能将普鲁士国家铁路转换成德意志帝国铁路，更未能收购联邦各国的国有或私有铁路，但他成立了帝国铁路办公室并实现了一些主要目标，通过统一运作、统一关税和扩展线路来统一铁路交通，满足不断扩大的商业需求。

他还有一个目标没有实现，他曾提议取得帝国铁路运营权，然后把铁路运营得到的利润转移到帝国财政部，从而达到增加帝国收入的目的。然而各国希望自己保留这笔收入，帝国议会也认为俾斯麦这个提议非常危险，因为这样，帝国政府就可以轻轻松松得到大量收入，还不受帝国议会的任何监督。帝国议会的行政权力本来就已经很弱了，它甚至都不能在表决帝国预算这种重要场合中投弃权票。帝国的财政需求，以及未能如俾斯麦所希望的那样满足这些需求，在1879年开始的财政改革中发挥了强大的作用。

帝国邮局

在统一工作方面，邮政总局局长冯·斯特凡领导下的帝国邮局做得最好。但俾斯麦总认为斯特凡一无是处，因为在俾斯麦眼里，如果有人成功了，但是功劳无法直接归到俾斯麦头上，那么这个人就值得鄙视。斯特凡对邮政和电报业务的全面改革，令德意志帝国邮局的效率达到了世界第一的水平，先进的科技也充分适应了社会需求。

改革的意义

这段时期出现了很多立法和行政改革，其重要性体现在许多方面。位于柏林的帝国行政部门和帝国职员变得越来越重要，人数也得到了显著的扩张。庞大的行政部门使首都柏林和国家帝国化。柏林每隔十年就变一个样，它越来越成为德国的政治、军事、商业和社会活动中心。各种法典互相统一，相辅相成，令所有德国人都清楚地认识到他们是帝国的一分子，爱国一词拥有了更广泛的含义，它借鉴和超越了狭隘的地方爱国主义或者对王朝的忠诚。

德意志帝国的伟大之处在于帝国的国力和效率，这体现在人们寄出的每一封信、使用的每一枚硬币、发出的每一份电报、购买的每一张火车票、开设的每一个银行账户或参与的每一次庭审。在现实生活的方方面面，人们都能感受到帝国的优越性。帝国法律、帝国官员、帝国法规、帝国关税的概念融入了德国人的思想和生活。此时德国人的梦想和泛德意志主义达到了顶峰，人们相信德国的文化优于所有其他文化，德国的效率优于所有其他国家的效率，只有德意志民族通过德意志帝国实现统一，欧洲才会有未来——这种令人陶醉的民族主义信念来源于德意志帝国在立法和行政方面取得的辉煌成就（包括其中体现的科技力量），也是这些成就的具体表现。这些成就令德国人更加深信他们在智力、道德和身体素质上比其他民族更有天然的优势。

俾斯麦早在1858年就写道："我不知道别人为什么认为我们德意志人很谦逊。我们德意志人个个都觉得自己无所不知，不管是制定策略还是给小狗抓跳蚤，我们样样精通，比那些研究了一辈子的专业人士还要懂行。"

贸易与工业

德意志帝国的所有活动都极大地促进了贸易的发展，关税同盟的目标终于完成了。帝国的工商业突飞猛进，最重要的原因是打破了限制工业发展的无数枷锁，全国上下随处可见商贸组织和机器，商人和交易者得到了帝国的支持。同样值得注意的是，联邦各国的势力范围不断缩小，并逐渐受到帝国干预，它们的立法权在未来二十年里更是被进一步削弱。

普鲁士化

在国计民生方面，德意志帝国和普鲁士拥有越来越大的权力。虽然名义上是帝国化，但实际上是普鲁士化的过程。对普鲁士而言，1871年后的德意志帝国与1867年后的北德意志邦联如出一辙，普鲁士要将它的制度、它的行政部门、它的价值观和工作标准、它的理想全部强加给普鲁士以外的德意志国家。

俾斯麦也许会说，在1871年后他最艰难的斗争就是对抗普鲁士排他主义——容克地主的精神和传统。这种说法非常正确，虽然俾斯麦的工作是对德意志帝国进行普鲁士化，但他绝不允许普鲁士贵族（不管是理论上还是实践上）武断地说除了普鲁士什么都不重要，这么说有害无益。普鲁士应该披上帝国的外衣，然后将君主专制和基于强权和武力的道德标准引入普鲁士以外的德意志国家。

德意志帝国的宫廷是普鲁士的宫廷。威廉一世从来没有忘记自己是上帝恩宠的普鲁士国王，但他必须意识到德意志各国君主承认他是在德意志的皇帝，而不是德意志人的皇帝。他是一名普鲁士士兵，周围也都是经历过克尼格雷茨战役和色当战役的普鲁士士兵，他的宰相更是普鲁士人中的普鲁士人。俾斯麦曾经问过："霍亨索伦家族算什么？我们俾斯麦家族很早以前就在勃兰登堡边区了。"

德意志各国的军队被普鲁士化，教育也是如此。不管是否自愿，联邦各国的小学都采用了普鲁士的制度、法规和机构。全国必须实现统一的教育，而且普鲁士不会同意采用萨克森或者巴伐利亚那一套。普鲁士的制度是最好的，也是唯一可用的制度。但最重要的也许是知识分子的普鲁士化。1874年，特赖奇克成为柏林的一名教授，凭借演讲和个人魅力传授他的教学内容。拿破仑在法国缔造的传说证明，对国家历史的解释也可以成为建设国家的力量，其影响力完全可以媲美国歌。俾斯麦表面上十分鄙视冯·西贝尔、德罗伊森和特赖奇克这些教授，但他们早就对小学手册和大学课本谙熟于心，成了普鲁士化的信徒和传播者。

保护主义与国家社会主义

1879年俾斯麦与国家自由党决裂，开始全面推行保护政策和国家社会主义，这主要有几个原因：1877年农业开始进入萧条时期，这严重影响了普鲁士保守党领导下的农业收益。为了保护帝国免受来自新大陆的竞争，帝国必须保护农业，而保护农业也就意味着要保护工业。帝国财政面临赤字，正处于水深火热之中，当时有三种解决方案，其一是直接增加帝国税收，这将遭到强烈的抵制；其二是通过联邦政府要求各国增加捐赠，这同样不会受到欢迎；其三是通过征收间接的帝国关税，这样既能增加税收又能起到保护作用。俾斯麦选择了第三种措施，因为根据他的判断，推行这个措施有各种好处——这是抵抗力最小的路线，可以带来大量灵活的收入，让受保护各方能组成利益共同体，还能为政治谈判提供充足的筹码。

社会民主主义的发展催生了各种具体的立法。经过多年激烈的讨论、批评、议会的否决（如拒绝烟草和白兰地垄断）和许多令人厌恶的矛盾之后，帝国分别在1883年推出了强制性疾病保险，在1884年推出了就业事故保险，在1889年还以退休金形式推出了老年保险。通过这些措施，俾斯麦打算用自己的武器对抗社会民主主义，证明帝国更能为工人阶级谋福利，比他们的政治代表强得多。但我们要注意到，俾斯麦拒绝了关于工厂立法和限制周日工作的提议——社会民主主义者没有忘记这些疏忽，直到很久以后，问题才得到解决。

社会民主主义

到了1890年，社会民主主义已经成为一股非常强大的政治和经济力量，奥古斯特·倍倍尔成为社会民主党的领袖。他拥有卓越的演讲能力、强大的组织能力，还有无与伦比的个性和品质，这些都使他成为德意志公共生活中最令人印象深刻的人物，其影响力仅次于帝国宰相俾斯麦。倍倍尔生于1840年，他是一名职业车工，1867年当选为北德意志议员。从那一年起到他1913年去世，倍倍尔一直领导着社会民主主义运动，也是这场运动的核心与灵魂。他的党派从零开始，发展到1913年拥有110位帝国议会成员，代表550万张选票，已经成为德意志帝国议会中最大的单个政党。倍倍尔充分证明了不管是牢狱之灾还是政治迫害，都不能打击他的勇气或动摇他的影响力。他在反对皇室、强大的政府、军事首脑、贵族、资本主义社会以及大多数政党的斗争中取得了成功，而且比温特霍斯特及其领导的神职人员更加成功，因为与文化斗争相比，他的运动同样经历了痛苦的前二十年，但持续时间要长得多。

刑事立法

俾斯麦尽了最大努力将这场运动扼杀在萌芽状态。1872年倍倍尔和李卜克内西——两位帝国议会代表被判入狱两年。但是在1874年，9名社会民主党人加入了与俾斯麦的战斗，在1877年又增加到12人。1878年诺比林试图刺杀德皇威廉一世，这个罪名被安到了社会民主党头上。政府通过了一项严厉的法律，禁止出版社会主义书籍、集会或结盟，联邦参议院有权在任何一个城镇宣布戒严状态。这项法律分别在1881年、1886年和1888年被延长期限，而且得到了严格的执行。社会民主党的组织被解散，其成员受到警察的惩罚、骚扰和伤害——但从结果上看，1881年社会民主党在帝国议会获得12个席位，1887年增加到35个，1893年44个，1898年56个，1903年增加到81个席位。国家自由党已经分裂，逐渐走向瓦解；激进党一直处于岌岌可危的状态；保守党人数没有增加；作为单一政党，只有中央党或神职人员的党派算得上是强大的竞争对手，他们主要通过大力倡导社会和经济改革控制着大城市中心的天主教徒。但是倍倍尔在去世之前已经取得非常满意的成果，因为他知道即使是中央党也不是无懈可击的，他领导的政党从数量上和纪律上看都比议会的中央党更加强大，而且从支持两个政党的票数上看，社会民主党有着压倒性的优势。

俾斯麦的失败

温特霍斯特和倍倍尔是仅有的两个在俾斯麦自己的战场上击败俾斯麦的人,但温特霍斯特动用了罗马教会的全部力量,而倍倍尔动用了罗马教会和新教教会一起反对俾斯麦。俾斯麦提出了一些建设性方案,意在釜底抽薪,动摇敌人的基础,但从结果上看,这些方案与使用刑法和警察进行暴力镇压一样失败。社会党不仅仅要发动一场针对经济组织的革命,建立社会新秩序——这是一个破除思想控制和劳役的乌托邦——他们还要为自由,言论自由和行动自由而斗争。

俾斯麦严重错判了形势,他认为不管这股社会主义浪潮有多强大,只要通过戒严来管控,那就能清除混在工人中间的"江湖骗子"和"庸医"。但俾斯麦的社会立法本身就在反对现存经济组织,而且从他的批评中暴露出来的弊端和罪恶,比他打算清除的弊端和罪恶更多更严重。政府通过的刑法暴露了政府的本质,工人阶级终于看到他们的政府是一个怎样的政府。于是他们接受了国家社会主义,不是因为这是一种恩惠,而是因为他们对政府感到恐惧,只有一个真正的社会主义国家才能给他们带来些许希望。如果俾斯麦废除了帝国议会和成年人选举权,他还有可能击败倍倍尔,但倍倍尔实际上把俾斯麦和他的继任者逼到了两难境地——要么发动宪法政变(这是不可能的),要么接受失败。社会民主党固然没有取得任何建设性的成就——这是一个政党政治思想和行动中的重大弱点——但他们存在的理由在于批判性地揭露了一个由军国主义统治阶级操纵和控制的资本主义社会及组织的罪恶和缺陷。

殖民政策

1884年，德国正式开始殖民活动。鉴于帝国议会的反对和拒绝接受财政援助，俾斯麦也不愿意争夺殖民地，因为这将影响德国与英法两国的关系。但1884年德国与法国达成了谅解，德意志帝国的国旗开始出现在非洲西南部、多哥兰、喀麦隆、新几内亚北部和毗邻的岛屿，到了1885年桑给巴尔对面的非洲东海岸也开始成为德国的殖民地。在1884年和1890年，柏林分别召开了两次重要会议，1890年的会议划定了非洲的殖民地边界，确定了欧洲各国在非洲的殖民地，一直延续到今天（1917）。俾斯麦辞职后，德国与英国达成协议，把桑给巴尔保护地让给了英国，以换取赫尔戈兰岛。但这份协议遭到了严厉的批评，批评者除了俾斯麦本人以外，还有德国殖民政党，这个政党曾在1887年联合各种组织成立了德意志殖民协会（德意志殖民公司），主张推行强有力的殖民政策。

殖民地的发展

俾斯麦的殖民发展政策是把各种殖民地交给受德意志帝国保护的特许商业公司经营，而不是让帝国直接负责。但是帝国最初在财政、政治和行政方面遭遇困难，逐渐对殖民发展疏于管理，直到1907年才成立了一个独立的殖民地办事处。早期的殖民事业没能实现"殖民者们"的野心。帝国在行政方面决策失误和滥用权力；殖民战争让帝国付出了高昂的代价；经济发展缓慢；国内对殖民地采取冷漠态度；当帝国的国库被欧洲的军备竞赛耗尽时,议会拒绝提供大量的资金支持;新的殖民地不适合白人移民——德国政府和德意志民族在欧洲以外的领土争夺赛中起步较晚,所以只能跌跌撞撞,从失败中获得经验、传统和组织形式。这些都是信奉科学和德意志民族优越性的德国人尚未掌握的东西,毕竟殖民活动不只是在一片土地上升起国旗或者在地图上涂上颜色那么简单。只有在二十年后,世人才发现"殖民主义"全面影响了德意志帝国的政策和目标。

但1884年与法国达成的谅解没能维持多长时间。

外交政策

从1884年到1887年这三年间,欧洲政局出现了一系列危机。英国卷入了埃及争端,与法国的关系变得十分紧张;1885年由于俄国威胁到阿富汗,英国几乎就要与俄国开战;东鲁米利亚与保加利亚结盟,塞尔维亚爆发战争,保加利亚爆发革命,这些都使得奥地利和俄国的关系恶化;法国的布朗热事件、法国军事力量的增强还有边境问题似乎都预示着另一场普法战争;俄国媒体不断对德国和俾斯麦发起攻击,而德国就接受这些攻击。为期七年的军事预算法案到1888年即将到期,但应该能够再次通过,于是德国政府决定大幅度增加军队数量。帝国议会提出了折中方案,但被俾斯麦拒绝,随之而来的大选让人感到无比兴奋。新的帝国议会通过了政府的扩军计划。俄国的危险非但没有减少,反而增加了。一场激烈的关税战争爆发了,双方针锋相对相互报复。1888年2月,德国政府提出了一项补充军事法,为战争事业增加了50万兵力,还为军事装备提供了1400万英镑的特别拨款。

这项军事法遭到了强烈的批评。1888年2月6日，俾斯麦在他最伟大的演讲中用大师般的语言详细回顾了他的外交政策，最后以一句著名的话作为结束："除了上帝之外，我们德意志人不畏惧任何人！"他用绝对的权威平息了所有反对的声音。俾斯麦从政多年，这是他在议会上取得的最重要和最显著的胜利，当天晚上宰相府前的游行标志着他的声望达到了顶点，民众慷慨激昂，群情汹涌，其声势之浩大，令人不禁想起1870年7月刮起的飓风（普法战争）。相比之下，当时发表的《三国同盟条约》文本则显得平淡无奇了。俾斯麦最好的传记作家法国的M. 马特先生指出，这一演讲在彼得格勒和巴黎产生的影响完全不亚于在柏林产生的影响，它产生了俾斯麦奋斗十七年所不愿意看到的结果，法俄两国缔结友好关系，最后不可避免地发展为两国同盟。

三皇之年

1888年也是德意志帝国的三皇之年。威廉一世于3月9日去世，全体德国人民为之哀悼，但没有人比俾斯麦本人更能真切感受到丧主之痛。威廉一世拥有单纯的性格、高度的责任感和作为士兵的自豪感，他在统治时期取得了辉煌的成就，这些特点都为他树立了令人尊敬的形象，是德国人民眼中的英雄。他的儿子腓特烈三世皇帝即位时已经奄奄一息了，而两代人把实现自由德意志的希望都寄托在他的身上。我们只能猜测腓特烈三世继位后德意志帝国的法律精神和文字、行政和政策发生了什么样的变化，但从内政部长普特卡默辞职这件事中我们可见一斑，他辞职之前曾经严厉指责政府在选举中滥用权力。在经历了九十九天的艰难统治后，腓特烈三世于6月15日去世。他勇敢地承受了作为统治者的痛苦，在他的坟墓里埋葬了德意志自由主义的过去和未来。

威廉二世皇帝和俾斯麦的免职

新皇帝已经三十岁了，他曾经跟着俾斯麦学习过。他即位十八个月后，德意志面临着一场真正的"宰相危机"。1889年秋，关于延长一份社会主义刑法的提议遭到强烈反对。如果俾斯麦呼吁保守党投票支持该法案，它就能得到通过，但他并没有这么做，于是1890年2月25日法案没有通过，帝国议会解散了。皇帝在大选中表示他打算召集一次国际大会来讨论劳工问题，同时推动普鲁士在工作条件和工作时间方面的立法改革。皇帝的目标和宰相的政策之间有着明显的冲突。反对社会主义法案的中央党和社会民主党赢得了席位，保守党和政府联盟失去了席位。3月20日，德国人听说帝国宰相已经递交了辞呈，而且皇帝接受了，感到十分震惊。皇帝命令俾斯麦辞职，这就是他给俾斯麦的答复。

他们最直接的冲突是皇帝要求推翻1852年的内阁令，该内阁令规定普鲁士国王只能通过普鲁士首相和其他大臣进行沟通。俾斯麦在皇帝这个要求中看到了整个宪法和行政系统的逆转，无论是在普鲁士还是在帝国，他的权威都是建立在这个基础上的，他政治上的成功也归功于这个基础，如果皇帝的要求得到满足,那么俾斯麦这位帝国宰相兼普鲁士首相将不再是政府首脑,而只是一个部门官员,周围都是权力相当的同事——这样一个职位对1890年的俾斯麦来说是一个不可能接受的,也是一个令他感到厌恶的职位。对所有政策的控制权和责任将从普鲁士首相手中转移到普鲁士国王兼帝国皇帝手中。

显而易见的事实是,皇帝不仅要修改宪法上的具体规定,还要像俾斯麦说的那样自己成为自己的首相,可见俾斯麦和他的国王之间存在着政策、意志和性情上的根本冲突。冲突双方一个是希望成为政治大师的年轻君主,另一个是已经有二十八年经验的政治大师。霍恩洛厄亲王写道,皇帝坚信这是关于霍亨索伦家族还是俾斯麦家族统治普鲁士和帝国的问题,所以不可能做出任何妥协。这是新时代的新人与旧时代的老人之间不可调和的冲突。新人迫不及待地"把老领航员抛弃"。皇帝做出这个决定,相当于宣布了他的意图——他想同时成为德意志帝国这艘船的船主、船长和领航员。

俾斯麦活到了1898年,从1890年到他1898年7月30日去世间的八年是他职业生涯中最乏善可陈的一段时期。他退居弗里德里希斯鲁庄园,在那里孤身一人向政府提出尖锐的批评,通过发布官方信息和含沙射影的讽刺在报纸的专栏后面进行战斗。如果下任宰相跟俾斯麦一样,他的这种行为绝对会遭到无情的镇压和严厉的惩罚。俾斯麦被免职的时候,德国人对他表示绝对的同情,因为他为国家做出了杰出的贡献,但却没有得到国王的感激。这位老仆人从1862年起就一直在拯救霍亨索伦王朝,强化霍亨索伦政府的权威,但却没有得到国王的宽容。

作为普鲁士的首相,他一直坚定地为普鲁士君主政体而战,努力争取普鲁士至高无上的地位,实现德意志的统一。不止一次,而是十次,俾斯麦完全可以在不损害他自己地位的情况下(1863年后他拥有了极其重要的地位)与自由主义势力结盟,放弃君主政体,然后把霍亨索伦王朝变成一个有限君主立宪制国家。威廉二世所继承的王冠的的确确被赋予了俾斯麦赢得的权力。双方进行了有名无实的和解,但1890年后双方继续长达八年的互相怨恨、互相报复,为那些寻找政治丑闻的好事者、政坛中的毒虫苍蝇和豺狼虎豹提供了许多材料。

俾斯麦忘记了他辉煌的过去和他仍然拥有的独特地位,他的伟大成就归功于他的尊严、自尊和德国人民的尊重——他们从未停止向俾斯麦致敬。俾斯麦本来可以保持沉默,享受宁静简朴的生活,这将是完美的退休生活,也能给自己伟大的一生画下圆满的句号。然而德国和全世界人民痛苦地发现,俾斯麦展现了自己跟那些真理的轻慢者和追求者相似的一面,有着自己难以克服的弱点,以及黑暗、粗鄙、冷酷的心。

他的天赋、性格、成就、治国原则、对生活的诠释,以及他遗留下来的传统都写在了普鲁士和德意志帝国的历史上,永远不可磨灭。俾斯麦和他忠诚的妻子一起被安葬在弗里德里希斯鲁的树林里,建造陵墓的人最后只在墓碑上留下了一个名字——俾斯麦——再也没有比这更巧妙的安排了。

▶ 第十四章

▶ 尾声

▶ Epilogue

对于俾斯麦去世到1914年8月第一次世界大战爆发这段时期，我们还不能做出科学的评价，因为许多重要事件都存在争议，可供研讨的材料往往很不完整。在许多情况下，历史学者手上掌握的材料肯定没有缺少的证据和数据重要。随着资料来源的扩展和深化，建立在假设或推论基础上的判断或多或少都需要进行大幅修正，所以这种判断有多大作用还令人存疑。即使是对现代历史事件（从1890年起欧洲的演变必须视为现代历史事件）进行充分的调研，我们也需要做十分详细的讨论，这完全超出了本书的范围和写作目的。解释第一次世界大战中德意志和普鲁士的外交政策和目标明显具有价值，但这是宣传人员和小册子撰写者的工作，不适用于写作历史教科书。综上所述，只要用主要事件简短地概括这段时间就足够了，而且这些事件具有无可争议的性质和结果。

俾斯麦宣称他在1871年后的政策主要基于一个原则，即德意志帝国是一个"满足的国家"——帝国经过1848年至1891年的努力取得了必要的成就，所以政治家在制定外交和国内政策时的任务就是巩固统一的德国在这个伟大时代所取得的成就。无论普鲁士和德意志帝国在1871年之前或之后采用了什么手段，或者为了"满足"自身的利益而吞并了多少领土，我们都不得不承认俾斯麦任期内的权力运作和政策方向都证实了他的这一主张。

他认为一个强大的德国有助于实现欧洲和平，这个论点再怎么说也有事实根据。正如前文所述，俾斯麦促成了三国同盟的建立，很不情愿地启动殖民政策，还间接鼓励了英国的殖民扩张。他把法国的注意力转移到突尼斯、东京湾或暹罗，还把俄国的目标转移到亚洲，这样既能减少欧洲面临的危机，也能让欧洲列强彼此孤立，还能确保德意志帝国在欧洲大陆的霸权。俾斯麦可以轻而易举地实现德国的野心，这么做还能为自己增添荣耀。他用高超的技巧处理外交事务，取得了非凡成就。为了满足了德国人的骄傲感，他一边强调德意志的优越性，另一边控制着普鲁士军国主义和泛德宣传中的（诸多）沙文主义因素，这种严格的管控完全不亚于他对自己个人的管控。

他虽然有不少缺陷，也犯下不少罪行或错误，但绝对不是一个自大狂。他从来没有沉溺于成功，也没有过分狂热的民族主义自豪感。没有哪位政治家能像他这般充满激情，也没有哪位政治家能像他这般冷酷而富有心计，因为他总是试图看清事物的本来面目，精确地衡量政治势力。他就是腓特烈大帝的化身，连腓特烈大帝也会认为他是最能洞察大师秘密的弟子。

近代德意志人太容易忘记：所谓的"现实政治"（基于现实的政策）和"现实政治家"（"现实"的政治家）并不是1890年后这一代人的发明，每当我们提起现实政治学派，也总会提到腓特烈大帝和俾斯麦的名字。但这个学派错把雄心与梦想当成了现实。俾斯麦下台后，柏林官方肯定感到十分宽慰，因为他们少了一位专横跋扈的领导者，再也没有人激发恐惧、粉碎所有独立思想了。

由于俾斯麦限制了统治者的权力意志,年轻的德意志皇帝相当恼火,他认为虽然老一辈人披肝沥胆为国尽忠,但他们的工作已经完成了,如今的德意志需要有新的开始、新的方法、新的目的——更确切地说,大家是时候用老方法来实现新目的了。德意志不再是一个"满足的国家",而是一个需要被"满足"的国家和民族。威廉二世希望让德意志帝国屹立在未来世界各大帝国之间,这正如当年俾斯麦希望统一德意志——两人的目标都是极其难以完成的挑战,也没有充分的证据表明他们可以实现自己的目标。

俾斯麦是他那一代人的代表,威廉二世则是新时代的代表。1871年以后的二十年里,俾斯麦不断取得胜利,耐心地建立起德意志的成就和优势,让新时代下的德意志帝国日趋成熟。1890年以后,帝国的力量、纪律和资源组织都已经十分强大,所有人都有目共睹,社会财富不断增加,权力也不断发展。新一代人必然想要达到甚至超越他们父辈的高度,在他们打下的坚实基础上建设更加伟大的国家。威廉二世在很多场合中表达了他的雄心壮志——在他的心目中,全国人民都会向新的德意志元首致敬,因为他正是人民所需要的领袖。

问题在于方法,而不是目的。在前一章中我们已经强调了德国的工业革命,还有1870年开始的大规模经济扩张及其创造的日益增长的发展动力。从1890年起,这一切的影响都已经显现出来,任何一个德国政府都不可能回避或忽视经济带来的影响和压力,这是无可争议的事实。我们没有必要重复或增加统计数字,但我们必须记住:在1890年至1911年间,德国人口从

4950万增加到6500万，1913年德国进口贸易总额达到了5.3475亿英镑，出口贸易总额达到了4.9563亿英镑，分别是1890年进出口额的两倍有余。冷静而负责任的评论家已经指出了国家扩张、对世界政策的需求和经济发展三者之间密切的因果关系。道森先生在1907年（《近代德意志历史变迁》第338页）对工业地位的研究和对大量的德国文献做出如下总结：

如今，德意志作为一个国家面临着诸多无法回避的现实，包括不断增长的人口，还有领土、自然资源和气候带来的种种限制。国家无法养活日益增加的数百万工人，所以它只有两个选择：其一是在国外为这些人寻找出路，因为新的德意志帝国（无论是在陆地上还是在海上）无法提供维持他们生活的空间，其二是将人口留在国内，依靠工业来维持他们的生活，因此帝国需要开辟新市场，然后通过向新市场输出工业产品来换取粮食。德意志是一个富饶的国家，它的发展超出了它周围的自然条件。

这段总结说明了德意志帝国所处的地位，这在德意志的外交政策和海军的建立中得到了最显著的体现。

外交政策

1890年，德国、奥地利和意大利组成的三国同盟主宰着欧洲。俄国通过1884年的《再保险条约》与三国同盟保持着一丝联系；法国和英国彼此对立，两者都独立于三国同盟；俄国反对英国，而且与法国没有任何联系，正是这种彼此孤立的格局使德国变得异常安全。但在二十年后，我们看到了一个完全不同的政治格局。1890年至1895年间，法国和俄国走到了一起，并于1897年宣布成立两国同盟，作为一股制衡三国同盟的力量。1895年英法关系因殖民活动变得非常紧张，1898年非洲、苏丹和尼罗河问题几乎使两国陷入战争，而1899年至1903年的布尔战争也引起了德国和法国对英国的强烈敌意。但在1903年以后形势急速变化，1904年4月8日，英国和法国达成了殖民协约，不仅消除了两国之间长期悬而未决的争端，还为之后的三国协约奠定了基础。根据这份协约，法国将承认英国在埃及的地位，英国则需要承认法国在摩洛哥拥有至高无上的地位，在任何领域都有行动自由，而且暹罗、马达加斯加和纽芬兰等地的问题都得到了友好解决。虽然消除这些争议并没有让两个国家正式结盟，但他们确实建立了一种政治友谊，彼此之间的关系每年都在改善。继1904年的协约之后，1907年英国又与俄罗斯签订了类似的协约，明确澄清了两个大国在中国西藏、阿富汗和波斯问题上的立场——总之就是消除了英俄两国长期疏远的主要因素。E. 格雷爵士在1914年8月3日认为"三国协约不是联盟而是外交团体"，它并不影响日本和英国在1910年延长盟友关系（两国在1905年8月12日缔结日英同盟），但它可能促成了1911年签署《日俄协定》，结束了日俄战争和1905年《朴茨茅斯和约》所带来的痛苦。

要说清英国与德国的关系并不是一件简单的事情。1890年7月1日两国签署了《英德协定》，划定了德国和英国在东非的殖民地的边界和领域，英国将赫尔戈兰岛割让给德国，德国将桑给巴尔的一个保护地割让给英国。两国都因交换殖民地而受到国内的尖锐批评，但它似乎开拓了友好合作的前景。但1895年英国在詹姆森突袭行动中暴露出来的敌意，还有德国殖民政党大胆公开的南非殖民计划（如果说国家的媒体和文章真的可以反映民族感情，那么这项计划也代表着德国全体人民的雄心和希望），都让英德局势极其紧张。在布尔战争期间，德国的民族热情甚至达到了顶峰，帝国议会和报纸对英国展开了激烈的批评和攻击。如果德国出手干预这场战争，显然会得到全国人民的热烈支持，但也许是因为此举未能获得欧洲的支持，也许是因为英国海军太过强大，也许是因为干预战争会立即造成严重的欧洲问题，也许是所有这些原因加起来的结果，最后德国政府决定不干预这场战争。政府表面上的强硬态度，引导了全国民众的情绪，让他们自由表达谴责和愤怒。从1903年起，英德两国政治关系的晴雨表始终保持在"不稳定"状态，虽然偶尔有微弱好转的迹象，但晴雨表上的指针还是逐渐向"风暴"方向移动。

俾斯麦促成的局势已经逐渐瓦解，这要么是因为德国在外交上遭遇了无法控制的力量，要么是因为统治者管理不善和误判了形势。1895年俄法德缔结的三国协定，大幅修改了1895年中日两国在甲午战争后签订的条约（当时的英国不是签约国）。面对修改后的条约，日本只能默默接受，努力在不久的将来抹去这份耻辱。随后德国在1896年放弃续签《再保险条约》，在1897年占领了中国的青岛，还在那里建立了一个坚固的海军基地。它可以作为一个外交中心，方便德帝国的财团、资本和工业对中国北方进行商业和经济渗透。法俄同盟、长期存在的巴尔干问题、土耳其与希腊的战争、克里特岛问题、奥斯曼帝国内部改革失败、亚美尼亚大屠杀以及奥匈帝国遇到的困难，这些都让1896年至1900年成为一段复杂而纠结的时期，缺乏完整的历史记录。

国内政治

从德国的外交政策和公众舆论中，我们可以感受到躁动和不安，广大人民对政府直言不讳地表达了不满和批评。1895年至1903年的这些年里，德国的情况与1860年至1869年间的法国非常相似。整个国家期望并要求得到巨大的成功，政府也要证明它的能力和权力，但政府拒绝用武力解决政治问题，这让沙文主义者感到恼火，而且政府也没有解决人民对经济和社会状况的不满。社会民主党发展迅速，正如法兰西第二帝国第二阶段的法国人一样，德国人对自己的国家和邻国一样感到愤怒。

接替俾斯麦出任帝国宰相的卡普里维在1894年被免职，因为他既没有让皇帝满意，也没有让保守党、神职人员、激进党、波兰人以及社会民主党满意，同时他还是俾斯麦批评的对象。政府与保守党中的农业党、社会民主党公开宣战；农业党的利益和工业党的利益之间存在尖锐的矛盾；有些人出于政治原因希望保持德俄友谊，有些人出于经济原因要求对俄国和罗马尼亚玉米进口征收禁止性关税，这两种人之间的矛盾也不小。贸易条约只有在波兰人、激进党和社会民主党的帮助下才得以实施。从此以后，德国政府不得不通过与政治团体讨价还价来换取多数人的支持，还不得不组成联盟或集团对抗其他党派。德国政治已经退化为单纯的经济利益冲突。

这已不再是1862年至1899年那样伟大的宪法和政治原则之间的冲突。帝国议会失去了昔日的地位,人民越来越不关注利益集团的斗争,而是更加重视经济扩张和财富的增加——他们要在德国的国民生活中,在混战、喧嚣和集团斗争或反集团斗争之外实现国家理想。很多德国权威人士表示极度失望,前首相比洛亲王在他写的《德意志帝国》中表示,德国未能发展良好的政治能力和维持正常的议会活动,都要归咎于自私、阴谋、派系、怨恨、党派的狭隘性,以及德意志人天生的性格。他在书中写道:"我们的内政政策史是一部政治错误史……德意志人没有政治才能。"蒙姆森则宣称社会民主党是唯一有权获得尊重的政党。

德意志批评家没有做到公平,虽然他们揭露了国家的错误和缺陷,但透过他们的原因分析,我们可以发现他们十分盲目,失之偏颇。从理论上讲,帝国承认相当程度的自治。帝国议会是由成年男子普选产生的,但是议会被剥夺了正常和自由政治生活所需的所有条件。它不是一个可以决定政府、部长或政策的机构。帝国首相下台往往不是因为他们失去了对帝国议会的信任,也不是因为皇帝身边的一个或多个团体(不管理由是好是坏,也不管是出于个人还是现实的原因)决定需要改变。帝国议会无法控制行政机关,它不能强迫部长们执行它想要的提案。七年军事预算、固定周期的海军计划、基于条约的帝国关税、与农业党或工业党谈判后制定的帝国关税、各国对帝国财政的复杂贡献,以及联邦参议院的否决权,这些都使得帝国议会对财政的控制成为空中楼阁和天方夜谭。帝国议会最多只能拒绝通过财政议案或立法提案。出现这种拒绝投票的情况，仅仅意味着政府要等到它已经"摆平"了足够多的反对意见，然后才能重新进行投票并通过提案。

国家政治的衰落并不是因为德意志民族缺乏政治才能。一个能够产生像本尼格森、温特霍斯特、拉斯克、里希特、倍倍尔这种政治领袖的民族，并不缺少政治天赋高的人才。但是政府不需要对代议制机构负责任，代议制机构给予政治团体批评的自由，却不需要他们对自己的批评负责任；所有的政党都知道无论他们有多么强大，他们永远都不需要担负执政的责任，政党成员也无法积累工作经验，从政客转变为政治家，这种政治环境必然会产生两种有害的结果。其一，政党退化成了各种政治团体，纯粹为了实现支持者的物质利益而斗争，这无可避免地贬低和物化了所有的政治价值。其二，有能之士得不到任何真正权力和影响力，于是他们会抛弃政坛，转而投身那些能够让他们得到权力、承担责任、施展才能和实现抱负的地方。如果选择成为帝国议会成员，那也许只能用这个身份做做宣传，在当地赢得一些好处和支持（反对者称之为"争取工作"），但如果可以控制一个大财团，在一个拥有全球经济利益的大公司担任董事，那不仅意味着财富，还有真正的权力。如果有好事之徒在威廉街上发表演讲或者提出反对声音，政府职员可以选择忽视，如果有必要还能找人堵住他们的嘴巴。但如果能控制一个垄断组织，或者上百万吨的航运贸易，或者掌控所有的钢铁或煤炭生产，或者拥有一百家银行，或者在征服需要的时候通过电报向巴黎、纽约、伦敦和墨尔本施加经济压力，这就是一种真正的力量，这是一个大家公认的、比威廉街的政府更高一级的领域。当时的宪政让政客们感到无能为力，正因为他们无能为力，政治生活必然要自发地调整它的立场。简而言之，在1890年后帝国议会没有动力也没有能力制定德意志政策。在这样一个专制政体里，议会被剥夺了自由，在各个重要领域都无法履行职能，所以正常的政治活动和代议制自治都是不可能实现的事情。

还有一个重要的理由就是普鲁士对德意志帝国的控制，这是一种冷酷无情而又实实在在的控制——"普鲁士雄鹰的一只翅膀浸在尼曼河，另一只翅膀浸在莱茵河"。普鲁士统治阶级控制了帝国的行政部门，形成了真正的秘密政府。冯·比洛亲王直截了当地指出，"普鲁士过去是，现在也是一个由军人和官僚组成的国家"，而且"没有保守党的支持，统治者不可能在普鲁士实行统治，哪怕是一小段时间都不行"。造成这个结果的原因很简单，只是被冯·比洛忽略了——普鲁士的选举权和1852年的宪法都设计得十分巧妙，它们让一小部分军人、官员和土地所有者（"正是他们用鲜血巩固了普鲁士的君主制"）可以要求在普鲁士下议院占多数席位，而且保证在上议院也能长期占据多数席位。

不管是改变选举权，还是重新分配议院席位，都会粉碎统治阶级的权力，所以这种事绝不可能发生。这就导致了一个非同寻常的结果：通过成年男子选举出来的帝国议会代表，与普鲁士议会选举出来的普鲁士代表有着根本的不同，在普鲁士议会赢得多数席位的首相兼议会主席可以无视帝国议会中的多数席位，而且他还控制着联邦议会（联邦参议院）中所有的普鲁士选票。帝国政府可以违抗帝国议会，但绝不可能违抗普鲁士。没有普鲁士的帝国只是三两个南方国家,因为巴登实际上也是普鲁士;巴伐利亚和符腾堡如果没了普鲁士,只能受法国和奥地利支配,但普鲁士如果没了它们,仍然是一个拥有4000多万人口和300万军队的强国。普鲁士对帝国来说是不可或缺的存在,但普鲁士的宪法规定了它是一个由士兵和官僚组成的国家,所以自由主义和议会政府对它来说就像是巫术一样邪恶。在制定政策原则和建立政策环境的过程中,普鲁士强行加入了自己的意志,但普鲁士的意志不是普鲁士人民的意志,而是普鲁士统治阶级的意志。他们的统治只在一个方面合乎宪法——它建立在宪法和选举权的基础之上,这一点即使是俾斯麦也认为十分荒谬。

冯·比洛总结得很好:保守主义和自由主义之间,北方和南方之间有可能(虽然很难)在帝国议会上达成妥协,但绝不可能在普鲁士达成妥协。因为自由主义——更不用说社会民主主义——"是普鲁士国家的对立面",而普鲁士国家指的是普鲁士统治阶级所建立的国家。不管是在普鲁士国王和德意志皇帝身边,还是在他的军事内阁里,普鲁士地主和军人都享有至高无上的地位。军人在皇宫里遇见了工业领袖会对其嗤之以鼻,因为他们心里清楚,一旦出现任何政治危机,一切都要由军事首脑说了算。只有俾斯麦可以和那些军事首脑说,军队交给他们负责,俾斯麦自己负责外交和内政。无论是卡普里维还是他的继任者霍恩洛厄亲王(1894—1900年在任),无论是冯·比洛亲王(1900—1909年在任)还是冯·贝特曼·霍尔维格(1909年上任)都没有俾斯麦的威望、权力和才能。他们并非不可或缺的人才,如果皇室喜欢或者容克贵族有所图谋,随时可以让他们下台。

德国与巴尔干半岛

1890年至1904年间的德国外交政策背后有许多动机和不可告人的目的，但也有几个非常明显的特点。

首先，这些外交政策的核心是奥匈帝国，因为"德意志帝国决心不惜一切代价保持与奥地利的同盟关系"。意大利最近披露的情况表明，早在1900年，德奥意三国同盟就给德国带来了困扰。当时由于意大利和奥地利之间存在利益分歧，德国不得不出面在奥地利和意大利之间进行仲裁。但当年德国首先与奥地利结盟，这就意味着德国要支持奥地利的目标，更准确地说是要支持匈牙利的目标。正因为这个原因，德国卷入了巴尔干半岛问题，还不得不面对俄国和奥地利之间日益加剧的矛盾。我们可以合理地推测，德国将奥地利在巴尔干半岛的扩张计划视作自己的计划。

其次，出于商业和政治原因，德国加大了对奥斯曼帝国的控制范围和力度。土耳其为经济渗透和经济开发提供了绝佳的机遇，经过君士坦丁堡可以一直向东方扩张。如果说奥地利的"天然国界"可以扩张到萨洛尼卡，那么德国的天然国界就可以扩张到波斯湾附近巴格达、巴士拉和科威特，沿着这条路线可以控制底格里斯河和幼发拉底河的河谷和盆地，而且不受海上力量的制约。因此德国必须让土耳其成为自己的保护国，通过它维持巴尔干国家的秩序和阻止俄罗斯入侵以及援助奥地利。假以时日，这个东方帝国将使德国与英国、俄国和美国等世界强国处于平等的地位。

欧洲各国的大臣们一直努力在近东问题上达成共识，他们在土耳其人一贯的顽强抵抗中察觉到了一股新的势力。他们通过深入的外交调查发现了比青年土耳其人（也称为"赤色苏丹"）更精明的头脑和更强硬的手腕——确定这是德国在土耳其背后搅弄风云。于是欧洲大臣们决定对德国施压，这样，德国就会对土耳其施压，土耳其人的态度也会变得更加强硬。面对德国的压力，奥斯曼帝国没有同意任何条件，德国也感到无能为力，因为奥斯曼帝国油盐不进。不过还有一个简单又巧妙的办法，那就是申请考古勘探。虽然德国不能直接说因为施里曼发掘出特洛伊遗址，所以要在巴士拉和巴格达之间修建铁路（毕竟这两者之间的联系太过牵强了），但欧洲人对考古工作仍然十分敬畏，因为三千年前已经崩溃的帝国留下来的陶器，总能与今天建立的某个帝国建立科学的联系。跟着考古教授来的是商业旅行者、商人、制图员、金融财团成员和传教士，如果他们遭到谋杀，德国必将派出战舰来为他们报仇，然后吞并这片沾染了德国人鲜血的土地。

英国在波斯湾寻找牡蛎壳的时候，莱茵河畔的埃森人已经用他们的巧手制造出了相似的壳。1905年，德皇威廉二世访问了摩洛哥和巴勒斯坦，让中东的3亿穆斯林知道，虽然他们不是自己的臣民，但自己随时能为他们提供保护。在普鲁士历史上，霍亨索伦家族一直都会发表这种关于宗教宽容的豪言壮语。到了1904年，三国同盟终于迎来了一位新的盟友——奥斯曼帝国。在俾斯麦眼里，巴尔干半岛和土耳其领土的完整，还不如一个波美拉尼亚掷弹兵的骨头重，但柏林的总参谋却认为它们抵得上三个军团以及成千上万的亚美尼亚人的生命。

海军政策

英国和德国之间激烈的商业竞争不可避免地会涉及政治矛盾，这给全球每一个角落都带来了影响。在陆地上与法国和俄国对抗时，德国的陆军是一支威武雄师，可谓无坚不摧、势不可挡，德意志的海外贸易每年都在增长，其中很大一部分是与大英帝国的贸易，但仅仅靠德国陆军无法保证贸易安全。从这个意义上讲，德国发展出对海军的需求并将其视为世界政策的工具，这是1890年后德国政策最显著的成就。

威廉二世读过马汉上将的《海权论》并下令将其翻译成德语，但即使是皇帝也不能强迫他的臣民阅读和消化一本书，正如皇帝不能强迫他们到胜利大道欣赏皇帝祖先的雕像——这两者代表了所有伟大艺术的目标：用怜悯和恐惧来净化观众的心灵。德国人民想要建立海军，所以他们需要看马汉的书；他们又不想建立海军，因为他们必须看马汉的书。比洛亲王在1897年表达了对德国时局的看法，他认为如果没有海军，德国的贸易和世界地位将受英国支配，其势堪比"人为刀俎，我为鱼肉"。1898年霍恩洛厄亲王通过了一项重要的海军法案，它不仅引出了其后的系列海军法案，还分别在1900年、1905年、1908年和1912年得到了扩充。

我们在这里只需要记住两个事实——通过这些海军计划，德意志帝国在欧洲的海军实力从第四名跃升至第二名。第一个海军法案的序言指出，法案的目标是"在一定时间内建立一支国家舰队,其力量之强,足以有效保护帝国的海上利益"。后来的扩充法案目标是"建立一支强大的舰队,这样即使对方拥有最强大的海军力量,与帝国开战也会有削弱自身霸权的风险"。由于海军力量的特点,英德两国在海军力量上的对抗为两国政治关系带来难以解决的困难。

海军与强大的陆军力量不同,海洋的控制权不能共享或分割。德意志帝国在欧洲大陆上的实力取决于陆军,其他国家也有可能存在同等强大的军事实力,但是海洋统治权就像理论法学的主权一样是不可分割的。德意志过去没有海洋统治权,如果现在也没有海洋统治权,它仍然是一个强国,一个军事第一强国。但是大英帝国要是没有海洋统治权,它就不复存在。英国如果只有一支400万人的军队,那么它即使装备了各种先进的武器,背后有雄厚的资金支持,也不可能保证不列颠群岛可以撑过三个月的海上攻击。没有不列颠群岛,英国的海外领地、联盟和殖民地都将受到其他海上强国的支配,同样是"人为刀俎,我为鱼肉"。

在1871年后的二十年里,德国成功地孤立了每一个欧洲强国,但在1904年它突然得出结论:因为德意志帝国的统治阶层无能或者过于友善,再加上邻国的恶意,导致帝国陷入了孤立的状态——"孤立"这个词本来应该是德意志外交部的专利,而且总是被贴上"仅供对外使用"的标签,没想到这次用在自己头上了。

除此之外,还出现了一个专门针对三国同盟(意大利本来就不太可靠)的两国同盟,它通过遵守海权逐步扩展成一个外交集团,在欧洲大陆上获取直接的政治利益。德皇威廉二世曾经希望与英国结盟,就像俾斯麦渴望与俄罗斯结成的同盟,使其成为"海上的奥地利","让俄国这头不驯服的大象行走在德国和奥地利这两头驯服的大象之间"。但是,这个"海上奥地利"已经与法俄结盟并成为他们的侧翼,这头不驯服的英国大象现在在法国和俄国这两头驯服的大象之间踽踽而行。根据德意志帝国的治国之道,如果出现一个敌对的同盟,帝国既可以通过适当的政治手段来瓦解它,也可以通过武力来打破它。柏林的治国大师们身经百战,他们决定双管齐下,同时瓦解和打破敌对同盟。在1904年至1914年这十年时间里,他们确实做到了瓦解和打破一个同盟,然而被瓦解和打破的不是两国同盟和外交集团,而是他们自己的三国同盟。

德国与法国

英国与法国在1904年签署协定,承认法国在摩洛哥的势力范围,但德国在1905年明确对此提出异议。俄国因日俄战争而陷入瘫痪状态,法国外交部长德尔卡塞也在德国的战争威胁下被迫辞职。在1906年阿尔赫西拉斯举行的一次会议上,摩洛哥问题被提上议程,会议达成了一项协议,确保所有大国得到平等的经济权利,让丹吉尔成为一个国际海港,并给予法国在摩洛哥维持秩序的权利。但是摩洛哥危机仍然极其严峻,从1906年起,法国和德国关系紧张,几近破裂。1908年一场欧洲大战似乎迫在眉睫,到了1911年局势变得更为紧张,但后来的历史告诉我们,摩洛哥危机并没有消除,只是被推迟了。法国和德国在1909年和1911年签署的协议巩固了法国对摩洛哥的统治,

1912年法国宣布摩洛哥为其保护国,德国在1913年也接受了这个宣言。作为回报,法国在赤道非洲的法属刚果割出一部分地区,并入德国的喀麦隆殖民地。

巴尔干局势同样紧张。1908年爆发了君士坦丁堡革命,苏丹阿卜杜勒·哈米德二世退位,青年土耳其人接掌大权。奥地利直接吞并了波斯尼亚和黑塞哥维那,相当于在没有得到签署国同意的情况下废除了《柏林条约》第25条规定。俄国不愿接受这一既成事实,于是德国向俄国强调它将"全副武装"支持其盟友,如果俄罗斯坚持拒绝接受这个事实,结果只能是战争。由于日俄战争影响未消,国内又陷入一片混乱,俄罗斯不得不选择让步。

德国政府称其在巴尔干半岛和摩洛哥问题上有效地维护了德国作为欧洲内外事务仲裁者的权力,但有关摩洛哥的协定在德国国内遭到了严厉批评,它们不符合前进党的野心和纲领。如果德国政府的目标是动摇三国协约并瓦解这个防御同盟(它被误以为是反德同盟),那我们只能说德国政府失败了。这个"外交集团"经受住了巨大压力的考验,为了实现和平它可以暂时屈服,但它既没有解体,也没有崩溃。正好相反,因为各国坚信这个集团对于维护和平和维持现状而言至关重要,所以它变得愈发强大和团结。1911年7月英国部长的宣言可能是避免阿加迪尔危机升级为战争的原因。

英国提出的裁军建议总是被搁置一边,但在1912年它真诚地希望能与德国达成谅解。虽然没有公布详细情况,但格雷爵士的权威声明总结了英国的努力及其成果:"关于1912年英德为达成协议所做的谈判⋯⋯除非我们大英帝国做出绝对中立的承诺，同时德意志帝国及其同盟仍可自由参加欧洲战争，否则双方无法达成协议。"（写给《泰晤士报》的信，1915年8月26日）但这样的承诺会瓦解三国协约和外交集团，让英国处于完全孤立的状态，还能让德国随心所欲地向两国同盟开战。这样的承诺无法确保欧洲和平，而且必将让德国发动战争，夺取海上霸权并对抗两国同盟。

巴尔干战争

巴尔干半岛一如既往地出现了令人意想不到的事件。1908年10月，保加利亚摆脱了土耳其的宗主权，它的统治者冠自己以"沙皇"的称号。由于意大利意图吞并的黎波里塔尼亚（也称的黎波里），土耳其与意大利开战。刚刚结束与意大利的战争（1912年10月18日签订《洛桑条约》），土耳其又要与塞尔维亚、希腊、门的内哥罗和保加利亚组成的巴尔干同盟开战，最终土耳其大败并在1913年5月30日签订了《伦敦条约》。后来爆发了第二次巴尔干战争，塞尔维亚和希腊结盟与保加利亚对抗，罗马尼亚也参与干预，各方最后在1913年8月10日签订《布加勒斯特条约》结束了战争。

面对这样的局势，德国和奥地利感到既不安又不悦。土耳其的战败和衰落让二十五年的外交成果付诸东流。意大利吞并的黎波里使三国同盟关系严重紧张，奥地利和意大利关系告危：巴尔干联盟以及塞尔维亚和希腊的扩张几乎肯定会阻碍奥地利谋取萨洛尼卡，而斯拉夫民族主义者的理想令奥匈帝国的内部问题比以往任何时候都更加突出。从1913年的大规模军备预算中，我们可以清楚地看出德国面对新形势变化的态度。除了大规模扩军之外，帝国还为军队提供了6000万英镑的军事装备。关于奥地利的态度，我们现在可以从意大利公布的档案中看到，奥地利在1913年夏天邀请意大利参与对塞尔维亚的进攻，意在剥夺塞尔维亚两次战争胜利的果实，并让其完全依赖奥地利，但意大利果断拒绝了这一邀请。

三国同盟实际上在1913年就不复存在了。1914年6月26日弗朗茨·斐迪南大公遇刺，7月23日奥地利对塞尔维亚发出最后通牒。为避免战争和让奥俄之间达成临时协定，英国展开了一周的斡旋，但没有得到德国的支持，也未见成果。在8月1日和8月4日，德国分别对俄国和法国宣战，而意大利则宣布中立。意大利圣朱利亚诺侯爵正式宣布德意志和奥地利宣战的举动"与三国同盟纯粹的防御性质相冲突"，拒绝承认德国的宣战理由，相当于用实际行动瓦解了它们的同盟关系，不过直到1915年5月3日三国同盟才正式宣告终结。作为1839年《伦敦条约》的签署国，德国必须像法国一样认同比利时和卢森堡的中立地位，但德国不仅没有这样做，还公然违背条约义务入侵比利时，所以英国也不得不参与这场战争。

冯·比洛亲王在1912年总结了他对德意志帝国的研究："自1870年以来，我们尚未解决的问题远比已经解决的问题多。"帝国政府在1914年的行动是对德国政策、原则和方法的最佳诠释，但它丝毫没有减少普鲁士和德意志帝国未来要解决的问题。

大事年表

928年，"捕鸟者"亨利一世建立了北部边区。

1134年，"熊"阿尔布雷希特创建了勃兰登堡边区阿斯坎尼亚世系。

1225—1446年，条顿骑士团向普鲁士传播基督教和殖民。

1320年，勃兰登堡边区阿斯坎尼亚世系终结。

1415年，纽伦堡伯爵腓特烈六世作为选帝侯来到了勃兰登堡边疆区，开始了霍亨索伦家族在这里的统治。

1417年，德皇举行授衔仪式，纽伦堡伯爵腓特烈六世正式以腓特烈一世的身份成为勃兰登堡的第一位霍亨索伦选帝侯。

1519—1525年，条顿骑士团大团长霍亨索伦家族的阿尔布雷希特让条顿骑士团国转变成世俗化普鲁士公国。

1609年，勃兰登堡选帝侯要求得到克利夫斯-于利希的继承权。

1618年，勃兰登堡选帝侯西吉斯蒙德当选为东普鲁士公爵。三十年战争（1618—1648）爆发。

1640年，大选帝侯腓特烈·威廉继位。

1648年，《威斯特伐利亚条约》签订。勃兰登堡-普鲁士获得了东波美拉尼亚。

1660年，东普鲁士摆脱了宗主国波兰的控制。

1688年，大选帝侯去世。

1701年，腓特烈一世以"在普鲁士的国王"的身份获得了普鲁士王冠，普鲁士公国成为普鲁士王国。

1713年，腓特烈·威廉一世继位。

1719年，获得了什切青和西波美拉尼亚的一部分。

1740年，普鲁士腓特烈大帝继位，奥地利玛丽娅·特蕾莎继位引发奥地利王位继承战争（1740—1748），第一次西里西亚战争（1740—1742）爆发。

1744年，第二次西里西亚战争（1744—1745）爆发。

1745年，通过《德累斯顿条约》奥地利承认普鲁士对西里西亚的所有权。

1756年，七年战争（1756—1763）爆发。

1763年，普奥等国签订《胡贝尔图斯堡和约》，普鲁士对西里西亚所有权被正式确认下来。

1772年，第一次瓜分波兰，普鲁士获得西普鲁士。腓特烈大帝获得"普鲁士的国王"的头衔。

1785年，腓特烈大帝组建了诸侯联盟。

1786年，腓特烈大帝去世。腓特烈·威廉二世继位。

1788年，普鲁士、英国和荷兰三国同盟形成。

1791年，普奥共同发表反对法国大革命的《皮尔尼茨宣言》。

1792年，第一次反法同盟战争（1792—1797），普奥与法国开战。

1793年，第二次瓜分波兰，普鲁士获得但泽、托伦等领土。

1795年，第三次瓜分波兰。普法签订《巴塞尔和约》，普鲁士退出反法同盟。

1797年，法奥两国签订《坎坡·福尔米奥条约》。腓特烈·威廉三世继位。

1799年，第二次反法同盟战争（1799—1802）爆发，普鲁士保持中立。召开拉施塔特会议。

1801年，法奥两国签订《吕内维尔和约》。

1803年，通过《臣属法案》。

1805年，第三次反法同盟战争爆发，反法同盟大败，法国与普奥两国分别签订《美泉宫和约》和《普雷斯堡和约》。

1806年，第四次反法同盟战争爆发，反法同盟大败，拿破仑建立莱茵联邦。耶拿和奥尔施泰特战役。

1807年，埃劳战役、弗里德兰战役。法国与普俄两国签订《提尔西特和约》，普鲁士丧失和大一部分领土。普鲁士改革。

1812年，拿破仑入侵俄罗斯。

1813年，第六次反法同盟战争（1813—1814）爆发。德意志解放之战。

1814年，法国与第六次反法同盟签订《第一次巴黎和约》。

1815年，维也纳会议——《最后议定书》（6月10日）。滑铁卢战役。《第二次巴黎和约》。

1818年，财政改革（关税同盟）。

1819年，德意志联邦通过《卡尔斯巴德决议》。

1830年，受法国七月革命的影响，在德意志的许多次等国家爆发了一些起义。

1833年，十七个德意志邦国组成"德意志关税同盟"。

1840年，腓特烈·威廉四世继位。

1847年，普鲁士联合省议会成立。

1848年，受法国"二月革命"的影响，德意志境内也爆发了一系列抗议和起义。尤其是普鲁士的"三月革命"后，普鲁士国王腓特烈·威廉四世被迫同意召开会议，制定宪法，改组政府。

1849年，法兰克福议会解散。普鲁士、萨克森和汉诺威这三个北德意志国家形成了三王同盟。

1851年，在三王同盟后，普鲁士重回德意志邦联之内。

1861年，威廉一世继位（1858年摄政）。

1862年，俾斯麦出任普鲁士首相。

1863年，丹麦公国的石勒苏益格和荷尔施泰因归属问题。

1865年，普奥举行加施泰因会议，奥地利暂时得到荷尔斯泰因，普鲁士得到石勒苏益格和劳恩堡。

1866年，普奥两国爆发七星期战争，普鲁士获胜并与奥地利签订《布拉格条约》。

1867年，建立北德意志邦联。

1870年，普法战争（1870—1871）爆发。

1871年，德意志第二帝国建立。

1873年，文化斗争和《五月法令》。

1878年，英、俄、奥等国在柏林举行柏林会议，并签订《柏林条约》。

1879年，德奥建立两国同盟。俾斯麦与国家自由党决裂。俾斯麦与国家自由党决裂，开始全面推行保护政策和国家社会主义。

1882年，德国、奥地利与意大利建立三国同盟。

1884年，德国正式开始殖民活动，帝国的国旗开始出现在非洲西南部、多哥兰、喀麦隆、新几内亚北部和毗邻的岛屿。

1888年，威廉一世去世。腓特烈三世皇帝继位后不久去世。威廉二世继位。

1890年，俾斯麦被免职（他在1898年去世）。毛奇去世（1891）。德国与英国就东非与桑给巴尔问题达成一致。黑尔戈兰岛被割让给德国。

1897年，提尔皮茨现德意志帝国议会提交了《第一个海军法案》（该法案分别在1900年、1905年、1908年和1911年得到巩固和扩充）。

1906年，召开阿尔赫西拉斯会议，以协调德法在第二次摩洛哥危机中的矛盾。

1908年，奥地利吞并波斯尼亚和黑塞哥维那。

1911年，"阿加迪尔危机"爆发，法国和德国最后就摩洛哥和赤道非洲问题达成协议。

1914年，弗朗茨·斐迪南大公遇刺，奥塞危机爆发。8月4日，欧洲大战爆发。

参考文献

下面列出的并不是权威的参考书目,只是为渴望学习普鲁士历史的入门者提供详细指导。列表中的书籍仅限于这个主题,相关时期或有关方面的专著在各个章节的脚注已经标明。

地图:

The Plates in the large historical Atlases of SprunerMenke, Droysen, Schrader, and The Clarendon Press (edited by R. L. Poole. This last has an explanatory text in English to each Plate).

The Cambridge Modern History Atlas (with prefatory text, which is a supplementary volume to the Cambridge Modern History).

A Historical Atlas of Modern Europe (from 1789-1914) by C. Grant Robertson and J. G. Bartholomew, Oxford, The Clarendon Press. (This Atlas contains Plates illustrating the evolution of Germany and Prussia, the Partitions of Poland, &c., with a prefatory text and bibhography of works on historical geography. Price 35. 6d.)

Th. Schade, *Atlas zur Geschichte des Preussischen Staates.* (12 good Plates confined to purely Prussian history.)

W. Fix, *Territorial-Geschicbte des Preussischen Staates.*

常用书籍：

The German and Prussian history chapters in *The Cambridge Modern History* (which have a very full but indiscriminating bibliography of the historical literature) and in Rambaud and Lavisse, *Histoire générate* (vols. 4-12, also with bibhographies of the hterature).

A. Waddington, *Histoire de Prusse, vol. i.* (Prussian history down to 1688. The other volumes have not yet appeared.)

H. Tuttle, *History of Prussia.* (From the beginning to the accession of Frederick the Great.)

L. von Ranke, *History of Prussia.* (Eng. transl. in 3 vols. Remains still the best general book on the subject.)

H. Prutz, *Preussische Geschichte.* (4 vols., not translated. A very suggestive, impartial, and critical narrative.)

T. Carlyle, *Frederick the Great.* 8 vols. (The first volume and a half contain a brilliant sketch of Prussian history previous to 1740.)

E. Denis, *La Formation de VEmpire allemand.* (The best single volume on German and Prussian history from 1815-71.)

C. T. Atkinson, *History of Germany, 1715-1815.* I vol. (Deals very largely with the military history.)

In the Historical Series edited by W. Oncken—*Allgemeine*

Geschichte in Einzeldarstellungen—the volumes by B. Erdmannsdorffer (1648–1740) and by W. Oncken (1740–86, 1789–1815, 1815–90) deal in detail with Prussian history, but none of this important series have been translated into English.

E. Lavisse, *Etudes sur l'histoire de Prusse*. I vol. (Brilliant and suggestive.)

1415年的勃兰登堡

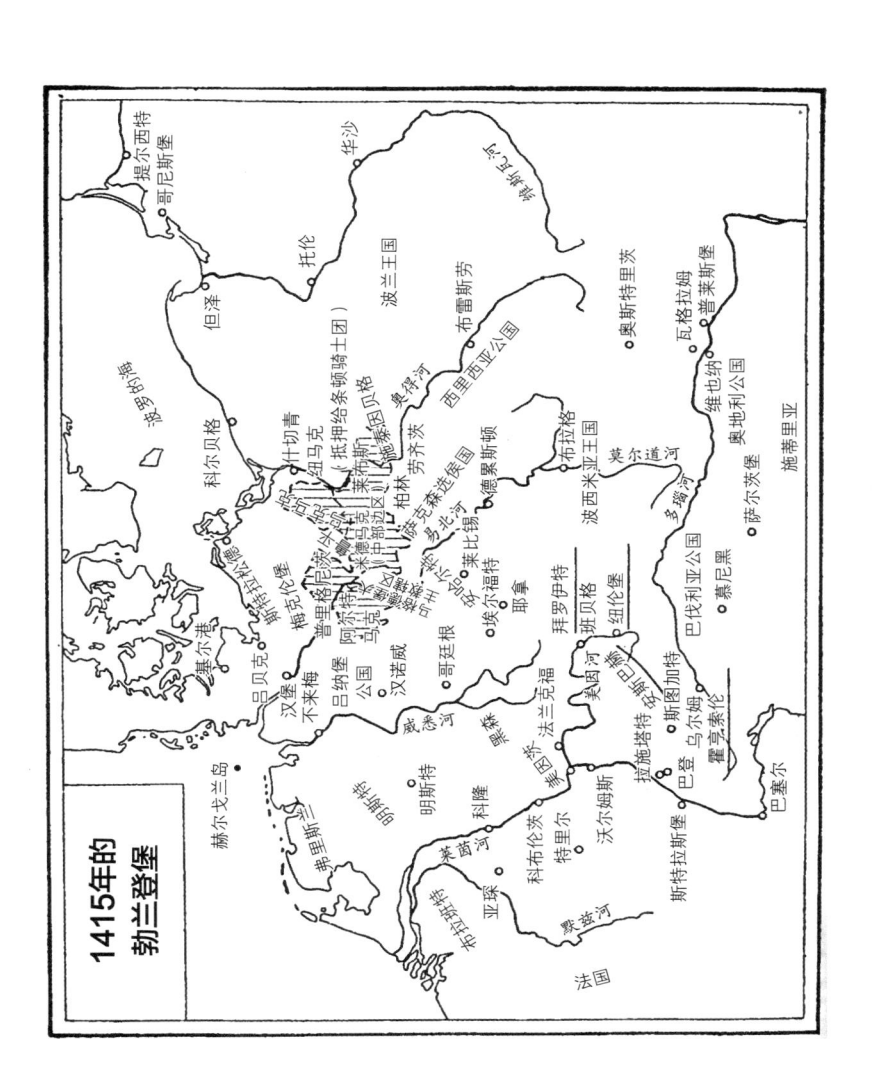

提尔西特
哥尼斯堡
但泽
托伦
华沙
维斯瓦河
波罗的海
波兰王国
布雷斯劳
奥斯特里茨
瓦格拉姆
普雷斯堡
维也纳
奥地利公国
施蒂里亚

科尔贝格
什切青
纽马克（抵押给条顿骑士团）
施泰因贝尔格
柏林 中部边区
德累斯顿
莱比锡
西里西亚王国
布拉格
波西米亚王国
莫尔道河
多瑙河
萨尔茨堡
慕尼黑
巴伐利亚公国

梅克伦堡
吕贝克
汉堡
不来梅
吕纳堡公国
汉诺威
哥达
埃尔福特
耶拿
拜罗伊特
班贝格
纽伦堡
美因河
斯图加特
乌尔姆
霍亨索伦
巴塞尔

赫尔戈兰岛
弗里斯兰
埃姆斯
明斯特
科隆
莱茵河
科布伦茨
特里尔
沃尔姆斯
斯特拉斯堡
亚琛
黑森河
布拉班特
法国

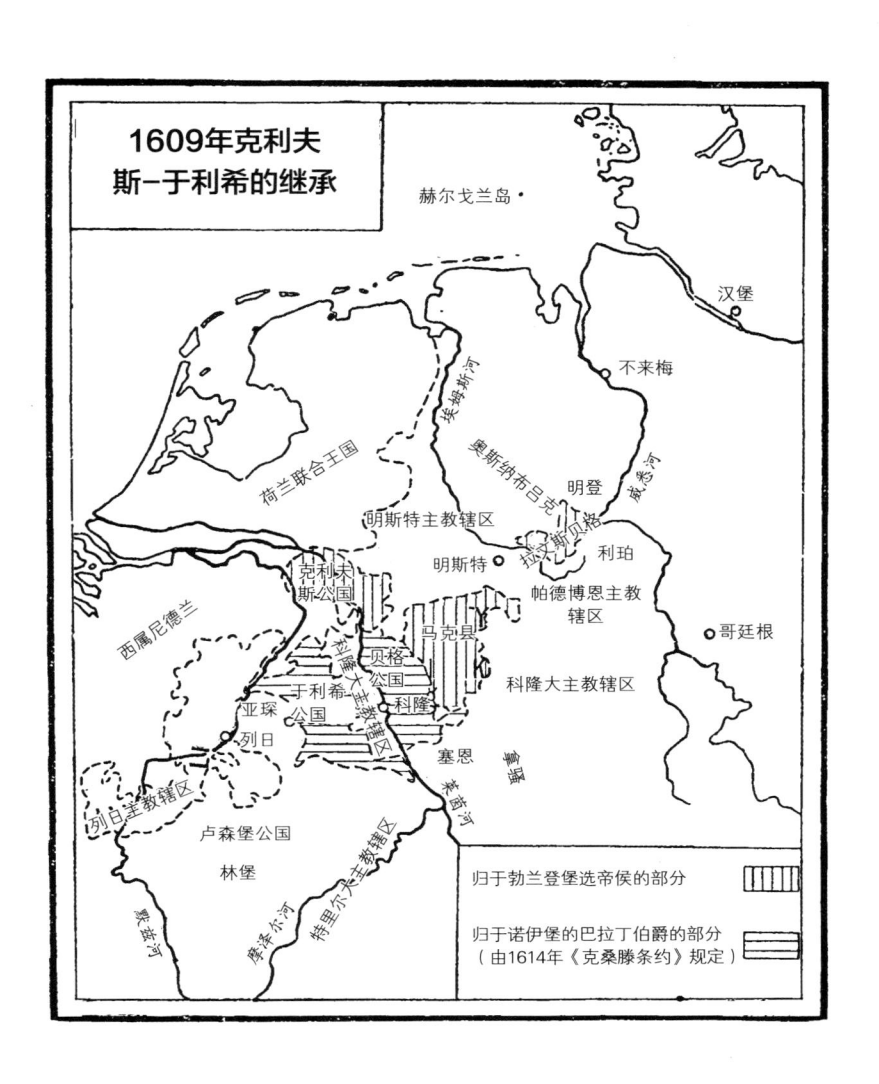

1609年克利夫斯-于利希的继承

赫尔戈兰岛

汉堡

不来梅

荷兰联合王国

埃姆斯河

奥斯纳布吕克

明登

威悉河

明斯特主教辖区

拉文斯贝格

利珀

西属尼德兰

明斯特

帕德博恩主教辖区

克利夫斯公国

哥廷根

贝格公国

马克县

于利希公国

科隆大主教辖区

亚琛

科隆

列日

塞恩

鲁尔河

列日主教辖区

莱茵河

卢森堡公国

林堡

特里尔大主教辖区

摩泽尔河

默兹河

| 归于勃兰登堡选帝侯的部分 | ⫴⫴⫴ |
| 归于诺伊堡的巴拉丁伯爵的部分（由1614年《克桑滕条约》规定） | ≡≡≡ |

1618年的勃兰登堡-普鲁士

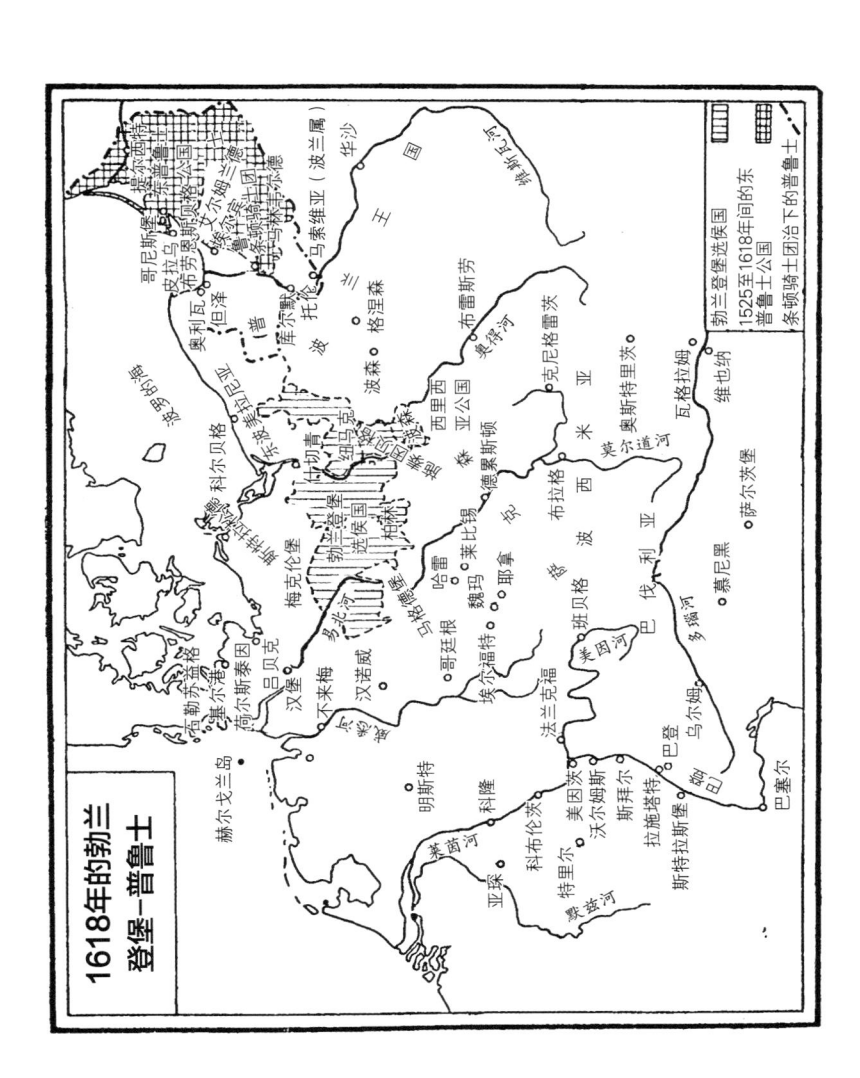

1786年的普鲁士

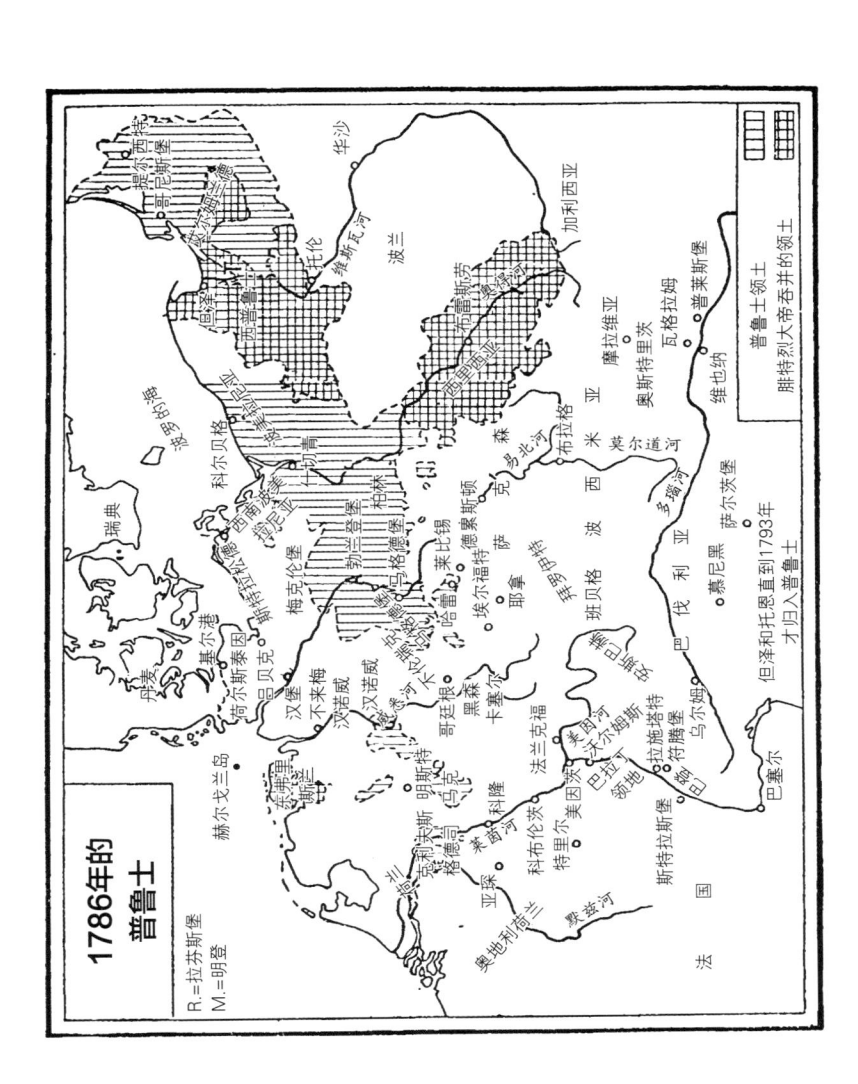

R.=拉芬斯堡
M.=明登

普鲁士领土
腓特烈大帝吞并的领土
但泽和托恩直到1793年才归入普鲁士

瑞典
波罗的海
赫尔戈兰岛
丹麦
提尔西特
哥尔斯堡
哥尼斯堡
东普鲁士
华沙
基尔港
荷尔斯泰因
吕贝克
科尔贝格
西普鲁士
波兰
不来梅
汉堡
梅克伦堡
什切青(斯特丁)
波兹南
加利西亚
沃诺威
但泽
布罗姆贝格
布雷斯劳
明登
汉诺威
勃兰登堡
西里西亚
维斯瓦河
黑森
卡塞尔
哈雷
柏林
莱比锡
德累斯顿
克罗北芝
维利次
法兰克福
哥廷根
埃尔福特
萨克森
布拉格
摩拉维亚
波
美因河
耶拿
拜罗伊特
波希米亚
奥斯特里茨
亚琛
科布伦次
美因茨
科隆
多瑙河
维也纳
奥地利尼德兰
特里尔
巴拉丁领地
乌尔姆
符腾堡
慕尼黑
萨尔兹堡
法国
斯特拉斯堡
巴塞尔
莱茵河

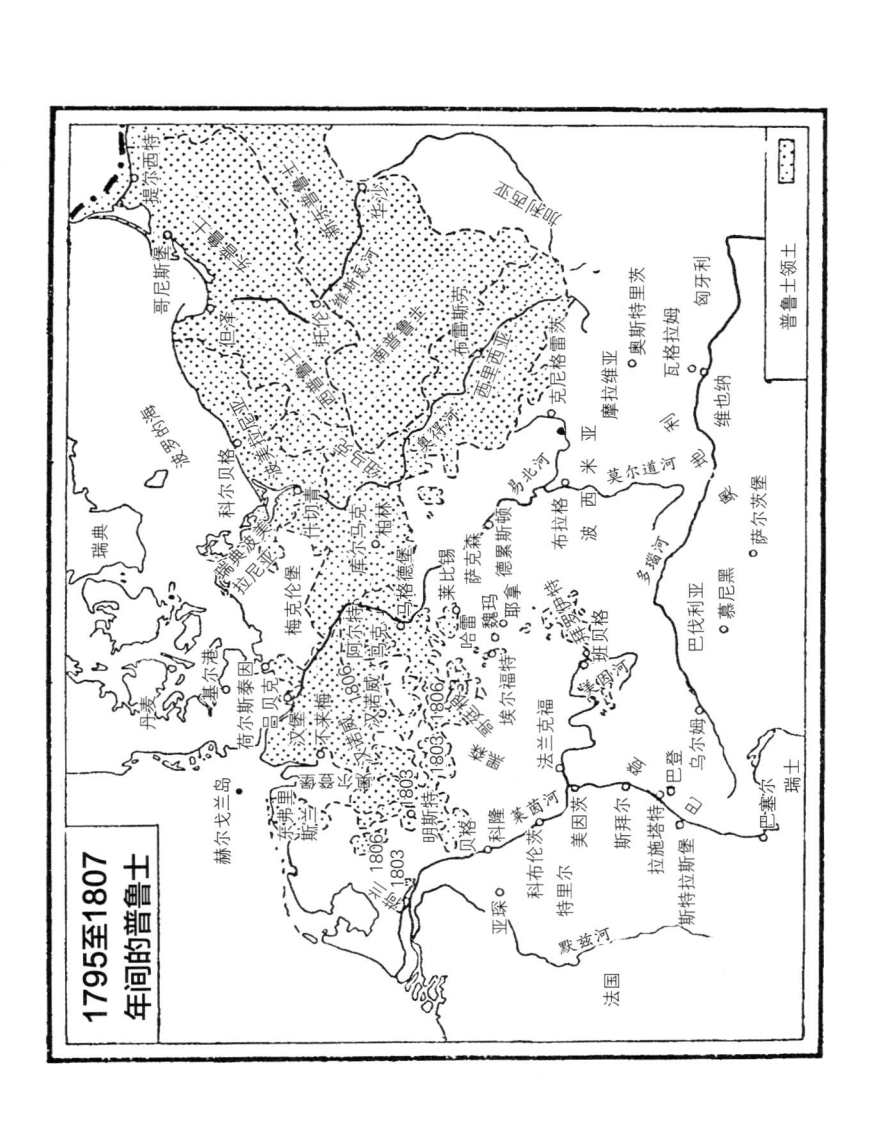

1795至1807年间的普鲁士

《提尔西特和约》后的普鲁士

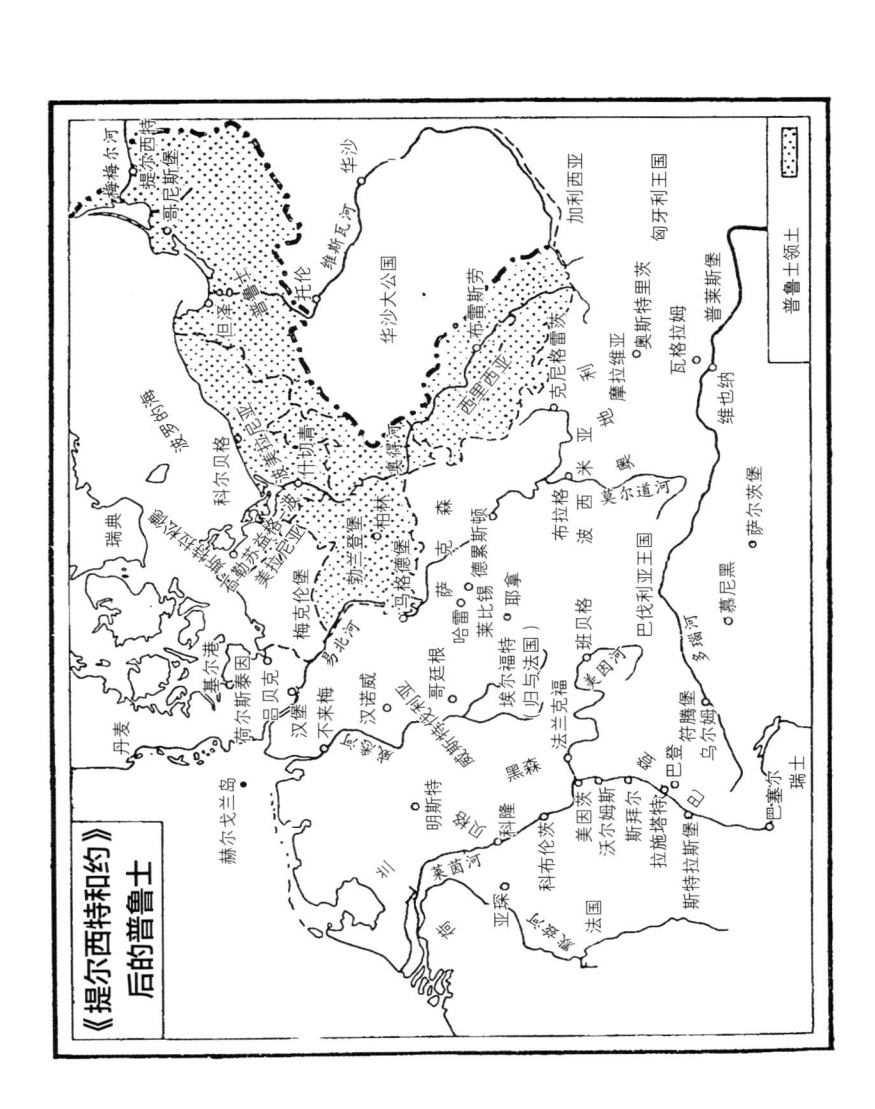

普鲁士领土

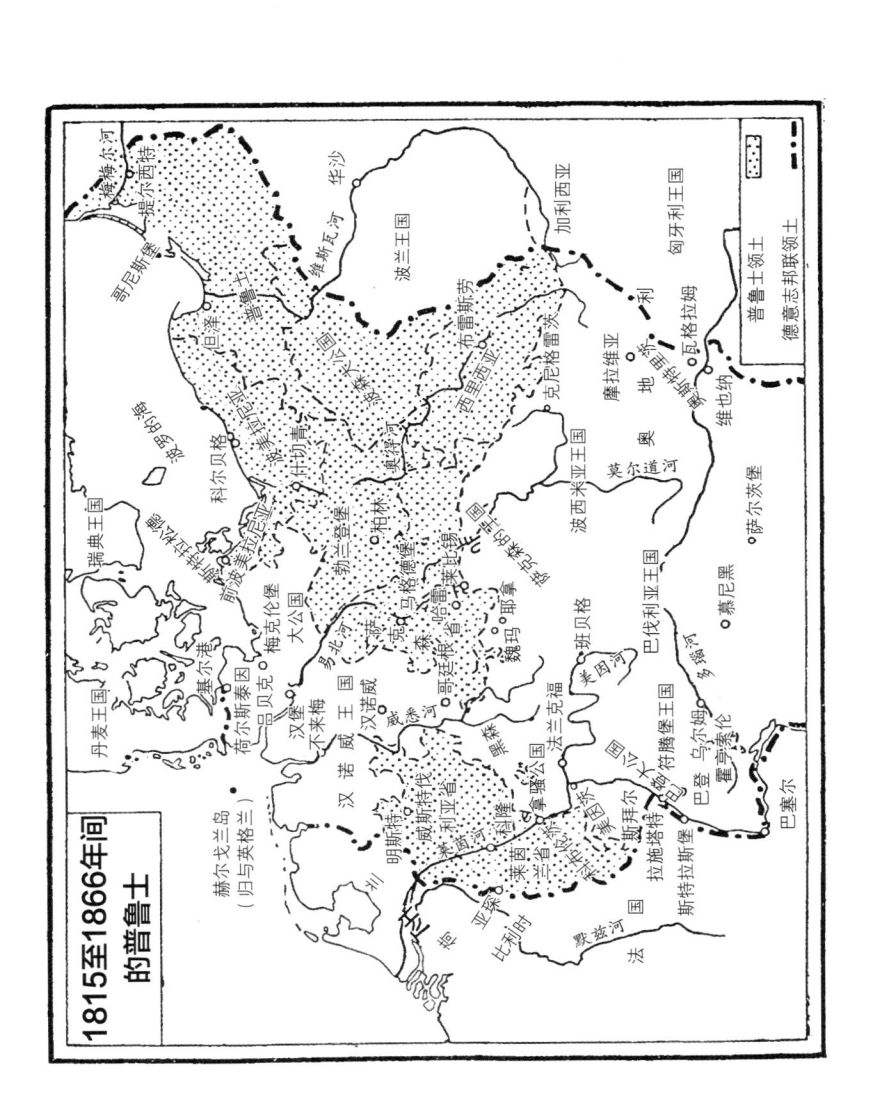

1815至1866年间的普鲁士

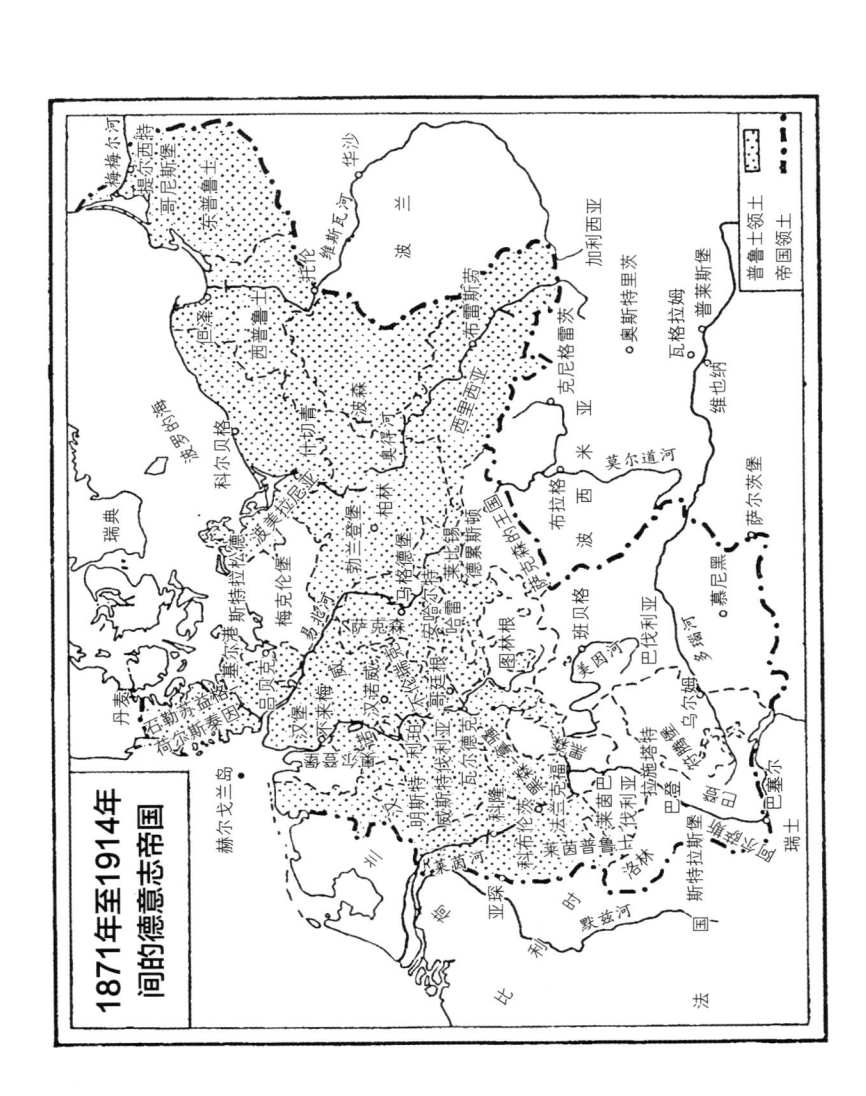

1871年至1914年间的德意志帝国

勃兰登堡选帝侯、普鲁士公爵、

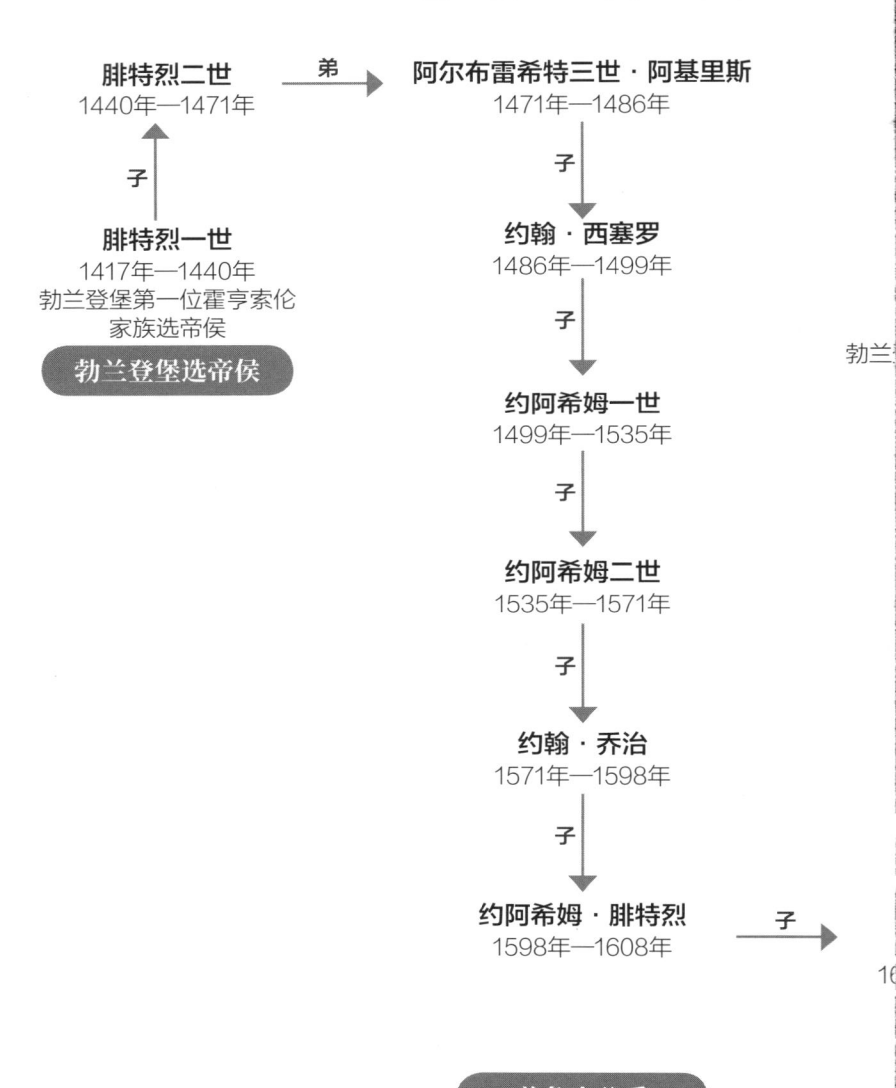

```
腓特烈二世          弟    阿尔布雷希特三世·阿基里斯
1440年—1471年  ——→    1471年—1486年
     ↑                        │子
     │子                      ↓
腓特烈一世               约翰·西塞罗
1417年—1440年           1486年—1499年
勃兰登堡第一位霍亨索伦           │子
家族选帝侯                      ↓
 ( 勃兰登堡选帝侯 )        约阿希姆一世
                        1499年—1535年
                               │子
                               ↓
                         约阿希姆二世
                        1535年—1571年
                               │子
                               ↓
                          约翰·乔治
                        1571年—1598年
                               │子
                               ↓
                      约阿希姆·腓特烈    子
                        1598年—1608年  ——→


                         ( 普鲁士公爵 )       子
                         阿尔布雷希特      ——→
                        1525年—1568年
                        第一任普鲁士公爵
```

勃兰登

普鲁士王位的传承及人物关系图

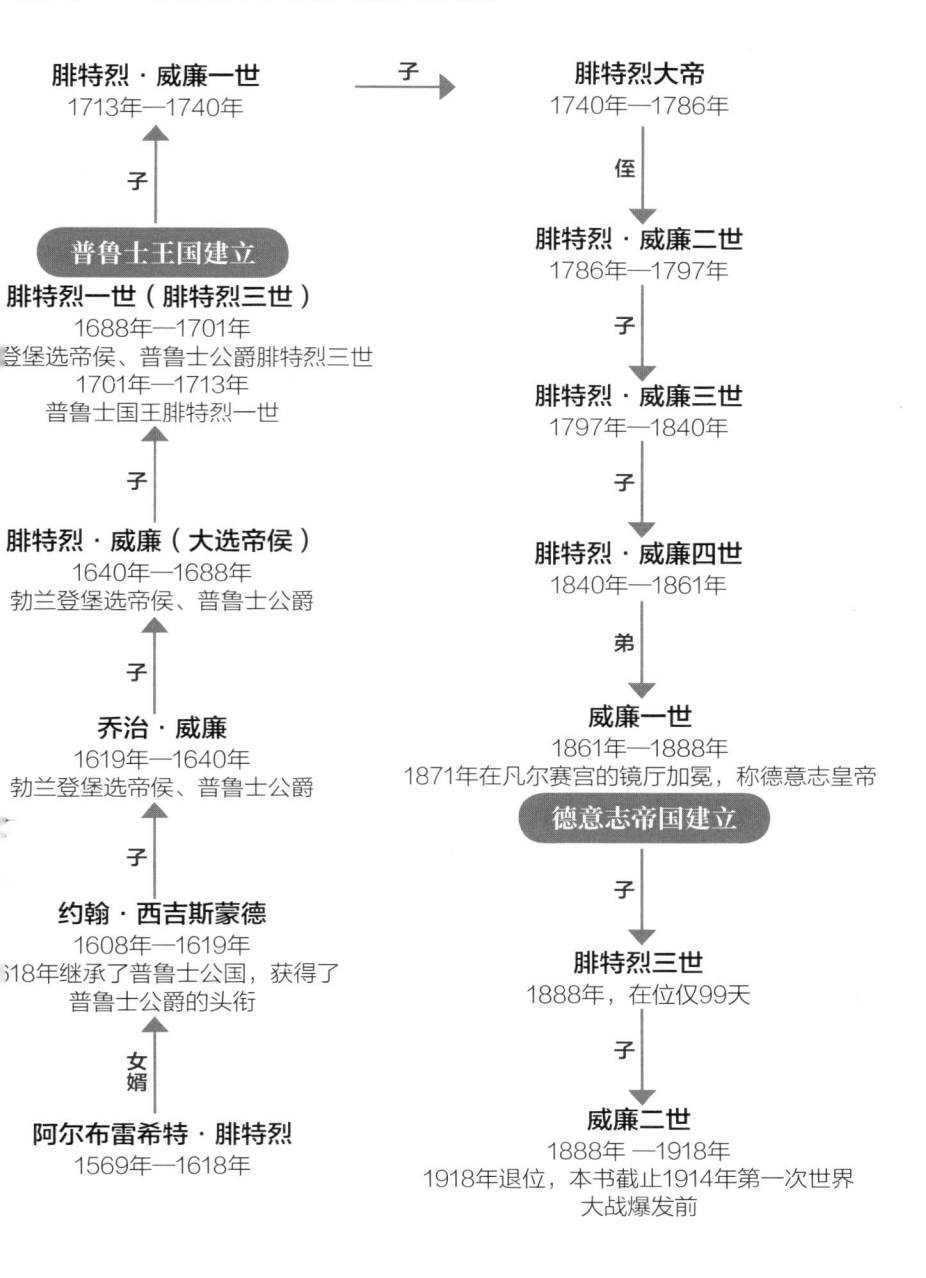

腓特烈·威廉一世
1713年—1740年

— 子 →

腓特烈大帝
1740年—1786年

↑ 子

↓ 侄

普鲁士王国建立

腓特烈一世（腓特烈三世）
1688年—1701年
勃兰登堡选帝侯、普鲁士公爵腓特烈三世
1701年—1713年
普鲁士国王腓特烈一世

腓特烈·威廉二世
1786年—1797年

↑ 子

↓ 子

腓特烈·威廉（大选帝侯）
1640年—1688年
勃兰登堡选帝侯、普鲁士公爵

腓特烈·威廉三世
1797年—1840年

↑ 子

↓ 子

乔治·威廉
1619年—1640年
勃兰登堡选帝侯、普鲁士公爵

腓特烈·威廉四世
1840年—1861年

↑ 子

↓ 弟

约翰·西吉斯蒙德
1608年—1619年
1618年继承了普鲁士公国，获得了普鲁士公爵的头衔

威廉一世
1861年—1888年
1871年在凡尔赛宫的镜厅加冕，称德意志皇帝

德意志帝国建立

↑ 女婿

↓ 子

阿尔布雷希特·腓特烈
1569年—1618年

腓特烈三世
1888年，在位仅99天

↓ 子

威廉二世
1888年—1918年
1918年退位，本书截止1914年第一次世界大战爆发前